Teach yourself the marrow of English grammar
through O. Henry's short stories

オー・ヘンリーで
学ぶ英文法

山本史郎　西村義樹　森田修

ask

はじめに

オー・ヘンリーというと、「短編」の代名詞となっています。50年足らずの生涯で約280編の短編小説を残しました。「最後の一葉」や「賢者の贈り物」など、今でも読み継がれている名作がいくつもあります。

私も高校生のころ、興味のひかれるままに、大久保康雄の訳で短編集を何冊か読みました。また、英語の勉強のために、注釈付きの教科書を買って辞書をひきながら懸命に格闘したことを覚えています。オー・ヘンリーの短編集は、モームの短編集と並んで私の高校時代の愛読書の1つでした。

短編小説は、大雑把にモーパッサン型とチェーホフ型に分けられます。モーパッサン型は「オチ」のあるタイプ、すなわち最後に種明かしがあったり、急転直下の展開で物語の形がきれいに決まって終わる物語であったりするのに対して、チェーホフ型とはいわゆる「人生の輪切り」を見せるもの、すなわち、人生のある瞬間のありようや真実を伝える物語であると言われます。

言うまでもなく、オー・ヘンリーの短編はモーパッサン型に属します。私がオー・ヘンリーの作品を好んで読んだのは、先ず何よりもそれが理由です。オー・ヘンリーの作品では、最後の種明かしで謎が解けたり、最後の一節によって、物語全体がまったく違ったものに見えてしまったりということが起こりますが、そのようなスリルこそが作品の身上です。

10代の私がオー・ヘンリーに求めたのは、そのような面白さでした。私がモームの短編に魅せられたのも、その頃の私が推理小説を次から次へと読んだのも、同じような理由によるものでした。

しかし、このたびオー・ヘンリーの作品を再読し、翻訳してみて、新たに気づいたことがあります。それは、オー・ヘンリーの面白さは、結末のどんでん返しや種明かしだけではないということです。高校生の英語力でも「意味」はわかるかもしれませんが、それだけではとうてい届かない、様々の面白い「仕掛け」がされているのです。そしてあらためて、こんな面白い作家だったのかと、目の前に新たな風景が開けるような思いがしました。

その面白さをひとことで言うなら、落語の面白さです。例えば、「ラッパの響き」にはカーナンというならず者が出てきますが、この男の言葉遣いがどんどん変化します。饒舌なお調子者から、真面目くさったビジネスマン、悪事の自慢をする悪党、勝ち誇って新聞記者をからかう口調へと、変幻自在に変わります。まるで、様々の声色を使い分ける噺家のようです。

「最後の一葉」では、主人公が散りそうな葉っぱと自分の運命を重ねますが、その非現実さ、甘ったるさが、なんとなく落語の「崇徳院」の「若旦那」が、恋の病で死にかける話を思わせます。また、それを何とか助けようとして自分が生命を失う貧乏画家なんて、まるで人情噺ではないですか。

「赤い酋長の身代金」は、しっかり者ととんまな男の2人組の誘拐犯という設定そのものが落語です。このとんまな男が誘拐した子どもに散々な目に合わされます。リアルな物語であれば、物騒な想像で申し訳ありませんが、子どもを殺しておしまいではないでしょうか。ところが、この抜作はただ子どもを怖がるばかりで、親に引き取ってもらいやすくするために、身代金を下げようなどと言い出します。こんな話の運びはどうみても落語ですが、この男が、あるとき、突如として高尚な学者のような言葉づかいで話しはじめます。まるで上方落語の「延陽伯」（東京落語の「たらちね」）です。

高校時代の私は文学少年や英語少年であるまえに、落語少年でした。とくに上方落語を聞きまくりましたが、50年後に、アメリカ人の書いた短編小説を読んで、同じ喜びを味わえることになろうとは夢にも思いませんでした。いまからその喜びを、ぜひ皆様とともに分かち合いたいと思います。

なお、本書は3人の著者が、お互いに内容を相談しながら書き進めました。各章の翻訳および「翻訳のポイント」は山本、「ワンポイント文法講義」は西村、「ここに気をつけて読もう」は森田が中心になって取り組みました。

また、本書の執筆にあたり、東京大学名誉教授のロバート・ゲラー先生およびアスク出版のマルコム・ヘンドリックスさんを始め、複数の母語話者の方々に相談に乗っていただきました。この場を借りて深く御礼申し上げます。

山本史郎

CONTENTS

本書の構成と利用法

　本書にはオー・ヘンリーの３つの作品が全文収載されています。それぞれの作品を「読み切る」楽しみを味わいながら、同時に英文法の知識を効果的に深められるように、以下の構成になっています。

✎ まずは和訳をチェック

「和訳先渡し方式」により、作品の内容を先に把握していただくことができます。まずは英語をそのまま味わいたいという中・上級者の方は、和訳を最後に見ていただいてもかまいません。

↓

✎ 「ここに気をつけて読もう」

注意すべき文法上のポイントを、右ページにピックアップしています。また「解釈のポイント」として、注意して読み解くべき箇所もハイライトしました。

↓

✎ 「ここに気をつけて読もう」の解説

各作品の文法上のポイントを、じっくり丁寧に解説してあります。作品を読み解く際に欠かせない、英文法の重要ポイントを確実に押さえることができます。「解釈のポイント」についても、わかりやすく解説しました。

↓

✎ ワンポイント文法講義

作品ごとに「結果構文」「to 不定詞」「原級比較」というテーマを設定し、それぞれの作品に関係づけながら、深く切り込んでいます。学校英文法の知識をさらに深め、応用的な知識を身につけていただくことができます。

↓

✎ 翻訳のポイント

翻訳上、重要となる場面を各作品からピックアップし、それぞれの場面を訳す際に気をつけるべきことを「翻訳のポイント」としてまとめました。

◎章末には、作品に関連した内容のコラムを収載しました。これを読んで
いただくことで、さらに作品の世界を楽しめるようになります。

ダウンロード音声に関して

　本書の各作品の英文の朗読音声ファイルをダウンロードしてご利用いただ
けます。本書の音声は、パソコン、スマートフォンのどちらでも再生可能で
す。ダウンロードは、アスク出版のサポートサイトと、オーディオ配信サー
ビス audiobook.jp の両方より行えます。

　スマートフォン（iPhone、Android など）をご利用の方は、audiobook.jp
のアプリを事前にダウンロードする必要があります。詳細は下記をご覧くだ
さい。

https://audiobook.jp/exchange/ask-books

　下記の QR コードからもアクセスできます。

　なお、audiobook.jp で音声をダウンロードされる場合は、シリアルコー
ド「93711」が必要となります。

Photo Credits:

Cover: Photo / Gettyimages

Backcover: Courtesy of the City of Austin O. Henry Museum Collection.

pp. 104, 220, 394: Retrieved from Wikipedia, <en.wikipedia.org/wiki/O._Henry#/media/File:William_Sydney_Porter_by_doubleday.jpg>

p. 116: Retrieved from Wikipedia, <en.wikipedia.org/wiki/File:Greenwich_Village,_1900.JPG>

p. 217: Retrieved from Wikipedia, <commons.wikimedia.org/wiki/File:Militarist.JPG>

p. 238: Retrieved from Wikipedia, <commons.wikimedia.org/wiki/File:Highball_Signal_Jun_12.jpg>

p. 409: Retrieved from Wikipedia, <commons.wikimedia.org/wiki/File:The_Massacre_of_the_Innocents_by_Rubens_(1638)_-_Alte_Pinakothek_-_Munich_-_Germany_2017.jpg>

SPECIAL THANKS:

O. Henry Museum (https://www.austintexas.gov/department/o-henry-museum)

Chapter **1**
The Last Leaf

　おそらく、数あるオー・ヘンリーの作品の中でも、最も有名なものの1つで
しょう。グリニッジ・ビレッジで仲よく共同生活を送っていたスーとジョン
ジー。ジョンジーは、肺炎にかかり、壁に生えているアイビー（ツタ）の「最
後の一葉」が落ちたときに、自分の命の炎も燃え尽きる——そんな妄想に取り
つかれてしまいます。2人の保護者を自認するある芸術家の命をかけた「傑
作」によって、ジョンジーは生きる力を取り戻します。

最後の一葉

ワシントン・スクエア西側の小さな一角は、路地がでたらめにのたくり、進んでいった先が分裂して、「プレイス」と呼ばれる小さな区画になっておる。そしてこの「プレイス」たちは、奇妙な角度や曲線をなして並んでいる。中でも1本の通りなど曲がりくねったあげく、一度か二度自分自身と交わっている。これを見て、「よし、こいつは使えるぞ」と考えた画家がいた。商売人が絵の具や紙やカンヴァスの代金を取り立てにきたとする。この道をずんずん進んでいくと、ふいに、自分がさっき通ったところをまた通っているのに気づく。かくして、借金取りはぐるぐる回るばかりで、つけは一文も回収できない。

というわけで、まもなくこの古色蒼然たるグリニッジ・ヴィレッジに、芸術家たちが、北向きの部屋、18世紀の切妻、オランダ風の屋根裏部屋、そして安い家賃を求めてうろつき回るようになった。そうして、やがて白目のマグと擦り切れた皿の1枚か2枚を六番街から持ち込んできて、「コロニー」の成立とあいなった。

レンガ造りでずんぐりした3階建てアパートの最上階に、スーとジョンジーのアトリエがあった。「ジョンジー」はジョアンナの愛称である。スーはメイン州、ジョンジーはカリフォルニア州の出身だ。2人は八番街の「デルモニコ」で、定食を食べているときに知り合った。そうして芸術とチコリサラダとビショップスリーヴで意気投合し、共同でアトリエを借りることになった。

それが5月のことである。11月になると、医者が「肺炎」と呼ぶ、冷たくて目に見えない闖入者がコロニーを跳梁跋扈し、その氷の指で次々と人に触れていった。東側では、この闖入者は大胆不敵に歩き回り、数十人の単位で人を薙ぎたおしていったが、その足取りは、せせこましくて苔の生えた「プレイス」の迷路ではのろかった。

肺炎は、譬えて言うなら、慇懃な老紳士ではなく、拳を握って、ぜいぜい

10

息をつくおいぼれである。そんながさつ者は普通、カリフォルニアの粋なそよ風がお似合いの、小柄でお上品な女性など獲物にしないものだが、どういうわけか、ジョンジーは捕まってしまった。こうして彼女は、ペンキをぬった鉄枠のベッドに静かに横たわり、小さなオランダ窓のガラス越しに、隣のレンガ造りの家の、のっぺらぼうの壁をじっと見つめているばかりである。

　ある朝のこと、忙しい医者はモジャモジャの白いまゆを動かして、スーに廊下へ出るよう合図した。

　「彼女が生きる可能性は——そう、10に1つくらいかな」と、医者は体温計の水銀をふりながら言った。「ただし、生きたいという気持ちがあってのことだよ。あんな風に葬儀屋の方ばっかり見てるんじゃ、ばかばかしくて薬なんか調合できないね。あんたのお友達は、もう自分は死ぬんだと決め込んでいるようだ。何か気にかかっていることはないのかね？」

　「あの人——ええと、いつかナポリ湾の絵を描きたいと言ってたわ」とスーは言った。

　「絵だって？　そりゃなんだい？　もっと考えがいのあることはないのかね？　男のこととか」

　「男ですって？」とスーが返す声には、妙なとげがあった。「男なんて——いいえ、先生。そのようなものは何もありませんわ」

　「じゃあ、問題は気力だな」と医師が言った。「科学にできることだったら、私の力で及ぶかぎりのことはするよ。だけど、病人が葬列の馬車の数をかぞえはじめたら、もう薬の効き目は半分なんだよ。あんた、一度でいいから『こんどの冬にどんなマントの袖がはやるの？』なんて質問させることはできないの？　そしたら生きる可能性は10分の1じゃなくて、5分の1になるんだがなあ」

　医者が帰るとスーは仕事部屋に入って、日本製のナプキンがぐしゃぐしゃになるまで泣いた。そうしてから画板をもち、口笛でラグタイムをふきながら、ジョンジーの部屋に踊るような足取りで入っていった。

　ジョンジーは窓のほうに顔をむけて寝ていた。かけ布団の下はぴくりとも

しない。眠っているのだと思って、スーは口笛をやめた。

スーは画板をセットし、ペンとインクで雑誌の物語の挿絵を描きはじめた。若い作家は文壇への登竜門を開こうと雑誌に小説を書き、若い画家は画壇への道を登ろうと、雑誌のためにせっせと挿絵を描く。

アイダホ州のカウボーイが主人公で、この人物が身につける粋なロデオのズボンと、片眼鏡のスケッチを描いていると、低い音が聞こえ、それが何度か繰り返された。スーはベッドの脇へとんでいった。

ジョンジーの目がぱっちりと開いていた。そして窓の外を見ながら何かを数えている。小さな数へと、逆むきに数えている。

「12」と言ってから少し間をおいて「11」、ついで「10」「9」、そうして「8」「7」といっきに言った。

数えるものなんて、いったい何があるのだろう？ スーは窓の外に心配そうな目をむけた。がらんとした物寂しい中庭、そして20フィート先に隣家ののっぺらぼうのレンガ壁が見えているばかりだ。そして老いさらばえたアイビーが、瘤だらけの腐った根っこから、この壁の中ほどまで這い上がっている。秋の冷たい息が蔦の葉っぱを散らせ、ほとんど丸裸になった枝が、いまにも崩れそうなレンガに骸骨のようにこびりついている。

「どうしたの？」とスーは尋ねた。

「6」とジョンジーが消え入りそうな声で言った。「落ちるのが早くなったわ。3日前は100ほどあったの。数えていると頭が痛くなったわ。でも、もうかんたんだんだわ。また1つ落ちた。もう5つしか残っていない」

「いったいなんのこと？ スーおばさんに言ってごらん」

「葉っぱよ。アイビーの。最後の葉といっしょに、わたしも逝くの。3日前にわかったのよ。お医者さんはそう言わなかった？」

「そんなばかげた話、聞いたことないぞ」とスーは、居丈高に軽蔑してみせた。「老いぼれアイビーと病気になんの関係があるっていうの？ あんた、あのアイビーが好きだったじゃない。まぬけなこと言わないの！ けさお医者さんが言ってたよ。もう、今にもよくなるって。可能性は──ええと、お

医者の言ったとおりに言うと——可能性は 1 に 10 かな、だってさ。ニューヨークではチンチン電車に乗ったり、歩いていたら新しい建物に出くわしたりすることがしょっちゅうあるよね。それくらい確実だってこと。さあ、お粥食べてみたら？　スーおばさんは絵の仕事にもどるからね。雑誌の編集者サマに売り込んで、大事な病気の子どものためにポートワインを買って、食いしん坊の自分のためにポークステーキを買ってくるんだから」

「ワインはもう買わなくてもいいわよ」と、ジョンジーは窓から目をそらしもしないで言った。「また 1 枚散った。お粥いらないわ。もう 4 枚しかない。暗くなる前に最後の 1 枚が散るのを見たいわ。わたしもいっしょに逝けるから」

「ねえいいかな、ジョンジー」と、スーは病人の顔をのぞき込みながら言った。「あたしの仕事が終わるまで、目を閉じて、窓の外は見ないって約束してくれる？　絵を明日までに届けなきゃいけないの。明かりがいるけど、ブラインドを下ろしちゃ描けないし…」

「隣の部屋じゃだめなの？」とジョンジーはしらっとして言った。

「あたしはあんたのそばにいたいの！」とスーは言った。「それに、あのばかなアイビーの葉っぱなんて、あんたに見てほしくないの！」

「仕事が終わったら言ってね」とジョンジーは言って目をとじた。倒れた石像のように真っ白で動かない。「わたし、最後の 1 枚が落ちるのを見たいの。もう待つのはうんざり。色々と考えるのもうんざり。何もかも投げ出して、ただ流れに身をまかせたいの。あのかわいそうな、疲れきった葉っぱみたいに」

「眠るのよ」とスーは言った。「あたしベアマンさんのところにいって、一匹狼の山師の絵のモデルになってくださいって頼まなきゃ。すぐ戻ってくるからね。あたしが戻るまで動いちゃだめだよ」

ベアマンというのは彼らの下、1 階に住んでいる画家だった。年は 60 すぎ、ミケランジェロのモーゼのような長老髭を生やしている。顔はまるでサチュロスで、それが子どものような小柄な体の上にのっかっている。ベアマ

ンは鳴かず飛ばずの画家だった。40年というもの絵筆をふるってはきたものの、美神の裾すら掴むことができなかった。今から一世一代の傑作にかかるのだといつも言い続けているが、取りかかったためしがなかった。この何年かは、せいぜい店の看板や広告をときたま思い出したように描くていどだ。そして、プロを雇えない若い画家のために絵のモデルをつとめ、わずかばかりの金を稼いでいた。ジンを浴びるほど飲み、来たるべき畢生（ひっせい）の傑作の話をするのは相変わらずだが、それ以外のときはまるで鼻息のあらい豆タンクで、弱音を吐く人間がいれば、誰彼なくボロクソにけなすのだった。そして、上のアトリエに住む2人の若い画家のために、自ら番犬をもって任じていた。

　スーが下に降りていくと、暗い明かりのともった穴倉のような部屋の中で、ジンの香りをぷんぷんと漂わせているベアマンがいた。片隅に、真っ白なカンヴァスののった画架が立っている。25年の間、いまだ見ぬ傑作の、最初の1本の線が描かれるのを今か今かと待ち続けている。スーはジョンジーの妄想のことを話した。そうして、ジョンジーはそれこそ葉っぱみたいに軽くて壊れそうなので、この世とのかすかなつながりがさらに弱まると、ほんとうに逝ってしまうのではないかと心配なのだと言った。

　ベアマンは真っ赤な目から涙をぽろぽろ落としながら、声をあげて、そのような愚かしい想像をののしり、嘲（ののし）るのだった。

　「まったく！」とベアマンが喚いた。「葉っぱがクソアイビーから落ちるから自分も死ぬなんて、そんな馬鹿者が世界のどこにいる？　そんな話、聞いたことがないぞ。あんたの、山師の馬鹿野郎のモデルなんぞお断りだね。そんな下らないことを考えるのを、なんでみすみす許したのだ？　ジョンジーさんが可哀相じゃないか」

　「病気が重くて、弱っているのよ」とスーは言った。「熱のせいで頭がいかれちゃって、妙な空想でいっぱいなの。じゃあいいよ、ベアマンさん、そんなにモデルになるのがいやなら、もう頼まないから。あんたって、ほんとにえげつない軽薄じじいだね」

　「女ってこれだからな、まったく！」とベアマンは怒鳴り返す。「モデルを

やらないなんて誰が言った？　さあ、行け。わしもいっしょに行くから。半時間も前から、モデルをやってやると言い続けているじゃないか。くそ。ここはジョンジーさんみたいな善人が病気になって、寝ていていいような場所じゃない。いつかわしが畢生の傑作を描くから、そしたらみんなで出ていこう。なっ、決まりだ」

　上にあがっていくと、ジョンジーは眠っていた。スーはブラインドを下までおろし、ベアマンに隣の部屋に入るよう合図した。中に入った2人は、窓の外のアイビーの蔓を穴の開くほど見つめた。そうしてから、一瞬のあいだ無言で顔を見合わせた。みぞれがしつこく降り続いている。ブルーの古いシャツを着たベアマンが一匹狼の山師のポーズをとる。岩の代わりに、大鍋をひっくり返して、その上に座った。

　次の朝、1時間しか寝ていないスーが目を覚ましたとき、ジョンジーは物憂げな目を大きく開いて、下まで引かれた緑のブラインドをじっと見ていた。

　「上げてちょうだい。見たいの」と、ジョンジーはわがままな口調でささやいた。

　スーはのろのろとした動作で、言われたとおりにした。

　ところが、何ということだろう。はげしい雨と風が一晩中続いたというのに、1枚のアイビーの葉っぱがレンガの壁の上にくっきりと見えている。最後の1枚だ。ぎざぎざのへりはしなびて黄色に変色しているものの、軸の近くはまだ黒っぽい緑色をしていて、地面から20フィートくらいのところで、けなげに枝にぶら下がっている。

　「最後の葉っぱね」とジョンジーが言った。「絶対に夜中に落ちると思ったんだけど。風の音がすごかったわ。今日、落ちるでしょうね。そのとき私も死ぬのよ」

　「何を言うの」スーは身をかがめて、疲れた顔を枕によせた。「自分はどうなってもいいと思ってるんでしょうけど、私のことも考えてよ。私はいったいどうなるの？」

　しかし、ジョンジーは答えなかった。いまだ見ぬ遠くへの旅立ちを決意

した魂ほど、この世で孤独なものはない。友人やこの世とのきずなが1つ1つ切れていくにつれて、そんな旅への思いにますます強く囚われていくかのようだった。

1日がのろのろと過ぎていった。夕暮れになっても、1枚のアイビーの葉が茎にしがみついているのが見えた。そうして夜の到来とともに、北風がまた吹き始め、あいかわらずの雨が窓に叩きつけ、しずくが低いオランダ風の軒からぼたぼたと落ちるのが聞こえた。

夜があけて外が見えるようになると、ジョンジーは容赦なく、ブラインドを上げるよう命じた。

アイビーの葉はまだそこにあった。

ジョンジーは長い間、じっとそれを見ていた。そうしてから、スーに声をかけた。スーはガスの調理台のところで、彼女のためにチキン入りのお粥をかき回している。

「ねえスーディ、私って、なんてひどいヤツだったんだろう」とジョンジーが言った。「あの最後の葉っぱが頑張っているのを見せられて、わたし、自分がどんなにねじけた人間か分かったわ。死にたいなんて言うの、罪よね。お粥を少しもってきてもいいわよ。ミルクにポートワインを少し混ぜたのも。それから――いいえ、その前に鏡を持ってきて。それから腰のところに枕をおいて、座らせてちょうだい。わたし、あなたが料理するところを見たいの」

そして1時間後に、ジョンジーはこう言った。

「ねえスーディ、いつかナポリ湾の絵を描いてみたいわ」

午後になると医者がやってきた。その帰りがけに、スーは用があるふりをして廊下に出た。

「五分五分だな」と、医者はスーの震えている痩せた手をとって言った。「よく看病してあげたら、あんたの勝ちだよ。さあて、下にもう1人病人がいるんだ。ベアマンって名だ。画家のはしくれなんだろうな。こっちも肺炎だ。年寄りで体力もないし、症状がひどい。こっちは望みがない。だが、今日病

16

院に入ってもらう。このアパートじゃまともに休めないからな」

　翌日、医者はスーに言った。「彼女はもう危険を脱したよ。あんたの勝ちだ。いまは栄養をとってきちんと養生すること。それだけだ」

　そして、その日の午後のこと。ジョンジーが座って、満ち足りた表情で、どぎつい青の、とても使えそうにない毛糸のマフラーを編んでいるところにスーが来て、腕をひろげて枕もろともジョンジーを抱いた。

　「ねえ、話があるの」とスーは言った。「ベアマンさんが今日、病院で死んだわ。肺炎よ。かかって２日で死んだの。発病した日に、下の自分の部屋でどうしようもない状態で苦しんでいるのを、管理人が見つけたんだって。靴も服もびしょびしょ、冷たくて氷みたいだった。あんなひどい夜にどこへ行ったんだろうって、みんな首をひねったわ。でもよく見ると、火が灯ったままのランタンが見つかり、梯子もいつもの場所から動かしてあって、絵筆が何本か散らばっていて、緑と黄色の絵の具を混ぜたパレットが落ちていて──ほら、窓の外を見てよ。壁の上にアイビーの葉っぱがあるでしょ？　風が吹いてもぱたぱたしないし、揺れもしないのへんだと思わなかった？　そう、ベアマンさんの畢生の傑作よ。最後の葉っぱが落ちた夜に描いたのよ」

The Last Leaf

①In a little district west of Washington Square the streets have run crazy and broken themselves into small strips called "places." These "places" ②make strange angles and curves. One street crosses itself a time or two. An artist once discovered a valuable possibility in this street. Suppose a collector with a bill for paints, paper and canvas should, in traversing this route, suddenly meet himself coming back, without a cent having been paid on account!

③So, to quaint old Greenwich Village the art people soon came prowling, ❹hunting for north windows and eighteenth-century gables and Dutch attics and low rents. Then they imported some pewter mugs and a chafing dish or two from Sixth Avenue, and became a "colony."

At the top of a squatty, three-story brick Sue and Johnsy had their studio. "Johnsy" was ⑤familiar for Joanna. ⑥One was from Maine; the other from California. They had met at the *table d'hôte* of an Eighth Street "Delmonico's," and ⑦found their tastes in art, chicory salad and bishop sleeves so congenial that the joint studio resulted.

That was in May. ⑧In November a cold, unseen stranger, whom the doctors called Pneumonia, stalked about the colony, touching one here and there with his icy fingers. Over on the east side this ravager strode boldly, ⑨smiting his victims by scores, but his feet trod slowly through the maze of the narrow

ここ に 気 を つ け て 読 も う

① この文の主語（主部）はどれでしょうか？

② この make はどのような意味でしょうか？

③ この文の主語 はどれでしょうか？

解釈のポイント ❶ → *p.95*

なぜ north windows が求められていたのでしょうか？

... hunting for <u>north windows</u> and eighteenth-century gables and Dutch attics and low rents.

④ この familiar はどのような意味でしょうか？

⑤ One と the other は、それぞれ何を指しているでしょうか？

⑥ この found の目的語はなんでしょうか？

⑦ この文では、どのような修辞技法が使われているでしょうか？

⑧ この現在分詞句はどのような役割を果たしているでしょうか？

. . . .
N O T E S
. . . .

L.001 Washington Square ▶ワシントン・スクエア
ニューヨーク市マンハッタン区、グリニッジ・ビレッジの中心にある広場。

L.006 traverse ▶横断（縦走）する　**L.010** prowl ▶徘徊する

L.012 pewter ▶白目（の）
スズを主成分とした合金のこと。

L.012 chafing dish ▶コンロがついた卓上鍋　**L.014** squatty ▶ずんぐりした

L.016 table d'hôte ▶定食　**L.018** bishop sleeve ▶手首のところが広い袖

L.018 congenial ▶うまが合う、心地よい

L.021 pneumonia ▶肺炎　**L.023** ravager ▶破壊者

L.023 stride ▶大股で歩く　**L.023** smite ▶…を打ちのめす

and moss-grown "places."

⑨<u>Mr. Pneumonia was not what you would call a chivalric old gentleman.</u> A mite of a little woman with blood thinned by California zephyrs was hardly fair ⑩<u>game</u> for the red-fisted, short-breathed old duffer. ⑪<u>But Johnsy he smote</u>; and she lay, scarcely moving, on her painted iron bedstead, looking through the small Dutch window-panes at the blank side of the next brick house.

One morning the busy doctor invited Sue into the hallway ⑫<u>with a shaggy, gray eyebrow</u>.

❷"She has one chance in——let us say, ten," he said, as he shook down the mercury in his clinical thermometer. "And that chance is for her to want to live. ⑬<u>This way people have of lining-up on the side of the undertaker makes the entire pharmacopoeia look silly.</u> Your little lady has made up her mind that she's not going to get well. Has she anything on her mind?"

"She——she wanted to paint the Bay of Naples some day." said Sue.

"Paint?——bosh! Has she anything on her mind worth thinking about twice——a man, for instance?"

"A man?" said Sue, with a jew's-harp ⑭<u>twang</u> in her voice. "Is a man worth——but, no, doctor; there is nothing of the kind."

"Well, ⑮<u>it</u> is the weakness, then," said the doctor. "I will do all ⑯<u>that</u> science, so far as it may filter through my efforts, can accomplish. ❸But whenever my patient begins to count the carriages in her funeral procession I subtract 50 per cent from the curative power of medicines. If you ⑰<u>will</u> get her to ask one

Grammar Points　　　　　　　　ここに気をつけて読もう

⑨ この文の文型はなんでしょうか？

⑩ なぜこのgameには冠詞がついていないのでしょうか？

⑪ この文の主語はどれでしょうか？

⑫ この前置詞句は、どのような意味を表しているでしょうか？

解釈のポイント❷ → p.95

この動作は、なんのために行っているのでしょうか？

"She has one chance in —— let us say, ten," he said, as <u>he shook down the mercury in his clinical thermometer</u>.

⑬ この文の主語はなんでしょうか？

⑭ このtwangの品詞はなんでしょうか？

⑮ このitは何を指しているでしょうか？

⑯ このthatの品詞はなんでしょうか？

解釈のポイント❸ → p.96

このmy patientは、誰のことを指しているでしょうか？

But whenever <u>my patient</u> begins to count ...

⑰ なぜif節中でwillが用いられているのでしょうか？

NOTES

L.026 chivalric ▶ 騎士道精神のある　　**L.028** zephyr ▶ そよ風

L.029 duffer ▶ 老いぼれ、愚か者　　**L.030** bedstead ▶ ベッドのフレーム

L.038 pharmacopoeia ▶ 薬物類　　**L.040** the Bay of Naples ▶ ナポリ湾

question about the new winter styles in cloak sleeves I will promise you a one-in-five chance for her, instead of one in ten."

After the doctor had gone Sue went into the workroom and cried a Japanese napkin to a pulp. Then she swaggered into Johnsy's room with her drawing board, whistling ragtime.

Johnsy lay, scarcely making a ripple under the bedclothes, with her face toward the window. Sue stopped whistling, ⑱<u>thinking she was asleep.</u>

She arranged her board and began a pen-and-ink drawing to illustrate a magazine story. ❹<u>Young artists must pave their way to Art by drawing pictures for magazine stories that young authors write to pave their way to Literature.</u>

As Sue was sketching a pair of elegant horseshow riding trousers and a monocle of the figure of the hero, ⑲<u>an Idaho cowboy,</u> she heard a low sound, several times repeated. She went quickly to the bedside.

Johnsy's eyes were ⑳<u>open wide.</u> She was looking ㉑<u>out</u> the window and counting——counting backward.

"Twelve," she said, and little later "eleven"; and then "ten," and "nine"; and then "eight" and "seven", almost together.

Sue looked solicitously out the window. What was there ㉒<u>to count?</u> There was only a bare, dreary yard to be seen, and the blank side of the brick house twenty feet away. An old, old ivy vine, gnarled and decayed at the roots, ㉓<u>climbed</u> half-way up the brick wall. The cold breath of autumn had stricken its leaves from the vine ❺<u>until its skeleton branches clung, almost bare, to</u>

Grammar Points　　　　　　　　　　ここ に 気 を つ け て 読 も う

⑱ この分詞構文はどのような用法でしょうか？

解 釈 の ポ イ ン ト ❹　→ *p. 97*

Art と Literature は、なぜ大文字になっているのでしょうか？

Young artists must pave their way to <u>Art</u> ... to <u>Literature</u>.

⑲ この名詞句（an Idaho cowboy）は、文中でどのような役割を果たしていますか？
⑳ open wide の代わりに、wide open という語順にすることはできますか？
㉑ この out の品詞はなんでしょうか？
㉒ この to 不定詞は何用法でしょうか？
㉓ この climbed は自動詞・他動詞のどちらでしょうか？

解 釈 の ポ イ ン ト ❺　→ *p.. 97*

この until は「…まで」と訳すのが適切でしょうか？

... <u>until</u> its skeleton branches clung, almost bare, to the crumbling bricks.

· ·
N O T E S
· ·

L.054　swagger　▶意気揚々と歩く
　　　strike の過去分詞形には struck と stricken の2種類があります。

L.055　ragtime　▶ラグタイム　　ジャズのルーツとされる軽快な楽曲。

L.060　pave *one's* way to ...　▶…への道を開く

L.063　horseshow riding trousers　▶ロデオ用のズボン

L.064　monocle　▶片眼鏡　　**L.071**　solicitously　▶心配そうに

L.074　gnarled　▶節だらけの　　**L.074**　decayed　▶朽ち果てた

L.075　strike　▶たたき落とす
　　　strike の過去分詞形には struck と stricken の2種類があります。

23

the ㉔<u>crumbling</u> bricks.

"What is it, dear?" asked Sue.

"Six," said Johnsy, in almost a whisper. "They're falling faster now. Three days ago there were almost a hundred. ㉕<u>It</u> made my head ache to count them. But now it's easy. ㉖<u>There goes another one.</u> There are only five left now."

"Five what, dear? Tell your Sudie."

"Leaves. On the ivy vine. When the last one falls I must ㉗<u>go</u>, too. ❻<u>I've known that for three days.</u> Didn't the doctor tell you?"

"Oh, I never heard of such nonsense," complained Sue, with magnificent scorn. "What have old ivy leaves to do with ㉘<u>your</u> getting well? And you used to love that vine so, you naughty girl. Don't be a goosey. Why, the doctor told me this morning that your chances for getting well real soon were——let's see exactly what he said——he said the chances were ten to one! Why, that's almost as good a chance as we have in New York when we ride on the street cars ㉙<u>or</u> walk past a new building. Try to take some broth now, and let Sudie go back to her drawing, ㉚<u>so</u> she can sell the editor man with it, and ❼<u>buy port wine for her sick child, and pork chops for her greedy self.</u>"

"You needn't get any more wine," said Johnsy, ㉛<u>keeping her eyes fixed out the window</u>. "There goes another. No, I don't want any broth. That leaves just four. I want to see the last one fall before it gets dark. Then I'll go, too."

"Johnsy, dear," said Sue, bending over her, "will you promise me to keep your eyes closed, and not look out the window until

Grammar Points　　　　　　　　　　ここ に 気 を つけ て 読 もう

㉔ この crumbling は動名詞・現在分詞のどちらでしょうか？

㉕ この It は何を指しているでしょうか？

㉖ この There goes ... はどのような意味の表現でしょうか？

㉗ この go はどのような意味を表しているでしょうか？

解釈のポイント ❻ → *p.98*

この現在完了は、どのように訳すのが自然でしょうか？

I've known that for three days.

㉘ なぜ所有格（your）が使われているのでしょうか？

㉙ この or は何と何を並列してるでしょうか？

㉚ この so はどのような意味を表しているでしょうか？

解釈のポイント ❼ → *p.99*

her sick child と her greedy self は、それぞれ誰を指しているでしょうか？

... buy port wine for her sick child, and pork chops for her greedy self.

㉛ この分詞構文を節に書き換えてください。

NOTES

L.087 magnificent ▶壮大な　　**L.087** scorn ▶冷笑、軽蔑

L.089 goosey ▶ガチョウ
　　Don't be a goosey. は子供をたしなめるようなニュアンスで、「（ガチョウみたいな）バカなことは言わないで」という意味です。

㉜I am done working? I must hand those drawings ㉝in by to-morrow. I need the light, ㉞or I would draw the shade down."

"Couldn't you draw in the other room?" asked Johnsy, coldly.

"I'd rather be here by you," said Sue. "Besides, I don't want you to keep looking at those silly ivy leaves."

"Tell me as soon as you have finished," said Johnsy, closing her eyes, and lying white and still as a fallen statue, "because I want to see the last one fall. I'm tired of waiting. I'm tired of thinking. I want to ㉟turn loose my hold on everything, and go sailing down, down, just like one of those poor, tired leaves."

"㊱Try to sleep," said Sue. "I must call Behrman up to be my model for the old hermit miner. ❺I'll not be gone a minute. Don't try to move 'til I come back."

㊲Old Behrman was a painter who lived on the ground floor beneath them. He was past sixty and had a ㊳Michael Angelo's Moses beard curling down from the head of a satyr along with the body of an imp. Behrman was a ㊴failure in art. Forty years he had wielded the brush without getting near enough to touch the hem of his Mistress's robe. He had been always about to paint a masterpiece, but had never yet begun it. For several years he had painted nothing except now and then a daub in the line of commerce or advertising.

He earned a little by serving as a model to ㊵those young artists in the colony who could not pay the price of a professional. He drank gin to excess, and still talked of his coming masterpiece. For the rest he was a fierce little old man, who scoffed terribly at

G r a m m a r   P o i n t s　　　　　ここ に 気 を つ け て 読 も う

㉜ この文は受動態でしょうか？

㉝ この in の品詞はなんでしょうか？

㉞ この or を他の単語で置き換えてください。

㉟ この turn の目的語はなんでしょうか？

㊱ この Try to sleep. は、動名詞を用いた Try sleeping. と、どのようなニュアンスの違いがあるでしょうか？

解 釈 の ポ イ ン ト ❽　　→ *p.99*

この文は、どのように訳すのが適切でしょうか？

I'll not be gone a minute.

㊲ ベアマン老人は建物の何階に住んでいたのでしょうか？

㊳ この Michael Angelo's Moses は、どのような文法的役割を果たしているでしょうか？

㊴ この failure はどのような意味でしょうか？

㊵ この those はどのような意味を表しているのでしょうか？

N O T E S

L.114　hermit　▶隠遁者、世捨て人

L.114　miner　▶炭鉱労働者

L.118　satyr　▶サチュロス
　　　　ギリシャ神話に登場する、顔と身体は人間だが、山羊の耳・角・脚を持つ牧神。

L.119　imp　▶子鬼、わんぱくな子供

L.120　wield　▶…を（巧みに）扱う

L.123　now and then　▶ときどき

L.123　daub　▶下手な絵、素人絵

L.127　to excess　▶過度に

softness in any one, and who regarded himself as especial mastiff-in-waiting to protect the two young artists in the studio above.

⑩Sue found Behrman smelling strongly of juniper berries in his dimly lighted den below. In one corner was a blank canvas on an easel that had been waiting there for twenty-five years ⑪to receive the first line of the masterpiece.

She told him of Johnsy's fancy, and ⑫how she feared she would, indeed, light and fragile as a leaf herself, float away, when her slight hold upon the world grew weaker.

Old Behrman, with his red eyes plainly streaming, shouted his contempt and derision for such idiotic imaginings.

⑬"Vass!" he cried. "Is dere people in de world mit der foolishness to die because leafs dey drop off from a confounded vine? I haf not heard of such a thing. No, I will not bose as a model for your fool hermit-dunderhead. Vy do you allow dot silly pusiness to come in der brain of her? Ach, dot poor leetle Miss Yohnsy."

"She is very ill and weak," said Sue, "and ⑭the fever has left her mind morbid and full of strange fancies. Very well, Mr. Behrman, if you do not care to pose for me, you needn't. But I think you are a horrid old——old flibbertigibbet."

"⑮You are just like a woman!" yelled Behrman. "Who said I will not bose? Go on. I come mit you. For half an hour I haf peen trying to say dot I am ready to bose. Gott! dis is not any blace in which one so goot as Miss Yohnsy shall lie sick. ❾Some day I vill baint a masterpiece, and ve shall all go away. Gott! yes."

Grammar Points　　　　　　　ここ に 気 を つ け て 読 も う

㊶ この文は何文型でしょうか？

㊷ この to 不定詞の「意味上の主語」はなんでしょうか？

㊸ この how を別の単語で言い換えることはできますか？

㊹ ベアマン老人の英語には、どのような特徴があるでしょうか？

㊺ この文の文型はなんでしょうか？

㊻ この You are just like a woman! は、どのように訳すことができるでしょうか？

解 釈 の ポ イ ン ト ❾　→ *p.100*

この文は、具体的にはどのようなことを言っているのでしょうか？

Some day I vill baint a masterpiece, and ve shall all go away.

. . . .
N O T E S
. . . .

`L.128`　scoff at ...　▶…をあざ笑う、…を一蹴する

`L.129`　mastiff-in-waiting　▶番犬（mastiff は英国原産の大型犬です）

`L.131`　juniper berry　▶ネズの実
　　　　gin「ジン」は、juniper berry の香りがつけられた蒸留酒です。

`L.139`　contempt　▶軽蔑

`L.139`　derision　▶嘲り、冷笑

`L.139`　idiotic　▶バカな

`L.149`　flibbertigibbet　▶おしゃべりで軽薄な人

Johnsy was sleeping when they went upstairs. Sue pulled the shade down to the window-sill, and ㊼motioned Behrman into the other room. ㊽In there they peered out the window fearfully at the ivy vine. ㊾Then they looked at each other for a moment without speaking. A persistent, cold rain was falling, mingled with snow. ㊿Behrman, in his old blue shirt, took his seat as the hermit miner on an upturned kettle for a rock.

When Sue awoke from an hour's sleep the next morning ㊿she found Johnsy with dull, wide-open eyes staring at the drawn green shade.

"Pull it up; I want to see," she ordered, in a whisper.

㊿Wearily Sue obeyed.

But, lo! ㊿after the beating rain and fierce gusts of wind that had endured through the livelong night, there yet stood out against the brick wall one ivy leaf. It was the last on the vine. ㊿Still dark green near its stem, but with its serrated edges tinted with the yellow of dissolution and decay, it hung bravely from the branch some twenty feet above the ground.

"It is the last one," said Johnsy. "I thought it would surely fall during the night. I heard the wind. It will fall to-day, and I shall die at the same time."

"Dear, dear!" said Sue, leaning her worn face down to the pillow, "think of me, if you won't think of yourself. What ㊿would I do?"

But Johnsy did not answer. The lonesomest thing in all the world is a soul when it is making ready to go on its mysterious,

Grammar Points　ここに気をつけて読もう

㊼ このmotionという動詞はどのような意味を表しているでしょうか？

解釈のポイント⑩ → p.101

In thereは、どのような「動作」を表しているでしょうか？

In there they peered out the window fearfully at the ivy vine.

解釈のポイント⑪ → p.101

なぜ2人は、「一瞬のあいだ無言で顔を見合わせた」のでしょうか？

Then they looked at each other for a moment without speaking.

㊽ 4つある前置詞句の、文中における役割はそれぞれなんでしょうか？

㊾ この文の「目的格補語」はどの部分でしょうか？

㊿ wearilyを文末に置いた場合（Sue obeyed wearily.）と、どのようなニュアンスの違いがあるでしょうか？

(51) このafterは接続詞・前置詞のどちらでしょうか？

(52) この文の主語はなんでしょうか？

(53) なぜwouldが用いられているのでしょうか？

NOTES

L.159 mingle ▶…を混ぜる

L.161 upturned ▶ひっくり返した

L.161 kettle ▶大鍋、やかん

L.167 gust of wind ▶突風

L.168 livelong ▶長い

livelong dayなら「1日中」、livelong nightなら「ひと晩中」という意味になります。

L.170 serrated ▶ギザギザした、鋸歯状の

L.172 some ▶およそ、約

far journey. The fancy seemed to possess her more strongly ⑤⑤as one by one the ties that bound her to friendship and to earth were loosed.

The day wore away, and even through the twilight they could see the lone ivy leaf clinging to its stem against the wall. ⑤⑤And then, with the coming of the night the north wind was again loosed, while the rain still beat against the windows and pattered down from the low Dutch eaves.

⑫When it was light enough Johnsy, the merciless, commanded that the shade be raised.

The ivy leaf was still there.

Johnsy lay for a long time looking at it. And then she ⑤⑥called to Sue, who was stirring her chicken broth over the gas stove.

"I've been a bad girl, Sudie," said Johnsy. "Something has made that last leaf stay there to show me how wicked I was. It is a sin to want to die. You ⑤⑦may bring me a little broth now, and some milk with a little port in it, and——no; ⑤⑧bring me a hand-mirror first, and then pack some pillows about me, and I will sit up and watch you cook."

An hour later she said——

"Sudie, some day I hope to paint the Bay of Naples."

The doctor came in the afternoon, and Sue had an excuse to go into the hallway as he left.

"Even chances," said the doctor, taking Sue's thin, shaking hand in ⑤⑨his. "⑥⑩With good nursing you'll win." And now I must see another case I have downstairs. Behrman, his name is——

Grammar Points　ここに気をつけて読もう

(54) このasはどのような意味でしょうか？

(55) この文の主語はなんでしょうか？

解釈のポイント⓬ → p. 102

下線部は、どのように訳すのが適切でしょうか？

When it was light enough Johnsy, the merciless, commanded that the shade be raised.

(56) このcalled to ...は、他動詞のcallとどう異なるでしょうか？

(57) このmayはどのような意味でしょうか？

(58) 3つのandは、それぞれ何と何を結びつけているでしょうか？

(59) このhisの品詞はなんでしょうか？

(60) この前置詞句は、文中でどのような役割を果たしているでしょうか？

NOTES

L.184 wear away ▶すり減る、消える

L.188 patter ▶パラパラと音を立てる

L.209 even chance ▶五分五分の見込み

some kind of an artist, I believe. Pneumonia, too. He is an old, weak man, and the attack is acute. There is no hope for him; but he ⓍＯgoes to the hospital to-day to be made Ⓧmore comfortable."

The next day the doctor said to Sue: "She's out of danger. You've won. Nutrition and care now——that's all."

And that afternoon Sue came to the bed where Johnsy lay, Ⓧcontentedly knitting a very blue and very useless woollen shoulder scarf, and put one arm around her, pillows and all.

"I have something to tell you, white mouse," she said. "Mr. Behrman died of pneumonia to-day in the hospital. ⓍHe was ill only two days. ⓍThe janitor found him the morning of the first day in his room downstairs helpless with pain. His shoes and clothing were wet Ⓧthrough and icy cold. They couldn't imagine where he had been on such a dreadful night. And then they found a lantern, still Ⓧlighted, and a ladder that had been dragged from its place, and some scattered brushes, and a palette with green and yellow colors mixed on it, and——look out the window, dear, at the last ivy leaf on the wall. Didn't you wonder why it never fluttered or moved when the wind blew? Ah, darling, it's Behrman's masterpiece——he painted it Ⓧthere the night that the last leaf fell."

G r a m m a r   P o i n t s　　　　　　　ここ に 気 を つ け て 読 も う

⑥ なぜ現在形（goes）が用いられているのでしょうか？

⑥ この比較級（more comfortable）は、何と何を比較しているでしょうか？

⑥ この現在分詞句は、文中でどのような役割を果たしているでしょうか？

解釈のポイント ⑬ → *p.102*

この文はどのように訳すのが適切でしょうか？

He was ill only two days.

⑥ この文の目的格補語はなんでしょうか？

⑥ この through の品詞はなんでしょうか？

⑥ この lighted は、文中でどのような役割を果たしているでしょうか？

⑥ この there は「そこに」「そこで」のどちらの意味でしょうか？

・・・
N O T E S
・・・

L.219 contentedly ▶満足そうに

L.223 janitor ▶管理人、清掃作業員

L.231 flutter ▶はためく

「ここに気をつけて読もう」の解説

Commentaries on Grammar Points

→ p.19

① この文の主語（主部）はどれでしょうか？

In a little district west of Washington Square the streets have run crazy and broken themselves into small strips called "places."

▶ ▶ ▶ **the streets** です。

 解説　In a little district west of Washington Square という **場所句が前置されている**ため、少し構造がわかりにくくなっていますね。この文の主語は the streets で、have run crazy and broken ... がそれに対応した動詞（述語）です（なお本書では、「主語」という言葉を、本来は「主語＋さまざまな修飾要素」を意味する「主部」とあえて区別せずに用いています）。場所句を「本来の位置」に戻すと以下のようになります。

The streets have run crazy and broken themselves into small strips called "places" <u>in a little district west of Washington Square.</u>

このような語順では「どこの streets のことを言っているのだろう？」と、読み手は少しイライラしてしまうかもしれません。場所句を前に出すことによって、**この物語の「舞台」を最初にはっきり示している**わけです。

それにしても、なかなか魅力的な出だしだと思いませんか？ まず、In a little district west of Washington Square ... という場所句によって舞台を「ピンポイント」で提示し、... the streets have run crazy and broken themselves into small strips ... という文で「ワシントンスクエアのある一角は迷路のように入り組んでいる」という情報を出し、さらに新情報として ... called "places." という過去分詞句を用いて「その区画は『プレイス』と呼ばれている」と付け加えています。これだけの情報が、実にコンパクトにまとめられていますね。

これを、例えば以下のようにしてしまうと、途端に **「リズム」** が失われてしまいます。

The streets in a little district west of Washington Square are intricate. They have broken themselves into small strips. Such strips are called "places."

（ワシントンスクエア西側の小さな一角では、通りが入り組んでいます。それらはさらに小さな区画に分かれます。そのような区画は「プレイス」と呼ばれています）

これに比べて、元の文は、run crazy というカジュアルな感じの表現を使ったり、過去分詞による修飾要素を文末に置いたりすることによって、「すんなり」と頭に入ってくるように作られていることがわかると思います。

オー・ヘンリーの作品の魅力の1つは、この軽妙なリズムにあると言っていいでしょう。重厚なクラシック音楽を鑑賞するというよりも、耳触りのよい小粋なポップスやジャズを楽しむような感覚で読んでみるといいかもしれません。

→ p.19

② この make はどのような意味でしょうか？

These "places" <u>make</u> strange angles and curves.

▶ ▶ ▶ 「…を成している」という意味です。

 解説 make のような基本動詞は数多くの意味を持っています。もちろん、make の最も基本的な意味は「…をつくる」というものですが、この例のように抽象的なことに関して用いる場合は **「…を成す」「…を成している」**

という訳がより適切です。

以下に、「つくる」「成す」以外の **make** の用法をいくつか挙げておきます。

例 He is a popular writer and <u>makes</u> about half a million dollars a year.

（彼は人気作家で、年間で約50万ドル稼いでいます）

…▶ この make は「お金などを得る」という意味です。

例 What do you <u>make</u> of his proposal?

（彼の提案についてどう思われますか？）

…▶ この make は「考える」「みなす」という意味です。make light of ...「…を軽視する」や make much of ...「…を尊重する」の make も同じ用法です。

例 Go <u>make</u> your bed real quick.

（すぐにベッドを直しなさい）

…▶ make a bed は「ベッドを整える」という意味ですね。この make には「準備する」というニュアンスがあります。ちなみに、make breakfast の make も、単に「つくる」 → 「調理する」だけでなく、「朝食の<u>準備をする</u>」という意味を表しています。

→ p.19

③ この文の主語はどれでしょうか？

So, to quaint old Greenwich Village the art people soon came prowling, hunting for north windows and eighteenth-century gables and Dutch attics and low rents.

▶ ▶ ▶ **the art people** です。

解説 冒頭部にあるto quaint ...を見て、一瞬quaintが動詞であり、「…を quaintするために」という意味だと考えてしまった人もいるかもしれ ません。しかし、quaintには動詞用法がありませんので（一部方言で、acquaint 「知らせる」と同じ意味でquaintを使うこともありますが）、そのような読みは できません。

　to quaint old Greenwich Villageという前置詞句は、came prowlingに対応 しています。つまり**「どこにやってきたのか」**を示しています。本来の形にす れば、以下のようになります。

So, <u>the art people soon came prowling to quaint old Greenwich Village</u>, hunting for north windows and eighteenth-century gables and Dutch attics and low rents.

　このように、**the art people**が**文の主語**で、came prowling to quaint old Greenwich Villageが述語という構造になっています。前置されている修飾要 素が長い場合、本来の構造が見えにくくなってしまうことがありますので、十 分気をつけましょう。

→ p.19

④ このfamiliarはどのような意味でしょうか？
"Johnsy" was <u>familiar</u> for Joanna.
▶▶▶「なじみのある」「親しみのある」という意味です。

解説 オー・ヘンリーの文章は、比較的カジュアルな文体で書かれているこ ともあり、ときどき**「普通の言い方」ではない**表現も登場します。こ の "Johnsy" was familiar for Joanna. も、そんな表現の1つです。

　このfamiliarは「なじみのある」「親しみのある」という意味で、a familar nameで**「愛称」**という意味を表すことはあります。しかし、この意味の

39

familiarを、叙述用法の*be* familiar for ...という形で用いるのは一般的ではありません。

これは、おそらく以下のような言い方との「ブレンド」だと思われます。

🔲 "Tom" is short for "Thomas."
　　（「トム」は「トーマス」の省略形［愛称］です）

🔲 The pronoun "vous" is formal for "tu" in French.
　　（フランス語では、代名詞のvousはtuの敬称です）

🔲 "Arigato" is Japanese for "Thanks."
　　（「ありがとう」は Thanks. を意味する日本語です）

なお、Joannaの愛称と言えば、たいていJoやJosieが思い浮かびます（Johnsyは、それほど一般的な呼称ではありません）。そのため、「このJohnsyというのは、Joannaを縮めた愛称です」ということを明確にしようとして、**be short for ...** と **a familiar name**という2つの表現が自然に「ブレンド」されたのだと思われます。

→ p.19

⑤ Oneとthe otherは、それぞれ何を指しているでしょうか？

One was from Maine; the other from California.

▶ ▶ ▶ **One は Sue、the other は Johnsy を指しています。**

解説　「2つしかないもの」の1つをone、それに対して「あとの1つ」「もう一方」のことをthe otherで表せます。前にあるAt the top of a squatty, three-story brick Sue and Johnsy had their studio. という文の内容を受けて、**Sue を one、Johnsy を the other**で置き換えています。

　oneとthe otherの両方を含むone after the other「次々に」という表現があ
りますが、ほぼ同じ意味を表す表現にone after anotherがあります。実は、こ
れらは少し意味が異なります。one / the otherの場合は「2つしかない」ので
すから、「交互に起こる」という場合や、**「1つのことが起こって、それが片付い
た後に、別のことが起こる」** あるいは「全体の数が定まっていて、1つずつ順番
に起こる」といったニュアンスになります。**いろいろなことが同時発生的に起
こる** という場合には、one after anotherを使うのが自然です。

例 Led Zeppelin has consistently released mind-blowing albums
<u>one after the other</u> for such a long time.
（レッド・ツェッペリンは長いこと、素晴らしいアルバムを次々に着々とリリー
スしてきました）

　…▶「レッド・ツェッペリンというグループのアルバム」という「限られ
た母集団」の中で「1つ1つ順番にリリースされる」という状況なの
ですから、one after the otherを用いるのが自然です。

例 Many little steps joined <u>one after the other</u> is what makes
success possible. Keep doing little stuffs every day.
（小さなステップを積み重ねることで、成功を得られます。小さなことを毎日コ
ツコツ続けましょう）

　…▶アメリカの作家Israelmore Ayivorの著書からの引用です。このよう
に「順番に積み重なっていく」という場合には、one after the other
を使うのが適切です。

例 How do chefs cook so many dishes <u>one after the other</u> with
the same pan?
（料理人は、どうやって同じフライパンを使って、料理を次々と作っているので
すか？）

…▶ある「質問サイト」で発見した例文です。one after the other のイメージがとてもわかりやすい例だと思います。

例 During lunchtime, people come to this restaurant <u>one after another</u>.

（ランチタイムには、人々が次々とこのレストランにやって来ます）

…▶「不特定多数の集団が<u>同時多発的</u>にやって来る」のですから、この文では one after another を使うのが自然だと言えます。

→ p.19

⑥ この found の目的語はなんでしょうか？

… <u>found</u> their tastes in art, chicory salad and bishop sleeves so congenial that the joint studio resulted.

▶ ▶ ▶ **their tastes in art, chicory salad and bishop sleeves です。**

解説 この文は SVOC の構造になっていて、their tastes in art, chicory salad and bishop sleeves が目的語（O）、そして so congenial that the joint studio resulted が目的格補語（C）です。〈find ＋ O ＋ C〉で**「O が C であることに気づく」**という意味になります。

なお、目的格補語の so congenial that the joint studio resulted という部分には、**so ... that ～「～なほど…」「とても…なので～」**というパターンが含まれていることにも注意してください。

⑦ この文では、どのような修辞技法が使われているでしょうか?

In November a cold, unseen stranger, whom the doctors called Pneumonia, stalked about the colony, touching one here and there with his icy fingers.

▶ ▶ ▶ 擬人化（personification）が使われています。

解説 stranger「見知らぬ人、よそ者」、stalk「闊歩する」、finger「指」という言葉は、通常「**人**」に**対して**用いられます。しかし、pneumonia「肺炎」は「病気」であって「人」ではありません。

このように「もの」「こと」を「人」のように扱う修辞技法を「**擬人化**」（personification）と呼びます。pneumoniaがまるで固有名詞のように、つまり「人の名前」であるかのように大文字（Pneumonia）で表記されているのも、一種の擬人化と言えます（少し後で、Mr. Pneumoniaという言い方も登場しています）。

⑧ この現在分詞句は、どのような役割を果たしているでしょうか?

Over on the east side this ravager strode boldly, <u>smiting his victims by scores</u>, but his feet trod slowly through the maze of the narrow and moss-grown "places."

▶ ▶ ▶ 分詞構文で、「付帯状況」を表しています。

解説 分詞構文には「時」「理由」「条件」など用法がありますが、この場合は「**付帯状況**」になっています。付帯状況の分詞構文は、次の2通りの解釈が可能です。

❶ 動作が「同時」に行われる場合

典型的には「…しながら」と訳されます。多くの分詞構文が、この用法で用いられています。

例 I was checking the galley proof, <u>listening to podcasts</u>.
（私はポッドキャストを聞きながら、ゲラ刷りをチェックしていました）

例 I poured myself a cup of coffee, <u>thinking about what might have been</u>.
（過ぎ去った可能性について思いを馳せながら、私はコーヒーを注ぎました）
…▶ このように、主節が必ず進行形になるわけではないことに注意しましょう。

❷ 動作が「続けて」起こる場合

同時に起こるのではなく、主節の動作に続けて行われる動作を分詞構文が表している例です。「…する、そして〜する」のように訳されます。

例 A motorbike courier came up to me, <u>handing me an envelope</u>.
（バイク便の配達人が私のところに来て、封筒を手渡しました）

例 I had to stay at work till late, <u>missing the last train</u>.
（遅くまで残業をしなければならなかったので、終電を逃しました）
…▶ ... and missed the last train. と書き換えることもできます。

分詞構文には、この付帯状況以外にも、「時」「原因・理由」「条件」「譲歩」など、様々な用法があります。それぞれの用法の多くは接続詞を用いて「（むりやり）書き換える」ことが可能ですが、大切なのは、そのような区分が「便宜的」

なものであって、**接続詞を使った文と元の文が必ずしも「完全に同じ意味」で
はない**ということです。しかし、文脈などから判断して、「おそらくこの用法だ
ろう」と推測することはもちろん可能です。分詞構文を見たら、それが「どの
用法なのか」というよりも、**「どの用法で理解するのが__より自然か__」**という観点
から理解するようにしたほうがいいでしょう。

　さて、ここで使われているsmiting his victims by scoresという分詞構文に話
を戻しましょう。これを、「東側では、数十人の単位で人を薙ぎたおし__ながら__、
この闖入者は大胆不敵に歩き回ったが…」と訳しても、「東側では、この闖入者
は大胆不敵に歩き回り、（__そして__）数十人の単位で人を薙ぎたおしていったが
…」と訳しても、それほど意味は変わりませんよね。どちらかというと、英語
の語順に即した後者のパターンのほうが、より自然に響くと思います。このよ
うに、分詞構文を訳すときは、自然な日本語にすることを意識して、柔軟に訳
文を考えることが大切です。

　ちなみ、smiting his victims by scoresのby scoresは「数十という単位で」
という意味です。scoreは**「20の集まり」**を表す言葉で、リンカーンのゲティ
スバーグ演説の冒頭部分におけるFour score and seven years ago ...（80と7
年前…）でも使われています。

→ p.21

⑨ この文の文型はなんでしょうか？

Mr. Pneumonia was not what you would call a chivalric old
gentleman.

▶ ▶ ▶ **第2文型（SVC）**です。

解説　この文の主語はMr. Pneumoniaで、was notが動詞、そしてwhat you
would call a chivalric old gentlemanは補語です。したがって、**第2
文型（SVC）**ということになります。補語のwhat you would call a chivalric
old gentlemanについて、文法的な構造を考えてみましょう。what you would

call a chivalric old gentlemanはひとかたまりの名詞節で、you would call X a chivalric old gentleman「あなたはXを慇懃な老紳士と呼ぶ」のXをwhatに置き換えたものです。そのため、「あなたが慇懃な老紳士と呼ぶようなもの」「慇懃な老紳士と呼ばれるようなもの」となるのですが、これではあまりきれいな日本語とは言えません。「いわゆる…」という訳も考えられるのですが、「肺炎」を他のものに「たとえて」説明しているわけですから、「**たとえて言うなら…**」のような訳が最もスマートだと思われます。

→ p.21

⑩ なぜこのgameには冠詞がついていないのでしょうか?

A mite of a little woman with blood thinned by California zephyrs was hardly fair <u>game</u> for the red-fisted, short-breathed old duffer.

▶ ▶ ▶ **不可算名詞だからです。**

解説 このgameは「獲物」という意味ですが、この意味の場合は**不可算名詞**扱いになるため、冠詞がつけられていません。一方、Chapter 3の『赤い酋長の身代金』という作品にはI don't know the game.という文が出てきますが、このgameは「遊び」という意味で、こちらは**可算名詞**です。

ちなみに、以下で使われているgameは「乗り気な」という意味の形容詞です。

例 A: We are going to a karaoke bar tonight. Do you want to come?
(今夜、カラオケバーに行くんだけど、君も来ない?)

B : Sure, I'm <u>game</u>.
(いいね。行くよ)

→ p. 21

⑪ この文の主語はどれでしょう？

But Johnsy he smote ...

▶ ▶ ▶ **he** です。

解説 Johnsyとheという2つの名詞が並んでいるので、少し悩んでしまいますが、この文の**主語はhe**で、動詞はsmote（smiteの過去形）、そしてJohnsyはsmoteの目的語です。「そんながさつ者は、カリフォルニアの粋なそよ風がお似合いの、小柄でお上品な女性など獲物にしないものだが…」という話を受けて、「まさにそのように普通なら相手にしないであろうジョンジーに、彼は襲いかかった」のようなニュアンスを出すために、**目的語を文頭に出して強調している**と考えられます。これは「話題化」（topicalization）という現象です。

英語には「左方転移」（left dislocation）という現象もあります。下の2つの文を比べてみてください。

A Patti, George loves.

B Patti, George loves her.

Aは話題化によって、「パティは、ジョージが愛しています」のように、Pattiを強調した文です（なお、日本語では助詞「は」が話題を示す「マーカー」の役割を果たします）。**B**のほうを見てみると、一瞬「パティ」「ジョージ」「彼女」という3人の登場人物がいるように思えるかもしれませんが、この文も「パティ」と「ジョージ」しか関与していません。一番「左」のPattiと、loveの目的語のherは同じ人を指しています。「パティ、ジョージは彼女のことを愛しています」という意味です。このように、**「元の位置」に代名詞が入るパターン**のことを「左方転移」といいます。

もちろん、次のようにPatti ≠ herの関係になることもあります。

例 A: Why does George always favor Olivia over everyone
　　　else?
　　B : <u>Patti, George loves her.</u>

　訳は「なぜジョージはいつもオリビアをえこひいきするの？」「ねえパティ、
ジョージは彼女のことを愛しているんだよ」となり、この場合はher＝Olivia
という関係が成り立ちます。

→ p. 21

⑫ この前置詞句は、どのような意味を表しているでしょうか？

One morning the busy doctor invited Sue into the hallway
<u>with a shaggy, gray eyebrow.</u>

▶ ▶ ▶「まゆを動かして、相手に何かを促す」という意味です。

解説　with a shaggy, gray eyebrowが**何を修飾しているか**を考える必要があ
ります。これをthe busy doctorを修飾している形容詞句だと捉える
と、「ある朝のこと、モジャモジャの白いまゆをした忙しい医者は、スーを廊
下に招いた」となりますが、この解釈には少し無理があります。One morning
<u>the busy doctor with a shaggy, gray eyebrow</u> invited Sue into the hallway. の
ように、形容詞句は名詞句の直後に置かれるのが普通だからです。ここでは、
「どのようにinviteしたのか」を表す副詞句と考え、「まゆを使って」→「まゆ
を動かして促す」という意味と考えるといいでしょう。

　なお、文末にある前置詞句が、動詞ではなく、主語位置の名詞句を修飾する
場合もあります。『現代英文法事典』（大修館書店）では、以下の例が紹介されて
います。

A A man appeared <u>with green eyes</u>.
B A man <u>with green eyes</u> appeared.

Aは**B**の文が元になっており、with green eyesという前置詞句が、文末に「外置」(extraposition) されたものと考えられます。どちらも「緑色の目をした男が現れた」と訳すことができます。このような現象が起こるのは、英語に**「文末重心の原則」**というものがあるためです。英語では「長い主語」を「頭でっかち (top-heavy)」であるとして、嫌う傾向があります。以下に「頭でっかち」の文の例を挙げておきます。

C To imagine how his egotism has a negative impact on employees is easy.

D It is easy to imagine how his egotism has a negative impact on employees.

どちらも「彼のわがままぶりが従業員に悪影響を与えていることは想像に難くありません」という意味ですが、**C**と**D**では、どちらのほうが「読みやすい」でしょうか。英語母語話者にとって、**C**のような長い主語の文は「一体いつになったら動詞が出てくるんだ?」というストレスを与えてしまいます。それを避けるために、itという「形式主語」を用いてto imagine以下を「後ろに回す」ことで、主語を「軽く」しているわけですね。「外置」は、この「形式主語」と同様に、**「後ろに回して『頭でっかち』を解消する」**という役割も果たしています。

→ *p.21*

⑬ この文の主語はなんでしょうか?

This way people have of lining-up on the side of the undertaker makes the entire pharmacopoeia look silly.

▶ ▶ ▶ **This way people have of lining-up on the side of the undertaker** です。

> **解説** この文の主動詞はmakesで、それより前にある**This way people have of lining-up on the side of the undertaker**が文の主語です。

少し構造がわかりにくいですが、関係代名詞thatを補ってみると、このようになります。

> This way <u>that</u> people have of lining-up on the side of the undertaker ...

つまり、People have this way of lining-up on the side of the undertaker ...（人々は、葬儀屋のところに並ぶという、このようなやり方を持っている）という文が下地になっているわけです。それを踏まえて全体を訳すと、「人々が持っている、葬儀屋のところに並ぶという、このやり方は、薬類全体をバカバカしいものにしてしまう」となり、無生物主語に気をつけて訳すと、「人々が葬儀屋のところ並ぶさまを見ると、薬類全体がバカバカしいものに思えてしまう」となり、さらに自然な感じにすると「**あんな風に葬儀屋の方ばっかり見てるんじゃ、ばかばかしくて薬なんか調合できないね**」となるわけです。

→ p.21

⑭ このtwangの品詞はなんでしょうか？

"A man?" said Sue, with a jew's-harp <u>twang</u> in her voice. "Is a man worth —— but, no, doctor; there is nothing of the kind."

▶ ▶ ▶ 名詞です。

> **解説** a jew's-harpという名詞の直後にあるため、過去分詞か何かだと思った人もいるかもしれませんが、このtwangは**（準）動詞ではなく名詞**です。つまり、with his eyes closed「目を閉じたままで」やwith tears falling from her eyes「目から涙を流しながら」などとは違った文法構造になっています。

このjew's-harpは、ややこしく言えば「名詞句の形容詞的用法の限定的用法」です。要するに、本来は名詞なのに、**形容詞として名詞を「前から」修飾している**わけです。つまり、a jew's-harp twangは「口琴の、ピーンという音」といった意味を表しています。

jew's harpは、金属の薄い弁がついた楽器で、演奏する際には口にくわえて弁を弾いて振動させ、口の中で共鳴させて「ピーン」あるいは「ビヨーン」という、独特な音を出します。意表を突かれたスーは、驚きやいらだちの感情を少し込めた感じで、鼻にかかった声を出したのでしょう。

→ p. 21

⑮ このitは何を指しているでしょうか？

"Well, <u>it</u> is the weakness, then," said the doctor.

▶ ▶ ▶ 「（彼女にとっての）問題」のようなことを漠然と指しています。

解説　このit is the weaknessという文は、The problem is the weakness.（問題なのは彼女の弱さです）、あるいはIt is the weakness that's keeping her from getting well.（彼女の回復の障害になっているのは、彼女の弱さです）のような意味を表しています。つまり、文頭のitは**「彼女にとっての問題」という内容を漠然と指している**わけです。

itを前方照応の代名詞と考えて、前にあるIs a man worth——but, no, doctor; there is nothing of the kind.の内容、つまりit＝「付き合っている（あるいは好きな）男性がいないこと」と捉えた人もいるかもしれませんが、それは無理があります。その場合は、it is <u>a</u> weaknessのように不定冠詞である必要があります（あるいはthat is a weakness）。

→ p.21

⑯ このthatの品詞はなんでしょうか？

"I will do all <u>that</u> science, so far as it may filter through my efforts, can accomplish.

▶ ▶ ▶ 関係代名詞です。

解説　so far as it may filter through my effortsが挿入されているので少しわかりにくいですが、この部分を取り除くとI will do all that science can accomplish. となり、all that science can accomplishが1つの「かたまり」になっていることがわかります。thatは目的格の**関係代名詞**であり、all <u>that</u> science can accomplishは「科学が成しうるすべてのこと」という意味になります。

→ p.21

⑰ なぜif節中でwillが用いられているのでしょうか？

If you <u>will</u> get her to ask one question about the new winter styles in cloak sleeves I will promise you a one-in-five chance for her, instead of one in ten.

▶ ▶ ▶ 「主語の意志」を表しているからです。

解説　「未来」の話をしていても、時・条件を表すif節やwhen節では現在形を使うというのが原則です。しかし、**「主語の意志」を表す場合、will を使うことが可能**なのです。

　このIf you <u>will</u> get her to ask one question about the new winter styles in cloak sleeves ...のwillも「主語（つまりスー）の意志」を表しており、「もし、あの子に『この冬のマントの袖はどんなものがはやるの？』なんていう質問をさせられるなら…」のようなニュアンスになっています。なお、ask a questionではなく、ask one questionとなっているのは「ただの一度でいいから…」の

ような意味が込められているからです。

→ p.23

⑱ この分詞構文はどのような用法でしょうか？

Sue stopped whistling, <u>thinking she was asleep</u>.

▶ ▶ ▶ 「理由」と考えられます。

解説 「眠っていると思ったので、口笛をやめました」という流れで考えるの が一番「しっくり」きますので、この現在分詞は**「理由」**を表してい ると思われます。しかし、この文は、例えばSue stopped whistling <u>because she thought she was asleep</u>. という文と完全に同じ意味だと言い切ることはできま せん。分詞構文は、接続詞が明示されていない以上、「付帯状況」「理由」「条件」 などといった用法に100パーセント当てはめることはできないからです。その ため、訳すときも「眠っていると思った<u>ので</u>、彼女は口笛をやめました」のよ うに「理由」の解釈を完全に適用するのではなく、「眠っている<u>と思って</u>、彼女 は口笛をやめました」のように、**付帯状況と理由の中間ぐらいの感じ**にしたほ うが英文の実情により近づくのではないかと思います。

→ p.23

⑲ この名詞句（an Idaho cowboy）は、文中でどのような役割を果たしてい ますか？

As Sue was sketching a pair of elegant horseshow riding trousers and a monocle of the figure of the hero, <u>an Idaho cowboy</u>, she heard a low sound, several times repeated.

▶ ▶ ▶ 直前の **the hero** と「同格関係」にあります。

解説 この文は、she heard ...以下が主節で、文頭に従属節（As Sue was sketching ...）が置かれています。主節のほうは問題ないと思います

が、従属節がどのような構造になっているのかを確認してみましょう。

スーがスケッチしていたものは、a pair of elegant horseshow riding trousers「粋なロデオのズボン」とa monocle「片眼鏡」でした。そして、of the figure of the heroによって、それらが「主人公のもの」であることが示されています。さらに、「どのような主人公であるか」を示すためにan Idaho cowboyが置かれています。つまり、このan Idaho cowboyは直前のthe heroと**同格関係**になっているわけです。

→ p. 23

⑳ open wideの代わりに、wide openという語順にすることはできますか？

Johnsy's eyes were <u>open wide</u>.

▶ ▶ ▶ **できます。**

解説 **wide open**という**語順にすることは可能**です（Johnsy's eyes were wide open.）。ただし、2つの言い方にはちょっとした**ニュアンスの違い**があることに気をつけてください。

ある母語話者に確認したところ、wide open / open wideでは、むしろwide openのほうが「自然」な響きがあるとのことでした。open wideという語順にすると、「**wideであることを強調している**」ような感じになるそうです。さらに興味深いのは、open wideの場合は、「**何かを悟った**」ようなニュアンスが伴うこともあるようです。

なお、少し後で、以下のような文が登場します。

When Sue awoke from an hour's sleep the next morning she found Johnsy with dull, <u>wide-open</u> eyes staring at the drawn green shade.

このように、限定用法の形容詞として名詞を前から修飾する場合には、open

wideではなく、義務的にwide-openという語順になります。

　ちなみに、wide awakeは「すっかり目が覚めている」という意味ですが、おもしろいことに、こちらはawake wideという語順にすることはできません。

　〇 He was <u>wide awake</u> all night.
　✕ He was <u>awake wide</u> all night.
　（彼は一晩中、まんじりともせずに過ごしました）

　wide awakeはwide-awakeと表記されることもあることからわかるように、ほぼ「**1つの単語**」として意識されているように思われます。つまり、例えばcompletelyのような副詞とは少し違う働きをしています。completelyであれば、completely awake / awake completelyのどちらの語順も可能です。wide awakeは「決まり文句」であり、語順の自由度が低いと言っていいでしょう。

→ *p. 23*

㉑ このoutの品詞はなんでしょうか？

She was looking <u>out</u> the window and counting —— counting backward.

▶ ▶ ▶ **副詞です。**

解説　このoutは「外へ」という意味の**副詞**ですが、本来、**副詞の後に直接名詞句を置くのはおかしいはずです。**なぜこのような形になっているのでしょうか。

　実は、このoutの後には**of**が**省略**されています。つまり、本来の形はout ofです。なお、会話ではout ofをouttaのように発音するのが普通です。したがって、以下の3つは「同じ意味」を表しているということになります。

A She was looking <u>out</u> the window.

B She was looking <u>out of</u> the window.

C She was looking <u>outta</u> the window.

　ものすごく厳密に言うと、outとout ofの意味の違いはあるようです。ある
ネット上のフォーラムでは、以下のようなことを主張している母語話者がいま
した。

> I can see out the window. は「背が十分に高いから、窓のところまで届く
> ので、外が見える」という意味なのに対し、I can see out of the window.
> は「ドアやのぞき窓からは見えないけど、<u>窓からだったら</u>外が見える」と
> いう意味になる。

　なお、out of ... と同じような現象が、off of ... にも見られます。Frankie Valli
のシングル曲で、後にBoys Town Gangがカバーして日本でも大ヒットとなっ
た、名曲「君の瞳に恋してる」をご存知の方も多いと思います。この曲の原題
はCan't Take My Eyes <u>Off</u> Youですが、歌の中ではI can't take my eyes <u>off</u>
<u>of</u> you. と、ofを入れた形になっています。ofを入れることによって音節（≒
音符の数）が増えるので、メロディーの都合でofが入っているのかもしれませ
んが、**off ofとoffは「ほぼ同じ」**と言っていいでしょう。outの場合と異なり、
通常は「入るか入らないか」のどちらかで、outtaのような「どっちつかず」の
形はあまり用いられません。しかし、Urban Dictionaryという口語・スラン
グの収集をしているオンライン辞書はoffa'という形を載せています（例：Get
offa' me, man! 「おい、おれから手を離せよ！」）。

→ *p. 23*

㉒ この to 不定詞は何用法でしょうか？

What was there <u>to count</u>?

▶ ▶ ▶ **形容詞的用法です。**

解 説 What was there to count?は、There was X to count. という平叙文
のXを疑問詞に変えて文頭に出したものです。to count は直前のX
（聞きたいこと）を後から修飾する**形容詞**の働きをしていることがわかります
ね。

　このWhat was there to count? と同じように、**文末に形容詞的用法のto不定
詞がくる疑問文**をいくつか見ておきましょう。

例 What's there <u>to eat</u>?

（ごはんは何かな？）

⋯▶ There is X to eat.（食べるためのXがあります）を疑問文にしたもの
ですね。

例 What have I got <u>to lose</u>?

（やるだけやってみるかな）

⋯▶ I have got X to lose.（私には失うためのXがあります）を疑問文にし
たものなので、「私には何か失うためのものがありますか？」→「失
うものなんて何もないから、とにかくやってみよう」という意味になり
ます。日本語の「駄目でもともと」に近いニュアンスの表現です。

例 What do you have <u>to say for yourself</u>?

（言いわけがあるなら言ってみなよ）

⋯▶ このhave toは「…しなければならない」ではありません。You have
X to say for yourself. を疑問文にしたものですから、「あなたは、自分

のために言うべき何かを持っていますか？」→「どのように言いわけ
するつもりなんですか？」といった意味になります。

→ p. 23

㉓ このclimbedは自動詞・他動詞のどちらでしょうか？

An old, old ivy vine, gnarled and decayed at the roots,
climbed half‑way up the brick wall.

▶ ▶ ▶ **自動詞です。**

解説 climbは「…を登る」という意味の他動詞用法がおなじみですが、
このclimbは**自動詞**です。この例のように、主語が植物などの場合に
「**壁などをつたって生える（grow）**」という意味で使われることがあります。

　なお、ここではclimbが「生える」ではなく、「生えている」という意味の**状
態動詞**のように使われていることにも注目しておきましょう。

→ p. 25

㉔ このcrumblingは動名詞・現在分詞のどちらでしょうか？

... until its skeleton branches clung, almost bare, to the
crumbling bricks.

▶ ▶ ▶ **現在分詞です。**

解説 〈(冠詞＋)-ing形 + 名詞〉という形が使われている場合、それが動名
詞・現在分詞のどちらなのかを考える必要があります。よく知られて
いる例を出しておきます。

A a walking stick
B a walking man

　それぞれの意味は、**A** が「（歩くための）杖」、**B** が「歩いている人」です。**A** のwalkingは動名詞、**B** のwalkingは現在分詞です。**A** はa stick for walkingとも書き換えられますが、**動名詞が「名詞形容詞」的に後のstickを修飾**しています。一方、a walking manは、a man is walking「人が歩いている」が基底にあり、walkingはmanの**「動作」を形容する現在分詞**ということになります。

　このa man is walking（あるいはa man that walks）のような形が成り立つかどうかが、判断のキーポイントになります（比喩的な表現でなければ、通常a stick is walkingとは言えませんよね？）。以下の表現も確認してみてください。

C a <u>sleeping</u> car
D a <u>sleeping</u> dog
E a <u>smoking</u> room
F a <u>smoking</u> house

　C は「眠るための車」、つまり「寝台車」のことです。「車が寝ている」わけではないので動名詞ですね。**D** は「寝ている犬」で、現在分詞になります。**E** はどうでしょう？「部屋がタバコを吸う」のではなく「タバコを吸うための部屋」ということで、これは「喫煙室」のこと。このsmokingは動名詞です。**F** は、"smoking house"でインターネットの画像検索を試してみるとわかります。このsmokeは「煙を出す」という意味であり、「煙を出している（燃えている）家」という意味を表しています。こちらのsmokingは現在分詞です。

　さて、本文のthe <u>crumbling</u> bricksを考えてみましょう。これが動名詞だとすると、「crumbleするためのbrick」、つまり「何かを砕くためのレンガ」ということになりますが、ちょっと無理がありますよね。やはり、これは**「崩れている（崩れかかっている）レンガ」**を意味し、**現在分詞**ということになります。

→ p. 25

㉕ この It は何を指しているでしょうか?

<u>It</u> made my head ache to count them.

▶ ▶ ▶ **to count them を指しています。**

解説 この it は文末にある **to count them** を指す、**後方照応の代名詞**です。つまり、この文は To count them made my head ache. とほぼ同じ意味を表しています。ache は「痛む」という意味の自動詞なので、全体としては「それらを数えることが、私の頭を痛くさせた」→「葉っぱを数えていたら、頭が痛くなった」という意味になります。

なお、すぐ後に But now it's easy. という文がありますが、この it も to count them を指していると考えられます。つまり、これは But now it's easy to count them.(でも、今は葉っぱを数えやすくなりました)と言っている文なのです。こちらの it は前方照応です。

→ p. 25

㉖ この There goes ... は、どのような意味の表現でしょうか?

<u>There goes</u> another one.

▶ ▶ ▶ **「…がどこかに行ってしまう」という意味です。**

解説 *The Merriam-Webster Dictionary* は、there goes について、used to say that something is no longer available or possible(何かがもはや入手できない、あるいは不可能である場合に用いられる)と説明しています。このように、there goes は**「…がどこかに行ってしまう」「…がなくなる」**といった意味を表します。本文の There goes another one. の another one は「別の葉っぱ」のことを指していますから、「また1枚<u>落ちてしまった</u>」といった意味ですね。

この there goes ...(後が複数名詞の場合は there go ...)は、とてもシンプル

な表現ですが、いろいろな使い方をされます。

例 ... statistics show that every year, a million people commit suicide! A million! That's 280 a day! That's one every 30 seconds! <u>There goes</u> another guy! And I say "guy" because men are four times more likely than women to commit suicide! Even though women attempt it more! So men are better at it!

（統計によると、年間100万人が自殺しているんだよ！ 100万人！ 1日あたり280人！ 30秒に1人！ ほら、また男が1人死んだ！「男」って言ったのは、男性は女性よりも4倍自殺する確率が高いからさ！ 女性のほうが自殺を試みる回数は多いけどな！ つまり、男性のほうが自殺が上手なのさ！）

⋯▶ アメリカのスタンダップコメディアン George Carlin の Life Is Worth Losing というネタからの引用です。この例もそうですが、There goes ... の主語には another がつく場合がよくあります。

例 <u>There goes</u> the last train.

（終電が行ってしまった）

⋯▶ おそらく、単に「行ってしまった」というよりも、<u>まさに出ていこうとしている列車を目の前にしている状況</u>です。本文の There goes another one. もそうですが、この There goes ... は「目の前で起きていること」をそのまま伝えるための表現です。

例 <u>There goes</u> the bell.

（ほら、鐘が鳴るよ）

⋯▶ これは「鐘がどこかに消えてしまった」という意味ではなく、Here comes the train.（ほら、列車が来たよ）のように、「目の前の様子をレポートしている」感じの表現です。

例 <u>There goes</u> my baby.

（ほら、あれが僕の彼女だよ）

⋯▶ The Drifters の名曲のタイトルですが、これは「いなくなってしまった」というよりも、「ほら、あそこを僕の彼女が行くよ」「ほら、あれが私の彼女だよ」といった意味です。この場合も「目の前で起こっていることの描写」という共通イメージに合っていますね。

なお、代名詞の場合は「動詞第2位語順」（〈副詞要素＋動詞＋主語〉の語順）が適用されないため、〈There＋代名詞＋goes[go]〉となります。

例 <u>There she goes</u> again.

（また始まったよ）

⋯▶ いつも騒いだり泣いたりする人がいて、また同じことを始めた際などに言うひとこと。うんざりした気持ちを表しています。

例 <u>There we go.</u>

（よし、いいぞ）

⋯▶ いろいろな場面で使われますが、「何かが首尾よく終わった瞬間」などに「よし、いいぞ」「これでよし」みたいな感じで言われることの多い表現です。これも「目の前に起こっていること（あるいは、起きたばかりのこと）」に対する描写です。

➡ p.25

㉗ この go はどのような意味を表しているでしょうか？

"Leaves. On the ivy vine. When the last one falls I must <u>go</u>, too.

▶ ▶ ▶ 「死ぬ」という意味です。

解説 基本動詞の1つ、go には実に様々な意味があります。それに加えて go through ...「…を通過する」「…を経験する」、go off「爆発する、(警報などが鳴る)」「(電灯などが) 消える」、go on ...「…し続ける」など、いろいろな句動詞もありますね。

ここでは**「死ぬ」**という意味の自動詞として使われています。Longman Dictionary of Contemporary English では、この用法に use this when you want to avoid saying the word "die" という但し書きがついています。つまり、この go は die の**「婉曲的な言い方」**(euphemism) なのです。

→ p. 25

㉘ なぜ所有格 (your) が使われているのでしょうか?

"What have old ivy leaves to do with <u>your</u> getting well?

▶ ▶ ▶ **getting well という動名詞句の意味上の主語になっているからです。**

解説 この所有格は、「誰」がよくなる (getting well) のかを示すために用いられています。つまり、「意味上の主語」の役割を果たしています。動名詞は「名詞」の一種なので、意味上の主語は**所有格**によって表します。文全体としては、「あのツタの葉が、<u>あなたが回復すること</u>となんの関係があるというの?」という意味を表しています。

→ p. 25

㉙ この or は何と何を並列しているでしょうか?

Why, that's almost as good a chance as we have in New York when we ride on the street cars <u>or</u> walk past a new building.

▶ ▶ ▶ **we ride on the street cars と (we) walk past a new building です。**

解説 文頭部分にある that は、前の文の the chances were ten to one を受けています。この chance は「チャンス」ではなく**「可能性」**という意味

で、that's almost as good a chance as ... は「『1つに10の可能性』なんていっ
たら、…と同じぐらいの高い可能性よ」という内容です。

　when節の構造を考えてみましょう。ここは**we ride on the street cars**と
(we) walk past a new buildingという2つの文が**or**によって結びつけられる
と考えるのが自然です。これら2つの文は、「当たり前のようによくあること」
の例として引き合いに出されています。

　当時のニューヨークでは路面電車が張りめぐらされていましたし、1890年に
完成した106メートルあるニューヨークワールドビルなど、毎日のように様々
な建物が新たに建てられていました。そのため、**「可能性の高いこと」**として、
これ以上ないくらいわかりやすい例だったと言えましょう。

　つまり、この文は「あなたが助かる可能性は、『ニューヨークで路面電車に
乗ったり、歩いているときに新しいビルに出会ったりする可能性』と同じぐら
いの高さ（確実さ）だ」ということを伝えようとしているわけです。本当は医
者に「10に1つ」と言われたのを「1つに10」と嘘をつき、さらには「路面電
車に乗ること」と「新しいビルに出くわすこと」を引き合いに出して、なんと
かジョンジーを安心させようというスーの必死さが伝わってくる場面です。

→ p.25

㉚ このsoは、どのような意味を表しているでしょうか？

Try to take some broth now, and let Sudie go back to her
drawing, <u>so</u> she can sell the editor man with it, and buy port
wine for her sick child, and pork chops for her greedy self.

▶ ▶ ▶「…する（できる）ように」という意味です。

解説　このsoは**接続詞**で、「…する（できる）ように」という意味です（＝
so that ...）。ここでは、「私が…できるように、お粥を少し食べて、私
を絵を描く仕事に戻らせて」と言っているわけです。

　ただ、これでは英語の語順とのズレが生じてしまいますので、実際は「お粥

を少し食べて、私を絵を描く仕事に戻らせてちょうだい。<u>そうすれば</u>…できるから」のように、前から読んでいくほうがいいでしょう。

→ p. 25

㉛ この分詞構文を節に書き換えてください。

"You needn't get any more wine," said Johnsy, <u>keeping her eyes fixed out the window</u>.

▶ ▶ ▶ **... while she kept her eyes fixed out the window. と書き換えられます。**

解 説 この分詞構文は**「付帯状況」**と考えられますが、**主節との関係**を考えて理解しなければなりません。もし、分詞構文が「主節に続いて行われた動作」を表していると考えるなら、"You needn't get any more wine," said Johnsy <u>and kept her eyes fixed out the window</u>. となりますが、これは少し英文として不自然ですね。やはり、ここは**「外をじっと見つめながら…」**と考えるのが文脈的に一番しっくりきますから、while を使って、... while she kept her eyes fixed out the window. とするのが自然です。

→ p. 27

㉜ この文は受動態でしょうか?

"Johnsy, dear," said Sue, bending over her, "will you promise me to keep your eyes closed, and not look out the window until <u>I am done working</u>?

▶ ▶ ▶ **違います。**

解 説 〈be動詞＋過去分詞〉になっていますから、一見すると受動態のようですが、実はこれは**「現在完了」**です。have ではなく、be動詞を使う完了形のことを*be*-perfectといいます。古い英語では、一部の自動詞を完了形

にする際にbe動詞を使っていたことの名残です。

やや古風な表現ですが、現代の英語にも残っています。

例 Now I <u>am come</u> to make thee understand what shall befall thy people in the latter days: for yet the vision is for many days.

(私は、終わりの日にあなたの民に起こることをあなたに悟らせるために来た。その日についてなお幻がある)

⋯▶ 旧約聖書『ダニエル書』10:14より（日本語訳は聖書協会共同訳）。これは欽定訳ですが、他のバージョンではI <u>have</u> come ...となっているものもあります。

例 Yesterday <u>is gone</u>. Tomorrow has not yet come. We have only today. Let us begin.

(昨日は去ってしまいました。明日はまだ来ていません。私たちには今日しかないのです。さあ、始めましょう)

⋯▶ Mother Theresaの言葉です。このgoneも「行ってしまって」という意味を表しています。

→ p.27

㉝ この in の品詞はなんでしょうか？

I must hand those drawings <u>in</u> by to-morrow.

▶ ▶ ▶ 副詞です。

解 説
　　　このinは**副詞**です。hand ... in「…を提出する」という句動詞の知識がカギとなります。この<u>hand</u> those drawings <u>in</u>のように、間に目的語を「挟める」場合は、〈**動詞＋副詞**〉の句動詞になります。

同じinでも、例えばThe dictionary <u>comes in</u> 20 volumes.（その辞書は全20

巻です）のinは「前置詞」です（✗ The dictionary comes 20 volumes in.）。

→ p. 27

㉞ このorを他の単語で置き換えてください。

I need the light, <u>or</u> I would draw the shade down.

▶ ▶ ▶ **otherwise** に置き換えることができます。

解説 このorは「あるいは」ではなく、**「そうでなければ」**という意味で、otherwiseに置き換えることが可能です。

I need the light（私は光が必要です）という文に対して「そうでなければ…」と続いているので、全体としては「光が必要だからブラインドを上げているけど、そうでなかったら、ブラインドを閉めてしまうのに」という意味になっています。wouldは仮定法で、or「そうでなかったら」が仮定条件として機能しています。

→ p. 27

㉟ このturnの目的語はなんでしょうか？

I want to <u>turn</u> loose my hold on everything, ...

▶ ▶ ▶ **my hold on everything** です

解説 本来この文は、I want to turn my hold on everything loose. という語順で、〈SVOC〉になっています。目的語のmy hold on everythingが少し長いので、目的格補語のlooseと**順番を入れ替えている**わけです。

〈SVOC〉のOとCの入れ替えは、Oが長い場合によく見られる現象ではありますが、いつでも入れ替えられるわけではありません。以下の2つの違いを考えてみてください。

A She <u>turned me on</u>.　　**B** She <u>turned on me</u>.

AとBは、同じ意味でしょうか？ Aのturn onという句動詞は「…をオンに
する」という意味で、「人が人をturn onする」という場合には、「(性的に) 興
奮させる」という意味になります。こちらのonは副詞で、目的語が代名詞なの
で義務的にturn me onという語順になっています。文の意味は「彼女は私をそ
の気にさせました」となります。

　Bのほうはどうでしょう？ 目的語が代名詞なのに、「挟む」語順になってい
ません。ということは、このonは副詞ではなく前置詞です。このturn on ...は
「…に向かっていく」「…に襲い掛かる」という意味で、こちらの文は「彼女は
私に攻撃してきました」という意味を表しています。

→ p. 27

㊱ このTry to sleep.は、動名詞を用いたTry sleeping.と、どのようなニュア
　　ンスの違いがあるでしょうか？

"Try to sleep," said Sue.

▶ ▶ ▶ **Try to sleep. は「寝るように努めなさい」、Try sleeping. は「とり
あえず寝てみなさい」といったニュアンスです。**

解説　try to doは「結果はどうなるかわからないが、困難があってもなんと
かやってみる」という場合に用います。例えば、I tried to help her.は
「彼女を何とか助けようと頑張ってみた」という意味であり、この文自体には
「助けることができたのかどうか」は示されていません。「困難があったけど頑
張った」ということを述べるために、try toが使われているのです。try doing
は「とりあえずやってみる」というイメージです。I tried playing the guitar.
は、「とりあえずギターを弾いてみた」という感じで、そこに「困難」が伴うわ
けではありません。

　そのため、Try to sleep.は「眠れないかもしれないが、それでも頑張って寝
る努力をしなさい」という意味になります。Have an attempt at sleeping.（寝
る努力をしなさい）に近いニュアンスで、「命令」のような響きがあります。こ

れに対してTry sleeping.には「とりあえず寝なさい」という「軽さ」があり、命令よりは**「勧誘」「提案」**といった感じになります。

→ p. 27

㊲ ベアマン老人は、建物の何階に住んでいたのでしょうか？

Old Behrman was a painter who lived on <u>the ground floor</u> beneath them.

▶ ▶ ▶ **「1階」**だと思われます。

解説 おそらく多くの皆さんがご存知と思いますが、**アメリカ英語のthe first floorをイギリス英語では the ground floorと表現し**、アメリカ英語の the second floor に相当するのはイギリス英語の the first floor です。しかし、実はアメリカ英語でも、**地面とほぼ同じ高さのアパートの階のことをthe ground floorと呼ぶ**ことがあります。オー・ヘンリーが本作を書くにあたってモデルにした Grove Court の写真を見る限り、「地下居住室」はなさそうですので、この場合は**「1階」**と考えておくのがよさそうです。

なお、本作を含む複数の作品は1952年に（*O. Henry's Full House*）というタイトルで映画化されています。そこでは、なんと「2人の部屋の階上に住んでいる」という設定で描かれています。こちらに出てくるベアマン老人は、傑作が描けないので、イライラして床に物を投げて音を立てる、迷惑な「階上の住人」です。だいぶイメージに差がありますので、比べてみても面白いかもしれません。

㊳ この Michael Angelo's Moses は、どのような文法的役割を果たしている
でしょうか？

He was past sixty and had a <u>Michael Angelo's Moses</u> beard
curling down from the head of a satyr along with the body of
an imp.

▶ ▶ ▶ 「…のような」という意味の「形容詞」になっています。

解説　Michael Angelo's Moses は「ミケランジェロのモーゼ（像）」のこと
ですね。1つしかない芸術作品ですから、これは**固有名詞**です。ここ
では、固有名詞が一般名詞（beard）の前に置かれて「…のような」という意味
を表す「**形容詞**」の役割をしています。

　Kim Karnes の代表曲に Bettie Davis Eyes（邦題『ベティ・デイビスの瞳』）
がありますが、これは「ベティ・デイビス<u>という人</u>の瞳」という意味ではあり
ません。ある女性について、その魅力を語っている歌なのですが、「ジーン・
ハーロウのような美しい金髪」「グレタ・ガルボのような美しいため息」といっ
た具合に、名女優を引き合いに出しています。歌詞にも登場する Bettie Davis
Eyes も、「ベティ・デイビス<u>のよう</u>に美しい瞳」という意味を表しています。

㊴ この failure はどのような意味でしょうか？

Behrman was a <u>failure</u> in art.

▶ ▶ ▶ 「落伍者」「失敗した人」のような意味です。

解説　failure は fail「失敗する」の名詞形なので、「失敗」「不成功」という
意味を表しますが、この場合は不可算名詞扱いになります。

例 Success is not <u>final</u>, failure is not fatal: it is the courage to continue that counts.

（成功したらそれで「上がり」でもなければ、失敗したら「終わり」でもない。大事なのは、続けようという勇気を持つことだ）

…▶ イギリスの元首相、ウィンストン・チャーチルの言葉です。

例 There's no need to fear <u>failure</u>.

（失敗を恐れる必要はないよ）

しかし、この文のfailureには不定冠詞がついており、可算名詞です。実は、可算名詞扱いのfailureは「失敗した人」「失敗作」のように、**具体的な「人」や「もの」を指す**のです。ここではa failure in artで「芸術における落伍者」、つまり「鳴かず飛ばずの画家」という意味を表しています。

可算名詞扱いのfailureの例をいくつか挙げておきます。

例 Many of life's <u>failures</u> are people who did not realize how close they were to success when they gave up.

（人生で失敗した多くの人々は、自分がどれほど成功に近づいているかわからずにあきらめてしまったのだ）

…▶ アメリカの発明家トーマス・エジソンの言葉です。

例 Their new album is <u>a</u> complete <u>failure</u>.

（彼らが今度出したアルバムは、完全な失敗作です）

例 Remember no man is <u>a failure</u> who has friends.

（いいかい、友達がいれば、誰も人生の落伍者ではないんだよ）

…▶ *It's a Wonderful Life*（邦題『素晴らしき哉、人生！』）という映画のラストシーンで、プレゼントとして渡された『トム・ソーヤの冒険』の本にペンで書かれていた感動的なメッセージです。

→ *p. 27*

㊵ この those はどのような意味を表しているのでしょうか？

He earned a little by serving as a model to <u>those</u> young artists in the colony who could not pay the price of a professional.

▶ ▶ ▶ 後方照応の代名詞で、「who 以下のような」という意味を表しています。

解説 この those は、文中に既に出てきたものを指す「前方照応」の用法ではありません。この those は後方照応で、後にくる関係代名詞の内容を指し、ここでは「**who 以下のような**」という意味を表しています。

車を走らせていると、「この先信号機あり」という標識を見かけることがありますが、ちょうどこの標識と同じように、「この後に関係詞節がくる」ことを予め教えてくれる働きをしています。そのような機能の言葉であるため、特に訳出する必要はありません。

なお、単数形の場合は、those ではなく that が用いられます。

例 Who was <u>that</u> girl you were with last night?
（昨日の夜、あなたと一緒にいた女の子は誰だったの？）

⋯▶ girl と you の間に関係代名詞が省略されています（Who was that girl who [that] you were with last night?）。この that も、後に関係詞節が来ることを予告する働きをしています。

→ *p. 29*

㊶ この文は何文型でしょうか？

Sue found Behrman smelling strongly of juniper berries in his dimly lighted den below.

▶ ▶ ▶ 第 5 文型です。

この文は、Behrmanが目的語、そしてsmelling strongly of juniper berriesは目的格補語となっており、**第5文型**（SVOC）です。in his dimly lighted den belowという前置詞句は副詞句と考えることもできますし、smelling strongly of juniper berries in his dimly lighted den below全体を目的格補語として捉えることもできそうです。

→ p. 29

㊷ このto不定詞の「意味上の主語」はなんでしょうか？

In one corner was a blank canvas on an easel that had been waiting there for twenty-five years <u>to receive</u> the first line of the masterpiece.

▶ ▶ ▶ **a blank canvas (on an easel) です。**

「意味上の主語」とは、不定詞・動名詞・分詞という準動詞に関して、「誰がその動作をするのか」という情報です。以下のような形で、意味上の主語は明示されることもあります。

㉘で確認したように、動名詞の意味上の主語は**「所有格」**によって表します。to不定詞の場合は、以下のようなパターンが使われています。

例 I want <u>you</u> to draw up a proposal.
（私は、あなたに企画書を書き上げてもらいたい）
⋯▶ youは「誰がdraw upするのか」を示す、意味上の主語です。

例 She made <u>me</u> do the dishes.
（彼女は私に皿洗いをさせました）
⋯▶ doは原形不定詞ですが、この場合も直前のmeが意味上の主語です。

例 It's easy <u>for him</u> to drive a car.
（彼にとって、車を運転することは簡単です）

…▶ to不定詞の意味上の主語を示す際には、このように〈for ＋ 名詞〉の
パターンを用いるのが基本です。

さて、本文をもう一度見てみましょう。

In one corner was a blank canvas on an easel that had been
waiting there for twenty-five years <u>to receive the first line of
the masterpiece.</u>

to不定詞句の直前に、for twenty-five yearsがありますので、この〈for ＋ 名
詞〉が意味上の主語だと思ってしまった人はいませんか？ この〈for ＋ 名詞〉
は「期間」を表しており、意味上の主語ではありません。

**意味上の主語は、to不定詞句を含む文の主語と同じ場合には明示されませ
ん。**このto不定詞句は、... that had been waiting there for twenty-five years
to receive the first line of the masterpiece. という関係代名詞節の中にありま
す。thatの先行詞（＝この関係代名詞節の主語）はすぐ前の**a blank canvas
(on an easel)**ですから、これがto receive ...の意味上の主語になります。

→ p.29

㊸ このhowを別の単語で言い換えることはできますか？

She told him of Johnsy's fancy, and <u>how</u> she feared she would,
indeed, light and fragile as a leaf herself, float away, when her
slight hold upon the world grew weaker.

▶ ▶ ▶ **that に置き換えることができます。**

解説　how節を目的語にとる場合、以下のようにたいていは「どのように…」あるいは「どれほど…」という意味を表します。

例 Please tell me <u>how</u> you persuaded him to come with us.
（私たちと一緒に来るように、彼を<u>どうやって</u>説得したのか教えてください）

例 Do you know <u>how</u> she got back home last night?
（昨日の夜、彼女が<u>どうやって</u>家に帰ったか知っていますか？）

例 You don't know <u>how</u> much I love you.
（私が<u>どれほど</u>あなたのことを愛しているか、あなたはわかっていません）

　しかし、「どのように」や「どれほど」と訳してしまうと、しっくりこない場合もあります。この本文中のhowもそうです。この文は、She told him ... の後に、of Johnsy's fancy と how she feared she would ... が並置された形になっています。そして、how節中の、indeed「本当に」、light and fragile as a leaf herself「葉っぱみたいに軽くて壊れそうなので」、when her slight hold upon the world grew weaker「この世とのかすかなつながりがさらに弱まると」という要素を取り除いた、以下の文の意味を考えてみましょう。

　　She told him how she feared she would float away.

　sheがたくさんあってややこしいですが、文頭のsheは「スー」、how she fearedのsheも「スー」、そしてshe would ... のsheは「ジョンジー」です。これを「スーはベアマン老人に、ジョンジーが逝ってしまう（float away）のではないかと、自分がどんなふうに心配しているのかを伝えた」と訳しても、なんとか意味は通りますが、回りくどい感じがしてしまいますよね。

　このhowは、実は**従属接続詞のthatと置き換え**が可能で、She told him <u>that</u>

she feared she would float away. のように考えれば、「スーはベアマン老人に、ジョンジーが逝ってしまう（float away）のではないかと、自分が心配していることを伝えた」という、自然な訳語をつけることが可能になります。

　この従属接続詞的なhowは、非常によく使われています。how節を含む文の意味を考える際に「どうやって」「どんなに」ではうまくいかなかったら、**howをthatに置き換えて**考えてみましょう。

→ p. 29

㊹ ベアマン老人の 英語には、どのような特徴があるでしょうか？

"Vass!" he cried. "Is dere people in de world mit der foolishness to dic because leafs dey drop off from a confounded vine? I haf not heard of such a thing. No, I will not bose as a model for your fool hermit-dunderhead. Vy do you allow dot silly pusiness to come in der brain of her? Ach, dot poor leetle Miss Yohnsy."

▶ ▶ ▶ 「ドイツ語なまり」の英語です。

解説　ドイツ語ではつづり字の**w**を**[v]**で発音します。ドイツ語のwasという単語は［ヴァス］と発音しますが、意味は英語のwhatとほぼ同じです。つまり、冒頭のVass!は、ドイツ語のwasを、発音がわかりやすく伝わるように表記したものです。Vy do you ...のVyはwhyの「ドイツ語読み」になります。

　dere / de / der（←there / the / their）、haf（←have）、bose（←pose）など、子音の交換現象も起こっていますね。英語のdayにあたるドイツ語の単語はTagですが、このように英語とドイツ語では子音の「有声・無声」の交換が起こったりします。

　また、文中に出てくるmitは、英語のwithに相当するドイツ語です。Achもドイツ語の間投詞で、英語のohなどに担当します。このように、ドイツ語が

「そのまま」登場する箇所もあります。

→ *p. 29*

㊺ この文の文型はなんでしょうか？

... and <u>the fever has left her mind morbid and full of strange fancies</u>.

▶ ▶ ▶ **第5文型（SVOC）**です。

解説

leaveは様々な文型で使われる動詞です。

例 She <u>left</u> for London.
（彼女はロンドンに向けて出発しました）

⋯▶ これは第1文型（SV）です（より正確にはSVM）。

例 She <u>left</u> Tokyo for London.
（彼女は東京を出て、ロンドンに向かいました）

⋯▶ こうすると、Tokyoが目的語になりますから、第2文型（SVO）です。
for Londonは省略可能な前置詞句です。

例 She <u>left</u> him a note, which read "I'm leaving Tokyo for London."
（彼女は彼にメモを残しました。それには「私は東京を出てロンドンに向かいます」と書いてありました）

⋯▶ 「…に〜を残す」という意味の場合は第4文型（SVOO）です。

例 He started crying and said, "She <u>left</u> me all alone."
（彼は泣き出し、「彼女は私をひとりぼっちにしてしまった」と言いました）

⋯▶「…を〜という状態にする」という意味の場合は第5文型（SVOC）
です。

　本文で使われているleaveは**第5文型**です。主語はthe feverで、her mindが
目的語、そしてmorbid and full of strange fanciesが目的格補語になっていま
す。直訳すれば、「熱が、彼女の頭をおかしく、そして妙な空想でいっぱいにし
てしまった」となりますが、「<u>熱のせいで</u>、彼女は…になってしまった」のよう
に無生物主語を「ほぐした」訳で考えたほうがいいでしょう。

→ p. 29

㊻ このYou are just like a woman!は、どのように訳すことができるでしょ
　うか？

"You are just like a woman!" yelled Behrman.

▶ ▶ ▶ 例えば「**女っていうのは、これだからなあ**」のように訳せます。

解説　「あんたは、まさに女のようだな」と訳してみても、この文の主語の
youは女性であるスーを指しているのですから、情報的には無価値で
すよね。女性に対して「あなたは女性のようだ」と言っているわけですから。

　しかし、この文のa womanが単に性別の「女性」ではなく、「**女性らしさ**」
や「**いかにも女性であると言える、女性の性質**」のようなものを表していると
考えると、少し広がりを持たすことができます。「おまえは、いかにも女だな」
ということなのですが、「主語」も女性なのですから、「女っていうのは、本当に
女だな」となり、このようにして「おまえ」を主語にして考えることから脱却
できると、「**女っていうのは、これだからなあ**」という自然な訳語にたどりつけ
るはずです。

　訳語を考える途中で思いついた「女っていうのは、本当に女だな」という文
は「女は女だ」ということですよね。英語で言うならA woman is a woman.
となりますが、このような文を「**トートロジー（同語反復）**」(tautology) と呼

びます。トートロジーは「AはAだ」という、ある種「無意味な」文なので、そこから想像を働かせて意味をひねり出さなければなりません。

例えば、John is John. という文があったとしましょう。この文は、様々な意味に解釈が可能です。

例 整理整頓ができないジョンが、珍しく机をきれいにしている。これを見た人に、「この状態、長く続くと思う？」と聞かれ、"No. After all, John is John." と答える場合。

…▶「今はめずらしくきれいにしているが、やっぱり本来のジョンは整理整頓ができないから、どうせ長続きしないだろうね」という意味になります。

例 同窓会で久しぶりにジョンを見かけました。昔からおっちょこちょいの彼は、飲み物をこぼしてしまいました。それを見て"He hasn't changed a bit. John is John." とコメントする場合。

…▶「久しぶりに会ったけど、あいかわらずおっちょこちょいで、ジョンは変わっていないなあ」のような意味になります。

やろうと思えば、いくつもの例をあげることができそうですが、要するにトートロジー的な表現を文中で見かけたら、**「何を伝えたいのか」**を考えて適切な意味で解釈することが大切なのです。

→ *p. 31*

㊼ このmotionedという動詞はどのような意味を表しているでしょうか？

Sue pulled the shade down to the window-sill, and motioned Behrman into the other room.

▶ ▶ ▶「ジェスチャーで相手の行動を促す」という意味です。

「しぐさで行動を促す場面」が最初のほうに出てきていたことを覚え
ていますか？

One morning the busy doctor invited Sue into the hallway
with a shaggy, gray eyebrow.

これは医者が「まゆを動かして、廊下に出るように促した」場面でしたね。
ここでも、似たような動作が行われています。

この motion を、*Longman Dictionary of Contemporary English* では to give
someone directions or instructions by moving your hand or head と定義して
います。つまり、motion とは「手や頭を動かすことで、相手に指示を与えるこ
と」、つまり**「ジェスチャーで相手の行動を促す」**という動作を表す動詞です。

→ p.31

㊽ 4つある前置詞句の、文中における役割はそれぞれなんでしょうか？

Behrman, <u>in his old blue shirt</u>, took his seat <u>as the hermit
miner</u> <u>on an upturned kettle</u> <u>for a rock</u>.

▶ ▶ ▶ **in his old blue shirt** は直前の **Behrman** を後置修飾する形容詞句、
as the hermit miner は「…として」という「様態」の副詞句、**on an
upturned kettle** は「場所」の副詞句、**for a rock** は直前の **kettle**
を後置修飾する形容詞句です。

解説 まず、in his old blue shirt は直前の Behrman にかかっていて、「ブ
ルーの古いシャツを着たベアマン」となります。カンマに挟まれてい
るので、この前置詞句を分詞的に考えると、「ベアマンはブルーの古いシャツを
着ていたが…」のように訳すこともできます。

そして、took his seat as the hermit miner は「一匹狼の山師として席に着い
た」という意味になります。どこに座ったのかが on an upturned kettle「ひっ

くりかえした大鍋の上に」で示されており、さらにfor a rock「岩の代わりに」
がkettleを修飾しています。

　前置詞がたくさん出てくる文に出会ったら、まずは、**それぞれの前置詞が**
「どこまで」を「前置詞句」としているのかを見極め、それぞれの前置詞句が
「何を修飾しているのか」を考えます。そうすれば、内容を確実に理解できるは
ずです。

→ p.31

㊾ この文の「目的格補語」はどの部分でしょうか？

When Sue awoke from an hour's sleep the next morning <u>she</u>
<u>found Johnsy with dull, wide-open eyes staring at the drawn</u>
<u>green shade</u>.

▶ ▶ ▶ **staring at the drawn green shade です。**

解説　この文は第5文型（SVOC）ですが、目的語と目的格補語をきちんと
特定してみましょう。目的語はJohnsyだけではなく、Johnsy with
dull, wide-open eyesまでです。そして、残りの**staring at the drawn green**
shade がこの文の目的格補語となります。

　〈find＋O＋C〉は「OがCなのを見つける」ということなので、この文は
「彼女は、物憂げな目を大きく見開いたジョンジーが、下まで引かれた緑色のブ
ラインドを見つめているのを見つけた」という意味になります。Oの部分が少
し長いので文の構造を取りにくいのですが、きちんと〈find＋O＋C〉という
構造を把握してください。

→ p. 31

㊿ wearilyを文末に置いた場合（Sue obeyed wearily.）と、どのようなニュアンスの違いがあるでしょうか？

Wearily Sue obeyed.

▶ ▶ ▶ 文頭に wearily を置くと、「疲れていたが…」というニュアンスが加わります。

解説 文中の副詞の位置は比較的自由ですが、**置く場所によってニュアンスが変わってくる**ことに注意しましょう。

作品で使われている Wearily Sue obeyed. を、ある英語母語話者にパラフレーズしてもらったところ、Sue was weary, but Sue obeyed. と同じ意味であるとわかりました。つまり、wearily を文頭に置いた場合、「疲れていること」が強調されるため、**「疲れていたが、言うとおりにした」**のようなニュアンスになります。この場合は、「最初から疲れていた」ということが示唆されます。

これに対して、Sue obeyed wearily. という語順の場合は、「その動作についてのみ wearily だと描写している」ことになり、「最初から疲れていた」という感じにはなりません。

このように、副詞は「どこに置かれるか」で意味が大きく変わることがあります。以下の2つの違いはわかりますか？

Ⓐ Happily, the president didn't die.
Ⓑ The president didn't die happily.

Ⓐ の happily は文修飾の副詞と言われるもので、the president didn't die という文全体に対する話者の気持ちを表しています。そのため、こちらは「幸せなことに、その社長は死ななかった」となります。Ⓑ の happily は didn't die だけを修飾していますが、not が happily にかかっていますので、「その社長は、幸せには死ねなかった」（不幸な死に方をした）という意味になります。つまり、Ⓐ

は「死ななかった」のに、**B**は「死んだ」ということになってしまいます。副詞の位置だけで、これほどまでに文の意味は変わってしまうのです。

→ p. 31

(51) このafterは接続詞・前置詞のどちらでしょうか？

But, lo! after the beating rain and fierce gusts of wind that had endured through the livelong night, there yet stood out against the brick wall one ivy leaf.

▶▶▶ **前置詞です。**

解説 afterの後にthe beating rain and fierce gusts of wind「激しい雨と風」とあるので、これが主語で、後に動詞があるのではと見当をつけながら読んでみると、that had endured through the livelong nightという関係代名詞節が来て、そのままthere yet stood out ...という文が出てきてしまいます。つまり、after ...には**〈S＋V〉の組み合わせが存在しない**ので、このafterは接続詞ではなく、**前置詞**ということになります。

→ p. 31

(52) この文の主語はなんでしょうか？

Still dark green near its stem, but with its serrated edges tinted with the yellow of dissolution and decay, it hung bravely from the branch some twenty feet above the ground.

▶▶▶ **itです。**

解説 Sill dark green near its stem, but with its serrated edges tinted with the yellow of dissolution and decay, ...（ぎざぎざのへりはしなびて黄色に変色しているものの、軸の近くはまだ黒っぽい緑色をしていて…）は、文の**「前置き」**部分です。かなり長いのでわかりにくくなっていますが、この

文の主語は it、動詞は hung です。

→ p. 31

53 なぜ would が用いられているのでしょうか？

What <u>would</u> I do?

▶ ▶ ▶ 仮定法だからです。

解説　「もしあなたが死んでしまうようなことがあったら、私はどうしたらいいの？」という気持ちを、**仮定法の would** を使って表している文です。英語にするなら、What would I do <u>if you died</u>? あるいは What would I do <u>if you should die</u>? ということですね。

少し上を見ると、以下のような文があります。

I thought it <u>would</u> surely fall during the night.

この would はどうでしょうか？　こちらは仮定法ではありません。主節の動詞が過去形（thought）なので、それに合わせて**「時制の一致」**が起こり、過去形（would）になっています。

→ p. 33

54 この as はどのような意味でしょうか？

The fancy seemed to possess her more strongly <u>as</u> one by one the ties that bound her to friendship and to earth were loosed.

▶ ▶ ▶ 「…につれて」という意味です。

解説　The fancy seemed to possess her more strongly ... という表現があることがヒントになります。more strongly という比較級があるので、

「…につれて、それだけますます〜」という呼応関係が成り立ちます。

→ p. 33

⑤⑤ この文の主語はなんでしょうか?

And then, with the coming of the night the north wind was again loosed, ...

▶ ▶ ▶ **the north wind** です。

 解説 with the coming of the night「夜の到来とともに」という**前置詞句が入っているので**、少し構造が捉えにくくなっています。この文の主語はthe north windであり、was again loosedが述語になります。

→ p. 33

⑤⑥ このcalled to ...は、他動詞のcallとどう異なるでしょうか?

And then she <u>called to</u> Sue, who was stirring her chicken broth over the gas stove.

▶ ▶ ▶ **他動詞の call は「…に来るように言う、…を呼び出す」という意味ですが、call to ... は「…に声をかける」という意味です。**

解説 call ...とcall to ...は似ているようで、決定的な意味の違いがあります。callには、「…に電話する」以外にも、「**…に来るように言う、…を呼び出す**」という意味があります。これに対して、call to ...には、「来てほしい」という話者の気持ちは含まれていません。単に「**…に声をかける**」という意味を表します。

この場面でも、ジョンジーはスーに対して「こっちに来てほしい」という気持ちを伝えているわけではなく、単に「声をかけて」います。

→ p. 33

㊄ この may はどのような意味でしょうか?

You <u>may</u> bring me a little broth now, and some milk with a little port in it, ...

▶ ▶ ▶ 軽い「命令」「依頼」のようなニュアンスがあります。

解説　You may ... は、例えば英検の面接試験の最後の You may go now.（退室していいですよ）という指示のように、相手に「**許可**」を与えるときに使う表現です。スーとジョンジーのような親しい間柄では、**軽い「命令」「依頼」**のようなニュアンスで使われることもあります。

　ちなみに、You may want to ... は「あなたは…したいかもしれません」ではなく、「…してもいいですよ」という「許可」、あるいは「…したほうがいいかもしれませんよ」という「提案」の意味になることがほとんどです。

例　<u>You may want to</u> use my laptop.
　（私のパソコンを使ってもいいですよ）

例　<u>You may want to</u> put off the meeting until next week.
　（会議は来週に延期したほうがいいかもしれませんよ）

　You may ... にしても You may want to ... にしても、相手との関係性や文脈をよく考慮して、その語用論的な意味をきちんと考えることが大切です。

→ p. 33

㊸ 3つのandは、それぞれ何と何を結びつけているでしょうか?

... bring me a hand-mirror first, <u>and</u> then pack some pillows about me, <u>and</u> I will sit up <u>and</u> watch you cook."

▶▶▶ 1つ目は **bring me ...** と **pack some pillows ...** を結びつけています。2つ目は〈命令文 ,and ...〉の **and**。3つ目は **sit up** と **watch ...** を結びつけています。

解説 1つ目のandはbring me ... と pack some pillows ...という2つの命令文を結びつけています。2つ目のandは〈命令文, and ...〉というパターン。3つ目はsit upとwatch ... を結びつけています。こうして改めて見ると、意外に複雑ですね。

全体を訳で確認すると**「まずは手鏡を持ってきて。それから、私の周りに枕を置いて。そしたら、体を起こして、あなたが料理するのを見るから」**となります。

なお、文の最後にあるwatch you cookは知覚動詞構文です。〈watch＋目的語＋原形〉のパターンの場合、「…が〜するのを見る」という意味を表します。「動作の一部始終を見る」というニュアンスがありますから、ここでは**「あなたが料理を作り終わるまでずっと見ているつもりよ」**という気持ちを伝えているわけです。

→ p. 33

㊾ このhisの品詞はなんでしょうか?

"Even chances," said the doctor, taking Sue's thin, shaking hand in <u>his</u>.

▶▶▶「所有代名詞」です。

解説 このhisはhis handの意味で、**「所有代名詞」**と呼ばれるものです。「独立所有格」ともいいます。主格（he）／所有格（his）／目的格（him）は「彼」のことを指すのに対し、所有代名詞は「彼のもの」という意味なので、「彼」自体を指すわけではありません。

これは個人的な印象ですが、オー・ヘンリーの文章には、この所有代名詞が比較的よく出てきます（［　］内は作品名）。

例 Father Abram went to her, and laid one of his strong hands firmly upon <u>hers</u>. [The Church with an Overshot-Wheel]

例 The last thing on the programme was lemonade. It was brought around in little flat glass bowls and set by your plate. I was pretty thirsty, and I picked up <u>mine</u> and took a big swig of it. [New York by Camp Fire Light]

例 I trust those eyes of <u>hers</u>. [A Ruler of Men]

例 His buckskin is hanging in strings, and his feathers are mixed up like <u>a frizzly hen's</u>. [The Atavism of John Tom Little Bear]

→ p. 33

⑥⓪ この前置詞句は、文中でどのような役割を果たしているでしょうか？

<u>With good nursing</u> you'll win.

▶ ▶ ▶ 「…があれば」という、条件節のような役割を果たしています。

解説 このwith ...は**「十分な看護があれば」**という意味で、If you nurse her well, ...のような「条件節」的な働きをしています。

なお、条件的な解釈ができるのは、主節にwillが用いられているからです。以下の2つを比較してみてください。

A I'll get by with a little help from my good friends.

B I can get by with a little help from my good friends.

Aは「よき友人たちから、多少なりとも援助があれば、私はやっていけます」という意味で、こちらのwith ...は条件節的です。これに対して**B**は、「よき友人たちから、多少なりとも援助をしてもらっているので、私はやっていけるのです」となり、with ...は**「理由」**を表す前置詞句の働きをしています。

→ p. 35

(61) なぜ現在形（goes）が用いられているのでしょうか？

There is no hope for him; but he goes to the hospital to-day to be made more comfortable.

▶▶▶**「確定的な未来の予定」を表しているからです。**

解説 単純現在形は、**「確定的な未来の予定」**について言及する際に用いられることがあります。ここでは、「病院に転送することになっている」といった意味を表しています。

単純現在形によって未来が表される例を、いくつか挙げておきましょう。

例 Tomorrow is Sunday.
（明日は日曜日です）

…▶「明日」は「未来」ですが、「明日が日曜日になること」は「確定事項」ですので、単純現在形を使うのがベストです。

例 Our flight leaves at 10:30.

（私たちの乗る便は10時半に出発します）

…▶「交通機関の運行予定」なども、通常、単純現在形で表されます。

→ p. 35

(62) この比較級（more comfortable）は、何と何を比較しているでしょうか？

There is no hope for him; but he goes to the hospital to-day to be made more comfortable.

▶▶▶**「今の状態」と「病院に行った後の状態」の比較です。**

解説

比較級を見かけたら、**「何と何を比較しているのか」**を考えることがとても大切です。ここでは、ベアマンさんの**「今の状態」**と**「病院に行った後の状態」**が比較されています。

比較級に関する1つの盲点は、比較されている2者の**「差異」**は、大きい可能性も小さい可能性もあるということです。ここでは単にmore comfortableとしか書かれていません。ですから、病院に行った後「どのくらい、よりcomfortableになるのか」は明示されていないのです。おそらくは既に危篤状態にあると思われますので、病院に移動することにそれほど意味はないと考えて、**「少しはましになるだろう」**と訳すこともできると思います。また、医師の**「ここにいたのではどうすることもできない」**という気持ちを汲み取って、「だいぶましになるだろう」と訳してもいいでしょう。そのあたりは、読み手・翻訳者の「さじ加減」です。

→ p. 35

(63) この現在分詞句は、文中でどのような役割を果たしているでしょうか？

And that afternoon Sue came to the bed where Johnsy lay, contentedly knitting a very blue and very useless woollen shoulder scarf, and put one arm around her, pillows and all.

▶▶▶ **付帯状況の分詞構文で、直前の動詞 lay を修飾しています。**

解説 スーが、ベッドで横になっているジョンジーのところにやってくる場面です。Sue came to the bed where Johnsy lay, ... の直後なので、どちらの動詞に対する付帯状況であってもおかしくないのですが、「マフラーを編みながらやってくる」というのは少し無理がありますよね。ですから、この分詞構文は**「ジョンジーがどのような状態でベッドに横たわっていたか」**を表していると言えます。

もし、こんな文だったらどうでしょう？

And that afternoon Sue came to the bed where Johnsy lay, holding a bag of pretzels that she bought at the store, ...

この場合は、「そして、その日の午後のこと。スーは店で買ったプレッツェルの袋を手に持って、ジョンジーの枕元にやって来ました…」のように解釈したくなりますよね。

→ p. 35

(64) この文の目的格補語はなんでしょうか？

The janitor found him the morning of the first day in his room downstairs helpless with pain.

▶▶▶ **helpless with pain です。**

解説 foundの目的語はhimですね。findは第5文型の場合、**「…が〜の状態であるのに気づく」**という意味を表します。文末のhelpless with pain「痛みでどうしようもない状態で」が目的格補語になっています。

この文の大枠は、The janitor found him helpless with pain.であり、修飾要素として、the morning of the first day「1日目の朝に」という「時」を表す副詞句と、in his room downstairs「階下の彼の部屋で」という「場所」を表す副詞句が入っています。このように、目的格補語は、目的語からだいぶ離れた位置に置かれることもしばしばあります。

→ p. 35

(65) このthroughの品詞はなんでしょうか？

His shoes and clothing were wet <u>through</u> and icy cold.

▶▶▶ **副詞です。**

解説 throughには前置詞・副詞・形容詞の用法があります。ここでは、**「すっかり」「完全に」**という意味の**副詞**で、全体としては「彼の靴と服はすっかりびしょびしょで、冷たくて氷のようでした」という意味になっています。

throughの、その他の品詞の用法の例を見ておきましょう。

例 If I had a flower for every time I thought of you... I could walk <u>through</u> my garden forever.
（あなたのことを思うたびに花が1輪手に入るとしたら、私は花畑の中をずっと歩き続けることができるでしょう）

…▶ イギリスの詩人Alfred Tennysonの言葉。「あなたのことを思うと、もうそこはお花畑になる」という意味です。このthroughは前置詞で、「…を通り抜けて」という意味を表しています。

例 You can get to Iidabashi in 40 minutes from here by <u>through</u> train.

（ここから飯田橋まで、直通電車に乗れば40分で行けます）

⋯▶ こちらのthroughは形容詞で、「直通の」という意味になります。

→ p. 35

⑥⑥ このlightedは、文中でどのような役割を果たしているでしょうか？

And then they found a lantern, still <u>lighted</u>, and a ladder that had been dragged from its place, and some scattered brushes, and a palette with green and yellow colors mixed on it, and——look out the window, dear, at the last ivy leaf on the wall.

▶ ▶ ▶ 過去分詞で **a lantern** を後置修飾しています。

解説 このlightedは**過去分詞**で、「まだ<u>点けられた状態で</u>」「灯がともったままで」という意味を表し、直前のa lanternを後から修飾しています。

they found ...の目的語がたくさん並んでいますが、全体の構造としては以下のようになっています。

And then they found a lantern ..., and a ladder ..., and some scattered brushes, and a palette ..., and——look out the window, dear, at the last ivy leaf on the wall.

項目をリストアップしていく際、一般的にはA, B, C, ...(,) and Xという形をとりますが、ここではandを毎回入れて、1つ1つの項目にきっちりスポットライトを当てているような効果を出しています。また、項目の羅列の後には命令文（look out ...）が置かれています。

→ p. 35

⑥7 この there は「そこに」「そこで」のどちらの意味でしょうか?

Ah, darling, it's Behrman's masterpiece——he painted it <u>there</u> the night that the last leaf fell."

▶ ▶ ▶ 「そこに」という意味です。

解説 一応、この文だけを読めば、「そこに」「そこで」のどちらの解釈もできそうです。しかし、文脈の流れを追ってみると、**「そこで」という解釈は無理筋**だということがわかります。少し前に、以下のような発言がありますね。

... look out the window, dear, at the last ivy leaf on the wall.
（窓のそとを見てよ。壁の上にアイビーの葉っぱがあるでしょ？）

この言葉からわかるように、スーはジョンジーに対して**「壁（の上）」**に注目するように求めています。there はこの on the wall を受けていると考えられますので、この there は**「そこに」**と解釈するのが適切です。

なお、there の後に the night that the last leaf fell という「名詞節」がありますが、これはどのような役割を果たしているでしょうか? これは「最後の葉が落ちた夜に」という意味の副詞として機能しています。英語では**名詞（節）が副詞（節）の役割を果たす**ことがあります。

例 I'll be there <u>Monday</u>.
（月曜日にそこに行きます）

…▶ on Monday と言うこともできます。

例 I have a guest coming <u>this afternoon</u>.
（今日の午後に、来客があります）

1番目の例ではon Monday / Mondayのどちらも使うことができますが、2番目の例のようにthis / last / nextなどが伴う場合は、義務的に前置詞を省略します。本文で使われているthe night that the last leaf fellという名詞節も、onが省略されたものと考えていいでしょう。

❶ なぜnorth windowsが求められていたのでしょうか?

... hunting for <u>north windows</u> and eighteenth-century gables and Dutch attics and low rents.

→「北向きのアパート」=「安アパート」のような意味合いももちろん含まれていると思いますが、芸術家にとってnorth light「北から入ってくる自然光」は特別な意味を持っているそうです。

南向きだとたしかに日当たりはいいのですが、時間の経過につれて光の向きが変わり、影も大きさや方向が変わっていってしまいます。そのため、得られる光量が一定している**「北向きの窓」**が求められていたわけです。

❷ この動作は、なんのために行っているのでしょうか?

"She has one chance in —— let us say, ten," he said, as <u>he shook down the mercury in his clinical thermometer.</u>

→ この... he shook down the mercury in his clinical thermometer. という表現について、「なんのための動作だと思うか」ということを複数の人に尋ねてみたところ、とても興味深い結果が出ました。20代および30代の人は「わから

ない」と答え、概ね40代以上の方は「わかる」と解答してくれました。

　当時の水銀式体温計は、計測した後、必ず**体温計を振って水銀を元の位置に下げる**必要がありました。デジタル式体温計しか知らない世代にはわからないと思います…。

　ちなみに、「テレビ」のことを英語ではtubeと表現することがあります。このtubeは、cathode-ray tube「CRT」、つまりBraun tube「ブラウン管」のこと。液晶テレビやプラズマテレビで育った世代には、ピンと来ない表現なのかもしれませんね。

❸ このmy patientは、誰のことを指しているでしょうか？

But whenever <u>my patient</u> begins to count the carriages in her funeral procession I subtract 50 per cent from the curative power of medicines.

→ ジョンジーは確かに「彼の患者」ですし、<u>her</u> funeral processionとherが使われていることから、my patientが「ジョンジー」を指していると考えたくなりますが、**文法的に考えると無理**があります。

　whenever ...「…するといつも」が使われていること、また、I subtract ...という**習慣的なものを表す単純現在形**が使われていることから、この文は「一般論」であり、たまたま代名詞としてsheが使われているだけと考えるのが妥当です。

　つまり、my patientは**「自分の担当する患者」**のことで、この文は「<u>いつものことだけど</u>、患者がこういうことをし始めると、薬も効かなくなってしまうんだ」というぼやきになっています。

❹ Art と Literature は、なぜ大文字になっているのでしょうか？

Young artists must pave their way to <u>Art</u> by drawing pictures for magazine stories that young authors write to pave their way to <u>Literature</u>.

→ 小文字の art「芸術」や literature「文学」とは少し異なり、より**具体性の高いもの**を指しているからです。

　例えば、小文字の president は「会長」「総裁」「社長」「長官」など、さまざまな「一番上の立場の人」を指す common noun「普通名詞」ですが、大文字の the President は「（アメリカ合衆国の）大統領」という意味を表します。

　ここでは芸術家・小説家を志す若者たちが目指すべき「目的地」のことを大文字の Art / Literature で指していますので、それぞれ「芸術家への道（を切り開く）」「作家への道（を切り開く）」のように解釈するのが妥当でしょう。言い換えれば「プロとして活躍するアーティストの世界への仲間入りを果たす」ということなのですから、**「画壇」「文壇」**と訳すのが最善手だと言えます。

❺ この until は「…まで」と訳すのが適切でしょうか？

The cold breath of autumn had stricken its leaves from the vine <u>until</u> its skeleton branches clung, almost bare, to the crumbling bricks.

→「…まで」と訳すと、以下のようになります。

　　そのほとんど丸裸になった枝が、今にも崩れそうなレンガに骸骨のようにこびりつく<u>まで</u>、秋の冷たい息がツタの葉っぱを散らせていた。

　確かに文法的には正しいのかもしれませんが、これが、この文が**「本当に伝**

えたいこと」なのでしょうか？ until節は主節ではあるものの、どう考えても「ついには…になってしまった」という内容が描写されていますので、こんなふうに訳してみましょう。

> 秋の冷たい息がツタの葉っぱを散らせ、<u>ついには</u>ほとんど丸裸になった枝が、今にも崩れそうなレンガに骸骨のようにこびりついているだけになっていた。

さらに、「ついには…」という「過剰にドラマチック」な言い方を避けると、こんな感じになります。

> 秋の冷たい息がツタの葉っぱを散らせ、ほとんど丸裸になった枝が、いまにも崩れそうなレンガに骸骨のようにこびりついている。

ポイントは**「英語の語順通り」**に考えて訳してみるということです。そうすることで、書き手が伝えようとしていることが自然にわかってくるはずです。

❻ この現在完了は、どのように訳すのが自然でしょうか？

I've known that for three days.

→「私はそのことを3日間知っています」と訳しても、なんのことか伝わりませんよね。この場面でのやりとりを確認してみましょう。

"Five what, dear? Tell your Sudie."
"Leaves. On the ivy vine. When the last one falls I must go, too. <u>I've known that for three days.</u> Didn't the doctor tell you?"

「何を数えているのか」を聞かれたジョンジーが「ツタの葉っぱを数えているの。最後の葉が落ちたら私もきっと死ぬんだわ」と答えた上で、I've known that for three days. と答えています。「最後の葉が落ちたら自分が死ぬことを、3日間知っています」ということなのですが、これは「3日前に、そのことを知った」という意味ですね。「知った」だと、まるで「そういう確かな情報をどこかで、あるいは誰かに聞いた」という感じになってしまいますので、「自分で勝手に思い込んでいる」という状況により即した、**「3日前にわかったのよ」**と訳すのが適切でしょう。

❼ **her sick child と her greedy self は、それぞれ誰を指しているでしょうか？**

... buy port wine for <u>her sick child</u>, and pork chops for <u>her greedy self</u>.

→ この文では、スーが**自分自身のことを she と呼んでいる**ので、それを踏まえた上で理解する必要があります。

her sick child は「スーの病気の子供」ですから、これは「ジョンジー」のことを子ども扱いして呼んでいるわけです。また、her greedy self「欲張りな彼女自身」は、「スー」のことを指しています。

❽ **この文は、どのように訳すのが適切でしょうか？**

I'll not be gone a minute.

→ 直訳すると「私は1分間、行ってしまったりはしない」となります。これではわかりにくいので、「1分もあなたのそばを離れたりしないわ」のようにしても、どうもしっくりこないですね。

これは**「否定表現」にこだわりすぎてしまっている**ことが原因です。英語の

原文で否定表現が使われていても、それを必ずしも日本語訳に反映する必要は無いのです。「1分もあなたのそばを離れたりしない」ということは、「1分以内に戻ってくる」ということ。1分は「短さ」を強調するための言葉ですから、もっと自然な日本語にすると「すぐに戻ってくるからね」となります。

なお、ほぼ同じ意味を I won't be a minute. でも表せます。また、イギリスでは I shan't be long. も使われます。

❾ **この文は、具体的にはどのようなことを言っているのでしょうか？**

Some day I vill baint a masterpiece, and ve shall all go away.

→ このドイツ語なまりの文を、普通の英語に書き換えると以下のようになります。

Some day I will paint a masterpiece, and we shall all go away.

「いつか私は傑作を書いて、そして私たちは出て行こう」というのが直訳ですが、もう少し「色をつけて」みたいと思います。そもそも、この we とは誰を指しているのでしょうか？ 1つ前の文を見てみましょう。

Gott! dis is not any blace in which one so goot as Miss Yohnsy shall lie sick.(＝God! this is not any place in which one so good as Miss Johnsy shall lie sick.)

要するに「ジョンジーのようないい娘が、こんなところにいてはだめだ」と考えているわけです。少し前にも、... who regarded himself as especial mastiff-in-waiting to protect the two young artists in the studio above. という描写がありましたが、ベアマン老人は**「2人の保護者を自認している」**わけです。

　つまり、we は「老人と 2 人の女の子」であり、老人は「**傑作を描いて儲けた ら、みんなで一緒に、もっといいところに引っ越そう**」と提案しているわけで すね。

⑩ In there は、どのような「動作」を表しているでしょうか？

<u>In there</u> they peered out the window fearfully at the ivy vine.

→ この文を直訳的に訳すと、「<u>その中で</u>、2 人は窓の外のツタをおそるおそる覗 き見た」となります。しかし、これではあまりにも「**もっさりした**」感じに なってしまうと思いませんか？

　直前の文に ... and motioned Behrman into the other room. とあり、2 人が 「**他の部屋に移動した**」ことが示されています。ですから、ここは「その中で」 ではなく、「**中に入ると…**」や「**中に入った 2 人は…**」のように訳して理解する のが適切です。前置詞は「方向」や「場所」を示す表現ですが、そこに「**動作**」 **を補って考える**と、英文の内容をより正確に理解できるようになり、自然な訳 をつけられるようになります。

⑪ なぜ 2 人は、「一瞬のあいだ無言で顔を見合わせた」のでしょうか？

Then they looked at each other for a moment without speaking.

→ 2 人は「声を出さずに」驚きを表現しなければならなかったのです。寝てい るジョンジーに気づかれたらまずいことが起きていたからですよね。

　そう、もうこの時点で、**既に the last leaf は散って**しまっていたのです。こ れについては、物語の最後の部分にある Ah, darling, it's Behrman's masterpiece——he painted it there the night that the last leaf fell. で「ネタば

らし」が行われていますね。

⓬ 下線部は、どのように訳すのが適切でしょうか？

When it was light enough <u>Johnsy, the merciless, commanded that the shade be raised</u>.

→ この文を、どのように「ほぐして」訳すことができるか検討してみましょう。まずは直訳してみると、**「十分に明るくなると、無慈悲なジョンジーは、ブラインドが上げられることを命じた」**となります。これだとあまりに堅苦しいと言わざるを得ませんね。

the shade be raisedという受動態の表現は、「誰かによってブラインドが上げられる」ということですから、思い切って**「誰かブラインドを上げるように命じた」**と訳してみましょう。さらに、Johnsyと同格関係にあるthe merciless「無慈悲なるもの」も、副詞的に「無慈悲にも」と訳出してみると、**「十分に明るくなると、ジョンジーは無慈悲にも、ブラインドを上げるように命じた」**となります。なお、このJohnsy, the mercilessは、Richard the Lion-Hearted「リチャード獅子心王」のような「あだ名」のパターンになっています。

こんなふうに、日本語として通じる自然な訳をつくる際には、受動態と能動態を入れ替えてみたり、品詞を変化させてみたりするなど、**柔軟な発想でいろいろと工夫**してみましょう。

⓭ この文はどのように訳すのが適切でしょうか？

He was ill only two days.

→ **「彼は2日だけ病気でした」**と訳しても、まったく意味は伝わりませんね。この1つ前に、以下の文があることに注目しましょう。

Mr. Behrman died of pneumonia to-day in the hospital.

（ベアマンさんが今日、病院で死んだわ。肺炎よ）

　つまり、ベアマン氏は「2日間病気をして、今日亡くなった」ということなのですから、「肺炎で倒れてから、まだ2日しか経っていなかったのに…」や「肺炎になってから、わずか2日で亡くなった」のような訳にするのが自然です。

ワンポイント文法講義 ①

結果構文の
文法と意味

　今回は「結果構文」の文法と意味について考えてみましょう。「最後の一葉」にcried a Japanese napkin to a pulpという表現が出てきます。a pulpがa soft wet mass（*Cambridge Dictionary*）、さらにはto a pulpが「そのような状態に（する、なる）」という意味であることがわかっても、cry ... to a pulpが「ひどく泣いたために…がぐしょぐしょになる」に相当する意味を表すことは、なかなか予測できないと思います。cry ... to a pulp自体は頻出パターンではありませんが、それにもかかわらず、英語の母語話者であれば、初めて接しても何の苦もなく意味を理解できるのはなぜなのでしょうか？

▌ 結果構文とは ▌

　英語には〈主語（X）＋動詞＋目的語（Y）＋前置詞句／形容詞句〉という形式と「Xが動詞の表す行為をした結果、Yが前置詞の目的語または形容詞句の表す状態になる」という意味の組み合わせからなる、「結果構文」（resultative construction）というパターンがあります。このパターンの動詞、目的語、前置詞（句）、形容詞に特定の語句の入った表現型も多数存在します。結果構文の以下のような例は日本語にも直訳的に対応する（「ドアを青く塗る」「ピザを6つに分ける」「花瓶を粉々に割る」のような）表現があるので、日本語にも結果構文自体はあると言えそうです。

(1) I painted the door blue.

(2) She divided the pizza into six pieces.

(3) He knocked the vase off the table, breaking it to pieces.

　しかし、次のような結果構文の例は、対応する動詞を使った日本語には直訳

できません。

(4) I pushed the door open.

(5) A man was reported to have been shot dead in his car.

(6) She sometimes eats herself sick.

(7) Did you know you can work yourself to death?

　これらの文が記述する事態を自然な日本語で表現しようとすると、（「押し開ける」「撃ち殺す」のような）**複合動詞**や（「食べ過ぎて気分が悪くなる」「働き過ぎて死ぬ」のような）**複文**、あるいは（「射殺する」「過労死する」のような）それらに基づく漢語動詞を用いる必要があります。すなわち、英語では結果構文を用いて、つまり動詞を1つだけ使って、表現できる事態の中には、**日本語で言い表すには動詞が複数必要になるもの**があるのです（言うまでもなく、*Sue ... cried a Japanese napkin to a pulp* もそのような場合の1つです）。

▍ 結果構文で用いられる動詞 ▍

　英語と日本語では、結果構文で用いることのできる動詞の種類または範囲に、以下のような違いがあることがわかっています。英語だけでなく日本語の結果構文でも許容されるのは、**「目的語の指示対象に特定の種類の変化を生じさせる」**という意味が、結果構文以外の用法（具体的には単純な他動詞としての用法）において確立している動詞です。(1) ～ (3) に対応する日本語の結果構文に生じる動詞について見ると、「ドアを（ペンキで）塗る」「ピザを（いくつかに）分ける」「花瓶を割る」はそれぞれ「ドアの色が変わる」「ピザがいくつかに分かれる」「花瓶が割れる」を含意することがわかります。これらの動詞が結果構文に生じた場合、結果を表す語句（「青く」「6つに」「粉々に」など）は、それぞれの動詞が単純な他動詞構文において表す**意味の一部を詳細化**する機能を担っていることになります。

それに対して、例えば(4)のpushおよびそれに対応する日本語の「押す」は、単純な他動詞として用いられた場合には、目的語の指示対象に特定の種類の変化を生じさせることを必ずしも意味に含みません。それは、例えば*I pushed the door, but it wouldn't open*や「ドアを押したけれど、どうしても開かなかった」と言えることからも明らかです。

(5)のshootは、射撃の対象を目的語に取る単純な他動詞文で用いられた場合、銃弾がその対象に**命中する**ことまで意味に含みます。それに対して、日本語の「撃つ」は(「男が撃たれた」が*A man was shot*だけでなく*A man was shot at*に対応しうることからもわかるように)対象に状態変化をもたらしたことを必ずしも含意しません。

(6)のeatの目的語であるherselfについては、そもそも単純な他動詞文で用いられたeatの目的語とは根本的に性格が異なる(*eat oneself sick*は普通の意味で「自分を食べる」ことを意味しない)ため、文法的にはともかく、意味の上では目的語ではない――彼女は「食べる」という自身の行為の対象とは言えない――と考える研究者が多いほどです。

(7)のworkは「働く」という意味ではそもそも普通は目的語を取らないので、この文のyourselfも意味の上では目的語ではない――聞き手は「働く」という自身の行為の対象とは言えない――と考えたくなるかもしれません。しかし、これは言語の表す意味についての考え方としては単純すぎると思います。以下で説明するように、(6)や(7)のような結果構文の目的語(いずれも再帰代名詞)の指示対象は、(1)～(5)の目的語の場合と同じく、動詞の表す行為の対象として捉えられていると見ることが十分可能だからです。

▍結果構文における再帰代名詞の働き▍

まず、sickが(6)の場合と同じくfeeling ill as if you are going to vomitの意味で用いられた以下の例(語義も例文も*Cambridge Dictionary*から借用しました)の*make yourself sick*を結果構文の例である*eat yourself sick*と比較してみ

ましょう。

(8) If you eat any more of that cake, you'll make yourself sick.

　この場合のyourselfが使役動詞makeの（文法的にはもちろん）意味上の目的語であると考えるのはごく自然だと思います。*make yourself sick* は「聞き手が自分自身に働きかけた結果、（吐き気を催すほど）気分が悪くなる」という意味だからです。ここで、*make yourself sick* と *eat yourself sick* の関係を考えてみると、後者のeatが前者のmakeの意味に含まれる**「自分自身への働きかけ」が具体的に何なのかを指定する機能**を果たしていることがわかります。すなわち、eat yourself sickのeatは、自動詞文や単純な他動詞文に生じる典型的な用法におけるeatとは異なり、行為者による自身への働きかけ──行為者自身にネガティブな変化をもたらすような、標準から逸脱した過剰な行為──を表す動詞として用いられているのです。これはとりもなおさず、*eat yourself sick* のyourselfがそのような**過剰な行為によってネガティブな影響を受ける対象として捉えられた行為者自身を指示対象としている**ことを意味します。したがって、eat yourself sickのyourselfの指示対象は、**(1)** から **(5)** の目的語の場合と同じく、動詞の表す行為の対象として捉えられている、つまりyourselfは意味の上でも動詞の目的語であると考えてよいことになります。**(7)** の *work yourself to death* のyourselfも過剰な行為の対象として捉えられた行為者自身を指していることはもはや言うまでもないでしょう。

　次の2つの文の表す意味を比較すれば、結果構文に生じる再帰代名詞が動詞の表す行為の対象を指示していることがさらに明らかになるはずです。

(9) You are starving to death.

(10) You are starving yourself to death.

　この2文は、いずれも聞き手が「餓死しかけている」という事態を記述する

のに用いることが可能ですが、餓死の捉え方がまったく異なります。(9)はここまでに取り上げてきたものとは別種の結果構文の例です。この種の結果構文の例をもう1つ挙げておきましょう。

(11) The lake froze solid.

　湖に（自動詞用法のfreezeの表す）変化が生じた結果、湖がsolidの表す状態になった、すなわち「湖が凍結（一面に結氷）した」という意味の文ですが、この種の結果構文には目的語がありません。例えば同じく自動詞のworkをもとにした(7)がyourselfという目的語を取っているのに対して、(11)には目的語がなく、(11)の代わりに*The lake froze itself solidと言うことはできません（*は文法的に不適格であることを示す記号）。この2つの結果構文の違いの本質は、述語動詞が**主語の指示対象Xによる行為**（Xが何を「する」か）と**主語の指示対象に生じた変化**（Xがどう「なる」か）のいずれを表すかにあります。結果構文に目的語がある場合、その目的語の指示対象Yは、動詞の表す（Xによる）行為の対象となることによって前置詞の目的語または形容詞句の表す状態になる人や物です。すなわち、この種の結果構文は〈Xの行為によってYの変化が生じる〉という捉え方を表していることになります。それに対して、目的語のない結果構文は、Xに生じた変化を純粋に変化として——原因となった行為があったとしてもそれと切り離して——捉えています。

　(9)と(10)が表す餓死の捉え方の違いもまさにそこにあります。具体的には、「飢えの状態が続いた結果、聞き手が死へと向かいつつある」という捉え方を表す(9)に対して、(10)が表すのは「聞き手自身の（無理なダイエットをするなどの）過剰な行為の結果として聞き手の死が生じかねない」という捉え方です。換言すれば、(9)と(10)はそれぞれ*You are dying*と*You are killing yourself*の表す捉え方を具体化して表していることになります（だからこそ、(10)は聞き手に「あなたのしていることは自殺行為（suicidal）です」と警告する表現として使えるのです）。ここまで来れば、結果構文の目的語としての再帰代名詞

が動詞の表す行為の対象として捉えられた行為者自身を指示対象としている
──この場合の再帰代名詞は意味の上でも動詞の目的語と言ってよい──こと
は明らかではないでしょうか？ *You are killing yourself* の yourself が聞き手の行
為の対象としての聞き手自身を指すのとまったく同じように、*You are starving
yourself to death* の *yourself* は聞き手の過剰な行為の対象としての聞き手自身を
指しているのです。

▎誇張表現としての結果構文 ▎

Chapter 3 の「ワンポイント文法講義」では、原級比較が**「誇張表現」**
(hyperbole) として使えることに言及しています。結果構文も、原級比較と同
様に、多くの誇張表現を生み出す装置として機能していることにも注目すると
よいでしょう。『アメリカ口語辞典』(朝日出版社) からいくつか例を挙げてみ
ます。

(12) When Jennie's dog died, she <u>cried her eyes out</u> all
afternoon.

(13) Don't get cornered by Mrs. Flapjaw. She'll <u>talk your ear off</u>.

(14) <u>I work my fingers to the bone</u> and what thanks do I get?

(15) Our son is growing so fast he'll soon be <u>eating us out of
house and home</u>.

下線部はそれぞれ字義通りには「あまりに泣き続けたために目が流れ出てし
まった」、「あまりに長々と話し続けるので聞き手の耳が取れてしまう」「働きす
ぎたために指が骨だけになってしまう」「あまりにたくさん食べるので (同じ家
に住む人が) 家を手放さなくてはならなくなる」というような意味になります
が、実際には、それぞれ「とめどなく泣く」「(うんざりするほど) しゃべりまく
る」「身を粉にして働く」「(人の財産を食いつぶすほどの) 大食いである」と

いった意味のイディオムとして使われる表現です。

　結果構文の表す意味を考えれば、この構文がこのような誇張表現を生み出すメカニズムを理解するのは難しくないでしょう。前述の通り、「述語動詞の表す（主語の指示対象による）行為Xを原因として前置詞の目的語または形容詞の表す状態になるという変化Yが（目的語の指示対象に）生じる」という捉え方を表すのが結果構文です。この捉え方の焦点をずらすことによって、「Yという（ありえないものも含む）極端な変化が生じる原因になっても不思議はないほどに極端な仕方でXを行う」という意味の誇張表現が生み出されるのです。

Chapter 1 翻訳のポイント① ── 辞書なんかけっとばせ！

　ニューヨークのグリニッジ・ビレッジというと、芸術家たちが多く住んでいる一角として有名ですが、「最後の一葉」の舞台はそんな地域に立つアパートの一室です。いまでこそ世界中の芸術家や芸術愛好家のあこがれの的となっていますが、最初からそうだったわけではありません。なぜ、芸術家の聖域となったのか、「最後の一葉」の冒頭の段落が教えてくれます。

> In a little district west of Washington Square the streets have run crazy and broken themselves into small strips called "places."

　これが冒頭のセンテンスです。the streets have run crazy と書かれていますが、現在形の run ではなく have run と完了形になっているところから、過去から現在への時の経過を感じさせ、**まるで通りが生き物であるかのように**感じられます。「路地がでたらめにのたくり、進んでいった先が…」という訳は、そんな感覚を伝えようとしたものです。broken into small strips called "places" という英語からは、通りをいくと、いつのまにか道がうやむやになって消滅し、左右がでたらめに区切られ、建物が乱雑にたっているという情景を思い浮かべてください。宅地でもなく、きちんと整備された区画でもなく、まるで早い者勝ちにてんでバラバラに切り取っていったみたいで、そんな一区画をなんと呼んでいいかわからないので、漠然と "places" と称されたのでしょう。These "places" make strange angles and curves.（そしてこの「プレイス」たちは、奇妙な角度や曲線をなして並んでいる）と書かれているのは、そういうことです。訳は「ワシントン・スクエア西側の小さな一角は、路地がでたらめにのたくり、進んでいった先が分裂して、『プレイス』と呼ばれる小さな区画になっておわる」くらいでよいでしょう。

　さて、その後から、グリニッジ・ビレッジ「縁起」の一節が始まります。One street crosses itself a time or two.（中でも１本の通りなど曲がりくねったあげく、一度か二度自分自身と交わっている）というのはよいとして、An artist once discovered a valuable possibility in this street. というセンテンスはどうでしょ

う？「ある芸術家が昔この通りに貴重な可能性を発見した」などと訳した人はいませんか？　辞書に載っている語で言い換えただけの訳は翻訳の名に値しません。英語では、possibility / promise / potentialityなどの名詞はaをつけたり複数形にして具体化すれば、何らかの**「将来利用できる、有用となりうるもの」**という意味で、その語だけで「独立して」使うことができます。それは、たとえばI can see a possibility in this.などと言えば、（その場の文脈に従って）a possibility of *doing*「…する可能性」という形がほとんど心に浮かんでいるからです。このような英語における自然な発想を日本語で表現するには、**内容を具体的に示す**必要があります。そもそも、日本語は具体的な表現を好む言語です（『翻訳の授業』p. 68-69参照）。というわけで、ここは「『よし、こいつは使えるぞ』と考えた画家がいた」と訳すことができます。

Suppose a collector with a bill for paints, paper and canvas should, in traversing this route, suddenly meet himself coming back, without a cent having been paid on account!

　ここまで読んで、直前のセンテンスのartistを相変わらず「芸術家」と訳している人は、申し訳ありませんが、翻訳とは無縁の人です。それはさておき、このセンテンスのtraversing this routeは単純に「道を進む」ということです。「道を横切る」と訳した人はいませんか？　たしかに、辞書を調べるとtraverseは「横切る」という意味が書いてあります。このような辞書の記述を根拠に「道を横切る」と訳して、それをもとに理屈をこねまわして、例えば「道の反対側を歩くのだ」とか、「この道は町を横切っているのだ」などと「解釈」してしまう人がいます。このような思考法は大間違いです。そんな解釈しか教えてくれない辞書なんてゴミ箱の中にけっとばしてください。
　…というのは極論ですが（ただし、私の授業では学生に向かってよく言うセリフです）、traverseは「tran（＝through）＋verse（＝go）」という成り立ちからもわかるように、**「ある広がりをもった平面を端から端まで通過する」**というのが元来の意味です。このような行動を「横切る」と日本語で表現するのは自然ですが、日本語で「横切る」と言ったからといって、縦や横が意識されているわけ

ではありません。それなのに、辞書に記されているこの日本語から「横」の意味合いを必要以上に意識し、それを無理にもとの英語におしつけてしまおうとすることは、絶対にしてはならないのです（traverseに関連して『赤毛のアン』の数々の翻訳がこのような誤解に陥っていることは、『翻訳の授業』p.165-66をご覧ください）。このように、辞書を最終の権威にするのではなく、文脈から自然な意味を考えることが、もっとも重要なのです。

suddenly meet himselfは「同じ場所を通った自分に出くわす」というような意味で、要するに**「同じ道をもう一度歩いている」**ということです。つまり、道がぐるぐる回っているということになります。図のように❶から❺へと歩いてくるとして、❺まで来て右を見ると先程右からやってきた自分（つまり❶）の姿が見える！ということです。その場合に❺から見ると❶はこちらに近づいてくるので、自分が現在いるところに「戻ってくる」（coming back）ように見えます。「自分が戻ってくるのに出会う」というのは面白い発想ですが、そのまま訳すとわけがわからなくなるので、以下のように平凡におさめました。

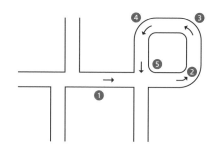

> 「この道をずんずん進んでいくと、ふいに、自分がさっき通ったところをまた通っているのに気づく。かくして、借金取りはぐるぐる回るばかりで、つけは一文も回収できない」

最後のwithout以下は「借金が回収できない」ということを述べていますが、「こいつは使えるぞ」というアイデアにとって、もっとも重要なポイントなので、独立したセンテンスとして最後に置いて、強調しておきます。

　スーの口調に注意して読んでみてください。以下は、ジョンジーの診察に来た
お医者さんとスーの会話です。最初に「何か生きがいになるようなことはないの
か？」というお医者さんからの質問に対して、スーはこう答えます。

　　「あの人 —— ええと、いつかナポリ湾の絵を描きたいと言ってたわ」と
　　スーは言った。
　　「絵だって？　そりゃなんだい？　もっと考えがいのあることはないのか
　　ね？　男のこととか」
　　「男ですって？」とスーが返す声には、妙なとげがあった。「男なんて ——
　　いいえ、先生。そのようなものは何もありませんわ」

　最初は「言ってたわ」という口調ですが、その後は「いいえ、先生、そのよう
なものは何もありませんわ」と、少し口調を変えています。最初は**女性らしい自
然な口調**であるのに対して、後のほうは、やや取り澄ましたような、**相手に距離
をおくような調子**にしています。これは、「生きがい」を尋ねられてスーが「芸
術」という高尚な答えを返したのに対して、医者が「男のこと」などという形而
下的で下世話で俗なことを言ったので、**むっとした感じを出そうとしたもので
す**。スーは"Is a man worth —— と強い調子で反論を言いかけますが、次にくる
べき"thinking about ..." という言葉をぐっと飲み込んで、ふつうの答え方（no
... there is nothing of the kind. という、無難な言い方）に変えています。このよ
うな微妙な言葉の流れを表現するために、口調や語尾を変えています。

　　「いったいなんのこと？　スーおばさんに言ってごらん」
　　「葉っぱよ。アイビーの。最後の葉といっしょに、わたしも逝くの。3日
　　前にわかったのよ。お医者さんはそう言わなかった？」
　　「そんなばかげた話、聞いたことないぞ」とスーは、居丈高に軽蔑してみ
　　せた。「老いぼれアイビーと病気になんの関係があるっていうの？　あんた、
　　あのアイビーが好きだったじゃない。まぬけなこと言わないの！　けさお医

者さんが言ってたよ。もう、今にもよくなるって。可能性は——ええと、お医者の言ったとおりに言うと——可能性は1に10かな、だってさ。ニューヨークではチンチン電車に乗ったり、歩いていたら新しい建物に出くわしたりすることがしょっちゅうあるよね。それくらい確実だってこと。さあ、お粥食べてみたら？ スーおばさんは絵の仕事にもどるからね…」

　ここのスーの口調は、先程の医者との会話とはずいぶん違います。「スーおばさんに言ってごらん」は、原文の Tell your Sudie ... が、悩んでいる子どもに事情をきく大人といった調子を用いておどけているので、そのような感じを出しています。そのあとの、「そんな馬鹿げた話、聞いたことないぞ…まぬけなこと言わないの！ けさお医者さんが言ってたよ」という部分のセリフは、お姉さんぶった口調で、**年下の子分のような相手を元気づける口調**を意識しました。

　わたしはこれまで翻訳するとき、作品の内容に合わせて、登場人物に**それらしく、自然な言葉**を話させるのは当然だと思っていました。例えば、『赤毛のアン』で、主人公がはじめて養い親（と思っている人）に出会ったときのことを例にあげてみましょう。10歳くらいの少女であるアンが極端なまでに饒舌なのは原作のとおりですが、初対面なので少していねいな口調を心がけながら、うれしさいっぱいの気持ちだけでなく、初めて話す時にありがちな、沈黙が怖いので、言葉で空間を埋め尽くそうとしている気持ちを想像して翻訳しました。また、最初は大げさな言葉ばかり使いたがる少女ですが、最後のほうになると大人に近づいて、ふつうの言葉遣いに変わってきます。そのことも明らかにわかるように、語彙や口調を変えて話させるようにしました。

　このような配慮を行うことは、原作者への**翻訳者としての最低限の礼儀**だと私は思っています。しかし、読者の中には、「女が『〇〇だぞ』なんて言わない」とか、「ていねいな口調と粗雑な口調がまじっていて一貫性に欠ける」などと、鬼の首でも取ったような指摘をする人がいたりします。『赤毛のアン』や『ホビット』などといった有名作品は、とくに、子供のころに読んだ翻訳が絶対だと思って、それ以外のものは受け付けてくれないファンが多いようです。武者小路実篤ではありませんが、千年後とまでは言わずとも、百年後に知己を得ることを願いながら、最上と思われることをやりつづけるばかりです。

Greenwich Villageについて

　「最後の一葉」の舞台はニューヨークのGreenwich Villageです。オー・ヘンリーは、1902年にニューヨークに移住しました。そして、「最後の一葉」を含む *The Trimmed Lamp* という短編集は1907年に出版されていますので、この作品で描かれているのは、20世紀初頭のGreenwich Villageだと考えていいでしょう。

　Greenwich Villageとは、ニューヨーク市マンハッタン区の一角で、特に19世紀末から20世紀中ごろの時期には、「芸術家の聖地」として名を轟かせていました。『最後の一葉』の冒頭部分でも触れられているように、小径が複雑に入り組んでいるという特徴があります。現在でも、そのレンガ造りの町並みは保全されています。

1900年頃のGreenwich Villageの街並み

　ちなみに、オー・ヘンリーの短編を5編集めたアンソロジーが、1952年に *O. Henry's Full House*（邦題『人生模様』）という題名で映画化されています（本書収載の3作品はすべて入っています）。

　映画として盛り上げるためなのか、一部の作品では、ストーリーそのものがかなりオリジナルと変わってしまっています（特に「ラッパの響き」は、かなり原作とは異なるストーリー展開です）。しかし、この映画を見ることで、当時のアメリカの雰囲気などを伺い知ることができますので、機会があったら、ぜひご覧になるのをお勧めします。作品をより楽しめるようになると思います。

Chapter 2
The Clarion Call

　オー・ヘンリーの真骨頂とも言える「刑事もの」の作品です。大金持ちのノークロス氏が強盗によって殺害されます。犯人ジョニー・カーナンは、昔の知り合いであるバーニー・ウッズ刑事と再会します。ジョニーに対して「借り」があるために、刑事としての責務を果たせないバーニー。ジョニーの性格をよく知っているバーニーは、意外な方法で、ジョニーを追い詰めることになるのですが…。

ラッパの響き

　この事件のことは警察の記録にのっているが、半分は新聞社のオフィスの中で起きたできごとでもある。

　億万長者のノークロスが強盗に殺害されたのが見つかってから、2週間がたった、ある午後のことである。犯人が心穏やかに、ブロードウェイの通りをぶらぶらと歩いていたところ、警察官のバーニー・ウッズにばったりと出くわした。

　「おいあんた、ひょっとしてジョニー・カーナンじゃないか？」とウッズが尋ねた。ウッズは5年前から、人中に出ると近視のふりをしている。

　「ピンポーン」とカーナンがはしゃいで言った。「そういうあんたはバーニー・ウッズ。ついこないだまでセント・ジョセフ在住ってやつ。証拠はどこだ、住民票どうした、なんて野暮なことは言いっこなし。あんた東にきたんだ。いま何やってんの？　インチキちらしをこのへんで回して、詐欺やってんの？」

　「数年前にニューヨークに来たんだよ」とウッズが答える。「ニューヨーク市警察に勤めてるんだ」

　「ほう、そうなんだ」とカーナンはうれしそうに言いながら、ウッズの腕をぽんぽんとたたく。

　「マラーの店に行こう」とウッズは言った。「静かなテーブルがいいな。ちょっと話がある」

　あと数分で4時になろうかというころだった。通りは商売人がまだ足繁くゆきかっていたが、彼らはカフェの静かな片隅に席をとった。カーナンは身だしなみがよく自信たっぷり、なんとはなしに威張った物腰が鼻につく。その向かいに座ったウッズのほうはというと、小柄で細目、黄色っぽいちょび髭をはやし、毛織の吊るしの背広を着ている。

　「今は何の仕事をしてるんだい？」とウッズは尋ねた。「あんた、俺の1年前にセント・ジョセフからいなくなったよな」

「銅鉱山の株を売ってるんだ」とカーナンが答える。「こっちにオフィスを持とうかと思ってる。でも、そんなことより、親愛なるバーニー君が、ニューヨークのデカになったんだ。そういえば、そっちのほう好きだったもんな。俺がいなくなったあと、セント・ジョセフで刑事（デカ）になったんだな？」

「ああ、6ヶ月やった」とウッズが答える。「いいか、もうひとつお前に質問だ。サラトガのホテル強盗のあと、ずっとお前に目をつけてきたが、いままでハジキを使ったことなんてなかったじゃないか。なんでノークロスを殺（や）ったんだ」

カーナンは数秒のあいだ、ハイボールの輪切りレモンを、穴のあくほどじっと眺めた。そうしてからウッズに目を向けて、ふいにまぶしいほどの笑顔を見せた。ただし歪んだ笑顔だった。

「すっげえ。なんでわかったんだ」とカーナンは言った。「皮をむいた玉ねぎみてえに、つるんとした仕事だと思ったんだが。どっかに手がかりを残しちまったかな」

ウッズはテーブルの上に、チャームウォッチにつけるための、小さな金の鉛筆をおいた。

「セント・ジョセフにいた最後のクリスマスに、俺があんたにくれてやったモノだ。俺はまだあんたの髭剃り用のマグを持ってるぜ。ノークロスの部屋のラグのへりの下にころがってた。いいか、いまからは口のききかたに気をつけろよ。俺には、これがお前の仕業だとピンときた。俺たちむかしは友達だったが、悪く思うなよ。仕事は仕事だ。ノークロス事件で、お前は電気椅子ゆきだ」

カーナンは笑った。

そして「俺ってついてるな。俺のあとを追ってるのが、バーニー君だったとは」と言って、コートの内側に手をすべり込ませた。その瞬間、ウッズの銃がカーナンの脇腹にあてられる。

「そんなものしまっておけ」とカーナンは顔をしかめて言った。「どこが破れてるのかみてるだけだ。あった！『仕立て屋9人で1人分』なんていうが、

男を殺すにゃ、仕立て屋は1人でじゅうぶんだな。ベストのポケットに穴があいてやがる。鉛筆はそこに入れたんだ。取っ組み合いになったときの用心に、くさりから外しておいた。おい、そのハジキしまっとけ。なんでノークロスを撃たなきゃならなかったのか話してやる。あの老いぼれ、俺を追ってホールをかけてきて、22口径のしょぼくれ銃でコートの背中のボタンめがけて撃ちやがったから、しかたなしに黙らせたんだ。婆さんはいい子だったぜ。12,000ドルのダイヤのネックレスをいただいても、ベッドに寝たままうんともすんとも言いやしない。だけど、ザクロ石のついた、ちっぽけな金の指輪だけは返してほしいと、乞食みたいにせがむんだ。たった3ドルほどのものさ。ノークロスの爺とは、金目あてで結婚したんだぜ。ちげえね。だけど、捨てた昔の恋人の記念の品は、なんとしても手放せねえってやつ。指輪が6個、ブローチが2個、金鎖のついた時計。しめて15,000ドル」

「無駄口をたたくなと言ったろ」とウッズ。

「なあに、かまやしないさ」とカーナン。「品物はホテルの俺の部屋にある。なんでこんなことべらべら喋ってるか、教えてやろうじゃないか。なにも危険がないからさ。相手は知り合いだ。しかも、あんたは俺に1,000ドルの借りがある。あんた、俺を逮捕したいと心では思っても、手が言うことをきいてくれないぜ」

「忘れちゃいないさ」とウッズ。「何も言わずに、50ドル札を20枚くれたよな。ああ、いつか返すつもりだ。あの1,000ドルで救われたな。家に帰ったとき、やつら家具を道に積んでる真っ最中だったんだぜ」

「だから」とカーナンが続ける。「あんたはバーニー・ウッズで、生まれつき鋼鉄みてえにこちこちで、白人らしく正々堂々と勝負する男だから、借りのある恩人を逮捕しようにも、指1本触れることなんてできやしないんだよ。俺のような商売をしてると、エール錠とか窓の鍵にくわしいばっかじゃねえ。人を見る目だってちゃんと鍛えてあるんだ。さあ、ウェイターを呼ぶから黙ってろよ。この1、2年、飲みてえとなったら、もう抑えられねえ。いつか捕まるとすれば、酒のせいだな。ただし仕事中はぜってえに飲まねえ。

120

ひと仕事終わったので、はれて親愛なるバーニー君ととことん飲めるってわけだ。さあ、あんた何を飲む？」

　ウェイターが小さなデカンターとサイフォンを持ってきて、また去っていった。

　「あんたの勝ちだ」とウッズは言った。小さな金の鉛筆をもてあそぶ人差し指が、悩ましげだ。「目をつぶるっきゃないか。あんたを捕まえるわけにはいかんな。金を返していたら話はべつだが、そうじゃないから、それで決まりだ。まったくしくじったもんだな。だがどうしようもない。あんたには助けてもらったから、そのお返しをしないとな」

　「俺の読みのとおりだな」カーナンはグラスをあげ、上気した顔にまんざらでもないという笑みを浮かべた。

　「俺には人を見る目があるのさ。バーニーに乾杯。歌の文句じゃないが、『あんたってホントにいいヤツ』だ」

　「惜しいなあ」と、ウッズは沈んだ声で言った。頭の中の考えがそのまま言葉になって出てくるかのようだ。「もしもお互いに貸し借りがなかったら、ニューヨーク中の銀行の金を積まれても、今夜おまえを見逃したりはしないんだが」

　「そうだろうよ」とカーナン。「だからこそ、あんたは安全だと思ったんじゃないか」

　「俺のこの仕事は」とウッズが、相手の言うことにかまわず続ける。「みんなに毛嫌いされる。芸術とか、知的な仕事なんかとはちがうと、みんな思っている。だが、俺には、馬鹿は馬鹿なりの誇りがあったんだ。なのに、こんなところで躓こうとはな。俺だって、警察官である前に、1人の人間なんだよ。お前を逃してやるのが人間としての務めだ。警察は辞めなきゃならん。貨物馬車の御者にでもなるさ。借りた1,000ドルはいよいよ返せなくなるが」

　「そんなもの、かまうもんか」カーナンは鷹揚に言った。「借金なんてチャラにしてやってもいいが、それじゃあ、あんたの気がすまんだろう。ついてたなあ、金を借りてもらって。さあ、もうこの話はよそうぜ。朝の汽車で西

に行くんだ。ノークロスの宝石を処分できる場所があるんだ。さあ、ぐいっとやれ。悩みなんて忘れろ。楽しくやろうぜ。警察の連中にはうんと頭を悩ませてもらおうじゃないか。今夜はサハラ砂漠みてえに喉がかわいてるんだ。親愛なるバーニー君にとっ捕まったが、バーニー君はもう警官じゃない、ときたもんだ。俺、警官とはもう一生縁がないと思うよ」

さて、ここからはもうカーナンのひとり舞台だった。ひっきりなしにボタンを押してウェイターをてんてこ舞いさせながら、とんでもなく見栄っ張りで傲慢で利己的という、性格の弱点を露呈しはじめた。みごとな強奪劇、巧緻極まる計画、大胆不敵な犯罪の数々を次から次へと飽きもせず披露に及ぶものだから、犯罪者には慣れっこになっているウッズでさえ胸糞がわるくなってきた。かつてこんな極悪人の世話になったのかと思うと、唾をはきたくなった。

「俺のことは片付いたつもりだろうが」と、しばらく言葉も出なかったウッズがようやく言った。「とうぶんは大人しくしてるんだぞ。ノークロス事件は新聞に取り上げられるかもしれん。この夏は、町で殺しや強盗がひんぱんにあったからな」

この瞬間カーナンは顔を朱に染めて、悪意にみちた怒りをあらわにした。

「新聞なんてバカヤローだ」カーナンは呻くように言った。「あいつら、どデカい字でぶちあげて、大ぼらを吹き、賄賂をとってばっかじゃねえか。新聞に書かれたからって、どうなる？　警察なんてちょろいもんだが、新聞がやることだって、いい加減なもんだ。事件の現場にうすのろのレポーターをわんさか行かせる。この連中ときたら、付近の酒場にいってビールを飲みながら、バーテンの一番上の娘の、イブニングドレスでめかしこんだ姿の写真をとる。10階に住んでる若造が、事件の夜に下で物音を聞いた気がするなんて証言してるけど、そのフィアンセがこの年増なんだってさ。笑わせるぜ。強盗君を追いつめようったって、連中にできるのはこの程度さ」

「さあ、どうかな」とウッズは考えながら言った。「新聞だって良い仕事をすることもある。例えばモーニングマーズ紙だ。いくつかの線を洗い出して、

警察が見かぎった線で犯人を捕まえたじゃないか」

「いいか」とカーナンは立ち上がり、そっくり返りながら言った。「俺にゃ、新聞なんて目じぇねえよ。証拠を見せてやろうじゃないか。その、モーニングマーズ紙とやらが相手だ」

テーブルから３フィートほどのところに、電話のボックスがあった。カーナンは中に座って、ドアを開けたまま受話器に向った。そして電話帳で番号をみつけると受話器をつかみ、交換手に番号を言った。ウッズは身動きもせず、送話器に口をそえたカーナンが、抜け目のない冷酷な顔を皮肉にゆがめるのを眺めている。そして、さも馬鹿にしたような、うす笑いを浮かべたうすい唇から、大胆不敵な言葉が出てくるのをじっと聞いていた。

「おたく、モーニングマーズ社だね？　……編集長と話したいんだけど……いやあね、ノークロス殺人事件のことで話をしたがってると、伝えてくれないか」

「えっ、あんた編集の人？　……よし、わかった……ノークロスのジジイを殺ったのは俺さ。ちょっと待った。切るんじゃない。イタズラ電話じゃないぞ。……ああそのこと？　うん、その心配はないよ。いまちょうど、俺の友達のポリ公と話していたところさ。殺ったのは真夜中の２時半、明日で２週間になるな。……１杯やらないかって？　よせよ。そんな戯言（たわごと）は、おたくのマンガ家にでもまかせておけ。相手がふざけてるのか、それともおたくの間抜け新聞はじまって以来の大スクープをもちかけているのかくらい、わからねえかな？　……ああ、まあな。たいしたスクープじゃねえよ。だからと言って、俺が名前と住所を告げて電話するわけねえだろ。……なぜだと？　おたく、警察でもお手上げの迷宮入り事件を、ずばっと解いてみせるのが得意だっていうじゃないか。……いや、それだけじゃない。こっちは知的な殺人犯、強盗犯だぜ。捕まえようったって、おたくのクソ新聞なんて目の見えないプードルよりも能無しだってことを教えてやりたくてな。……何だと？　……ちがわあ。こっちは商売敵の新聞社なんかじゃねえぞ。さっきから言ってるまんまだ。この俺サマがノークロスの仕事をやったんだ。宝石はさるホ

テルのスーツケースの中だが、『ホテルの名はいまだ不明』ってやつよ。よくそんなふうに書いてあるじゃないか。だろ？　あんたらの決まり文句だよ。謎の殺人犯が、泣く子も黙る大新聞、正義と行政のこわーいお目付け役に電話してきて、なーんにもできやしないホラ吹き呼ばわりしてるんだぜ。どうだい、まいるよな。……おいおいよしてくれよ。あんたはそんな間抜けじゃない。俺がニセモノだとなんて思っちゃいない。そんなことくらいあんたの声でわかるさ。……いいか、耳をかっぽじってよく聞け。証明になる手がかりをやるぞ。あったりめえのことだけど、あんたんとこの秀才の若造連中は、ない知恵をしぼって、この殺人事件のことをあれこれ検討してるよな？　ノークロスのババアのナイトガウンの2番目のボタンが半分欠けてた。あいつの指からザクロ石の指輪をちょうだいしたとき、見えたんだ。ルビーだと思ったんだが……おい、やめろ。そんなこと無駄だぜ」

　カーナンはウッズに悪魔のようなニヤリ笑いを向けた。

　「釣り上げたぜ。もう、完璧にホンモノだと思っている。受話器をちゃんと塞がないで、誰かに指示してるのが聞こえた。別の電話で交換を呼んで、相手の番号を聞き出せ、だとさ。もう1発かましてから、ずらかろうぜ」

　「もしもし……ああ、まだいるよ。政府の紐付きの、こそ泥みてえなボロ新聞から、俺が逃げるとでも思ってるのか？　……48時間以内に捕まえるだと？　ふざけんじゃねえよ。さあ、大人のやることには手を出さずに、いつもみたいに、離婚訴訟だとか、交通事故だとかを追っかけて、ゲロみたいなスキャンダルを記事にして、おまんまの種にするんだな。バイバイ。おたくにお邪魔してるヒマはないな。おまえらのような阿呆のところに出向いても、捕まりっこないがな。あばよ」

　「カンカンに怒ってる。ネズミに逃げられたネコみたいだぜ」と、受話器をもどして、ブースから出てきたカーナンが言った。「さあ、バーニー君、ショーに行って、適当に夜が更けるまで楽しくやろうぜ。俺は4時間寝れば十分だ。そのあと西へ向かって出発だ」

　2人はブロードウェイのレストランで食事をした。得意満面のカーナンは

物語の王様顔負けで、湯水のように金をつかった。お次は、ごうか絢爛たるミュージカルのコメディだ。ショーが終わると、今度はホテルのグリルに行って、シャンペンを飲みながらおそい夜食を食べた。カーナンは得意の絶頂だ。

　午前3時半、2人は終夜営業のカフェの片隅に座っていた。カーナンは気の抜けたビールのように、まだぐだぐだと自慢話をし続けている。ウッズは、これで自分の法の番人としての経歴もおしまいかと、暗い思いに沈んでいる。

　しかし、考えているうちに、なにか希望のかけらが浮かんだのだろうか、ウッズの目はきらりと輝いた。

　「ひょっとして、ありうるだろうか」と、ウッズは心の中でささやいた。「ひょっとして」と。

　そのときの外は、昼間とはうってかわって、早朝の静寂にうち沈んでいた。ほんの時たま、がらがらと騒音やかましく、馬車や牛乳配達の荷車が通り過ぎてゆくが、それとはべつに、不分明でかすかな人声が、まるでホタルの点滅のように、強くなっては弱くなりながら響いてくる。とはいえ、そんな波のようなざわめきも、近くから聞けばけたたましい叫びだ。この大都市に眠っている何百万の住民のうち、目を覚ました者たちの耳には、様々の意味をもって聞こえるおなじみの声である。音の大きさそのものは取るに足らないが、1人の人間の世界まるごとの悲しみ、笑い、喜び、いらだちがこめられた声音である。夜のつかのまの闇の下に身をひそめている者には、まぶしくて怖ろしい、新たな日の到来を告げる。ぬくぬくと幸福な眠りをむさぼる者には、漆黒の闇よりもなお暗い夜明けを知らせている。多くの富裕な人々には、星が輝いているあいだ所有していたものを一掃するほうきがもたらされる。そして貧しい人々のもとに届けられるのは——相も変わらぬ、同じ1日だ。

　ニューヨークのいたるところで、呼び声があがりはじめていた。朝の冷気を裂くごとく、ろうろうと響く声で、時の歯車が1つ回って開けてくる、諸々のチャンスを喧伝してまわる。カレンダーの日付が改まってもたらされる復讐、儲け、悲哀、報酬、そして死を、いまだ運命に身を委ねて惰眠をむ

さぼっている者たちに割り振る。熱い叫びでありながら物悲しくもある。かくまでの善と悪をなす力が、非力なおのれの声に託されていることを嘆いているのだろうか。こうして、なすすべもなく横たわる市（まち）の通りという通りに、神々の最新の託宣が伝えられる——というのはすなわち、新聞少年たちの売り声のこと。これぞまさしく、今朝のニュースを伝える戦闘ラッパの響きだ。

ウッズはウェイターに10セントコインを投げて、「モーニングマーズをくれ」と言った。

新聞がくると、ちらと1面に目をやる。そうしてメモ帳のページを1枚ちぎり取り、例の小さな金の鉛筆で、何やら書きはじめた。

「何のニュースだ？」カーナンがあくびしながら聞く。

ウッズは相手に向かって、メモを突きつけた。

ニュヨーク・モーニングマーズ殿、
ジョン・カーナンの口座に、1,000ドルの懸賞金を振り込まれたし。
私が捕らえ、身柄を確保しました。
バーナード・ウッズ

「多分、やつらは懸賞を出すだろうと思ったんだ」とウッズは言った。「お前はさんざんコケにしてたけどな。おいお前、いまから私といっしょに警察署にいくんだ」

The Clarion Call

Half of this story can be found in the records of the Police Department; the other half belongs ①behind the business counter of a newspaper office.

One afternoon two weeks after Millionaire Norcross was found in his apartment murdered by a burglar, the murderer, while strolling serenely down Broadway ②ran plump against Detective Barney Woods.

"Is that you, Johnny Kernan?" asked Woods, ❶who had been near-sighted in public for five years.

"③No less," cried Kernan, heartily. "④If it isn't Barney Woods, late and early of old Saint Jo! ❷You'll have to show me! What are you doing East? Do the green-goods circulars get out that far?"

"I've been in New York some years," said Woods. "I'm on the city detective force."

"Well, well!" said Kernan, ⑤breathing smiling joy and patting the detective's arm.

"Come into Muller's," said Woods, "and let's hunt a quiet table. I'd like to talk to you awhile."

It lacked a few minutes to the hour of four. The tides of trade were not yet loosed, and they found a quiet corner of the café. Kernan, well dressed, slightly swaggering, self-confident, seated himself opposite the little detective, ⑥with his pale, sandy mustache, squinting eyes and ready-made cheviot suit.

Grammar Points

ここに気をつけて読もう

① この behind を to に置き換えることはできますか？

② この ran に対応する主語はなんでしょうか？

解釈のポイント ❶ → *p.208*

「人前では近視ということになっていた」とはどういうことでしょうか？

..., who had been near-sighted in public for five years.

③ この No less. を「フルセンテンス」の形にしてください。

④ この文の主節はなんでしょうか？

解釈のポイント ❷ → *p.209*

なぜこのような表現が使われているのでしょうか？

You'll have to show me!

⑤ この breathing は自動詞・他動詞のどちらでしょうか？

⑥ この前置詞句は誰を形容しているのでしょうか？

....
NOTES
....

L.006 serenely ▶ 落ち着いて、平静な様子で

L.006 run plump against ... ▶ …にばったり出会う

L.012 green-goods circulars ▶ インチキチラシ
手紙（チラシ）を用いて「偽札作りで儲けないか」と相手を勧誘し、逆にお金をだましとるという詐欺が、19世紀後半にアメリカで盛んに行われていました。

L.014 *be on the ... force* ▶（警察などの部隊に）属している

L.024 cheviot ▶ 毛織（チェビオット羊毛織）の

"What business are you in now?" asked Woods. "You know you left Saint Jo a year before I did."

"I'm selling shares in a copper mine," said Kernan. "I may establish an office here. Well, well! and so old Barney is a New York detective. ❻You always had a turn that way. You were on the police in Saint Jo after I left there, weren't you?"

"Six months," said Woods. "And now there's one more question, Johnny. ⑦I've followed your record pretty close ever since you did that hotel job in Saratoga, and I never knew you to use your gun before. Why did you kill Norcross?"

⑧Kernan stared for a few moments with concentrated attention at the slice of lemon in his high-ball; and then he looked at the detective ⑨with a sudden, crooked, brilliant smile.

"How did you guess it, Barney?" he asked, admiringly. "I swear I thought the job was as clean and as smooth as a peeled onion. Did I leave a string hanging out anywhere?"

Woods ⑩laid upon the table a small gold pencil intended for a watchcharm.

"⑪It's the one I gave you the last Christmas we were in Saint Jo. I've got your shaving mug yet. I found this under a corner of the rug in Norcross's room. I warn you to be careful what you say. I've got it ⑫put on to you, Johnny. We were old friends once, but I must do my duty. ❼You'll have to go to the chair for Norcross."

Kernan laughed.

"My luck stays with me," said he. "⑬Who'd have thought old

Grammar Points　　　　　　　ここに気をつけて読もう

解釈のポイント ❸ → p.210

具体的にはどのようなことを言っているのでしょうか？

You always had a turn that way.

---

⑦ なぜ現在完了が用いられているのでしょうか？

⑧ 5つある前置詞句（前置詞＋名詞）の役割は、それぞれなんでしょうか？

⑨ この前置詞句は誰を修飾しているでしょうか？

⑩ このlaidの目的語はなんでしょうか？

⑪ 省略されている関係詞を補ってください。

⑫ このputは原形・過去分詞のどちらでしょうか？

解釈のポイント ❹ → p.211

このgo to the chairとは、どのようなことを表しているでしょうか？

You'll have to <u>go to the chair</u> for Norcross.

---

⑬ このWho'dは何の短縮形でしょうか？

NOTES

L.033 hotel job　▶ホテル強盗

L.033 know ... to *do*　▶…が〜することを知っている

L.044 shaving mug　▶髭剃り用のマグ
　　　　髭を剃るときに使う石鹸を泡立てるための容器。

Barney was on my trail!" He slipped one hand inside his coat. In an instant Woods had a revolver ⑩against his side.

"Put it away," said Kernan, wrinkling his nose. "I'm only investigating. Aha! It takes nine tailors to make a man, but one can do a man ⑪up. There's a hole in that vest pocket. I took that pencil off my chain and slipped it in there in case of a scrap. Put up your gun, Barney, ⑯and I'll tell you why I had to shoot Norcross. The old fool started down the hall after me, popping at the buttons on the back of my coat with a peevish little .22 and I had to stop him. The old lady was a darling. She just lay in bed and saw her $12,000 diamond necklace ⑰go without a chirp, while she begged like a panhandler to ⑱have back a little thin gold ring with a garnet worth about $3. I guess she married old Norcross for his money, ⑲all right. ❺Don't they hang on to the little trinkets from the Man Who Lost Out, though? There were six rings, two brooches and a chatelaine watch. Fifteen thousand would cover the lot."

"I warned you not to talk," said Woods.

"Oh, that's all right," said Kernan. "The stuff is in my suit case at the hotel. And now I'll tell you why I'm talking. Because it's safe. I'm talking to a man I know. You owe me a thousand dollars, Barney Woods, and even if you wanted to arrest me your hand wouldn't make the move."

"⑳I haven't forgotten," said Woods. "You counted out twenty fifties without a word. I'll pay it back some day. That thousand saved me and——well, they were piling my furniture

⑭ この against はどのような意味でしょうか？

⑮ この up はどのような意味でしょうか？

⑯ この and はどのような意味でしょうか？

⑰ なぜ原形（go）が用いられているのでしょうか？

⑱ この have の目的語はなんでしょうか？

⑲ この all right はどのような意味でしょうか？

解釈のポイント ❺　→ p.212

この they は何（誰）を指しているでしょうか？

Don't <u>they</u> hang on to the little trinkets from the Man Who Lost Out, though?

⑳ なぜ現在完了が用いられているのでしょうか？

NOTES

L.051 on *one's* trail　▶…を追跡して、…の跡を追って

L.054 It takes nine tailors to make a man.　▶「仕立て屋は9人で一人前」
「仕立て屋は力が弱い」とされていることから生まれたことわざ（＝ Nine tailors make a man.）。

L.056 scrap　▶取っ組み合いのけんか

L.058 pop at ...　▶…を目がけて銃で撃つ

L.059 peevish　▶機嫌が悪い、気難しい、強情な

L.061 chirp　▶甲高い声

L.062 panhandler　▶物乞い

L.066 chatelaine watch　▶留め具のついた時計

out on the sidewalk when I got back to the house."

"And so," continued Kernan, "you ㉑being Barney Woods, born as true as steel, and bound to play a white man's game, can't lift a finger to arrest the man you're indebted to. Oh, I have to study men as well as Yale locks and window fastenings in my business. Now, keep quiet while I ring for the waiter. I've had a thirst for a year or two that worries me a little. ❻If I'm ever caught the lucky sleuth will have to divide honors with old boy Booze. But I never drink during business hours. After a job I can crook elbows with my old friend Barney with a clear conscience. ㉒What are you taking?"

The waiter came with the little decanters and the siphon and left them ㉓alone again.

"You've called the turn," said Woods, as he rolled the little gold pencil ㉔about with a thoughtful fore-finger. "I've got to pass you up. I can't lay a hand on you. If I'd a-paid that money back——but I didn't, and that settles it. It's a bad break I'm making, Johnny, but I can't dodge it. You helped me once, and it calls for the same."

"I knew it," said Kernan, raising his glass, with a flushed smile of self-appreciation. "❼I can judge men. Here's to Barney, for——'he's a jolly good fellow.'"

㉕"I don't believe," went on Woods quietly, as if he were thinking aloud, "that if accounts had been square between you and me, all the money in all the banks in New York could have bought you out of my hands to-night."

Grammar Points　　　　　　　ここに気をつけて読もう

㉑ この being は動名詞・現在分詞のどちらでしょうか？

解釈のポイント ❻　→ *p. 213*

この the lucky slenth は、誰のことを指しているのでしょうか？

If I'm ever caught <u>the lucky sleuth</u> will have to divide honors with old boy Booze.

㉒ この現在進行形は「現在の動作」「近接未来」のどちらを表していますか？
㉓ この alone はどのような意味でしょうか？
㉔ この about の品詞はなんでしょうか？

解釈のポイント ❼　→ *p. 213*

なぜ he's a jolly good fellow にクォーテーションマークがついているのでしょうか？

I can judge men. Here's to Barney, for——<u>'he's a jolly good fellow.'</u>

㉕ なぜ、I believe ... all the money in all the banks in New York <u>couldn't have bought</u> you ... という形になっていないのでしょうか？

....
NOTES
....

L.079 play a white man's game ▶正々堂々と振る舞う
（「黒人のような悪いやつではなく、白人のような『いいやつ』の役割を演じる」のような、差別的な響きの表現）

L.081 Yale locks ▶エール錠　　**L.084** sleuth ▶刑事、探偵

L.090 call the turn ▶場を支配する　　**L.092** pass ... up ▶…を見逃す

L.092 a-paid ▶≒paid（a- は強調の接頭辞）　**L.093** break ▶失敗、失策

L.093 That settles it. ▶「それでは話は決まりだ」「それでこの件は決着がついた」

L.094 dodge ▶（嫌なことを）避ける

"I know it couldn't," said Kernan. "That's why I knew I was safe with you."

"Most people," continued the detective, "look ㉖sideways at my business. They don't class it among the fine arts and the professions. But I've always taken a kind of fool pride in it. And here is where I go 'busted.' I guess I'm a man first and a detective afterward. I've got to let you go, and then I've got to resign from the force. ❽I guess I can drive an express wagon. Your thousand dollars is further off than ever, Johnny."

"Oh, you're welcome to it," said Kernan, with a lordly air. "I'd be willing to call the debt off, but I know you wouldn't have it. It was a lucky day for me when you borrowed it. And now, let's drop the subject. ㉗I'm off to the West on a morning train. I know a place out there where I can negotiate the Norcross sparks. Drink up, Barney, and forget your troubles. We'll have a jolly time while the police are knocking their heads together over the case. I've got one of my Sahara thirsts ㉘on to-night. ❾But I'm in the hands—the unofficial hands—of my old friend Barney, and I won't even dream of a cop."

And then, as Kernan's ready finger kept the button and the waiter ㉙working, his weak point——a tremendous vanity and arrogant egotism, began to show itself. He recounted ㉚story after story of his successful plunderings, ingenious plots and infamous transgressions until Woods, ㉛with all his familiarity with evil-doers, ㉜felt growing within him a cold abhorrence toward the utterly vicious man who had once been his benefactor.

Grammar Points　　　　　　　　ここ に 気 を つ け て 読 も う

㉖ この sideways の品詞はなんでしょうか？

解釈のポイント ❽　→ *p.214*

この文は、具体的にはどういうことを言っているのでしょうか？

I guess I can drive an express wagon.

㉗ なぜ「未来」のことを現在形で表現しているのでしょうか？

㉘ この on の品詞はなんでしょうか？

解釈のポイント ❾　→ *p.215*

the unofficial hands とは、具体的にはどういうことでしょうか？

But I'm in the hands——the unofficial hands——of my old friend
Barney, and I won't even dream of a cop.

㉙ working は文中でどのような役割を果たしていますか？

㉚ なぜ story に冠詞がついていないのでしょうか？

㉛ 2つの with の意味は、それぞれなんでしょうか？

㉜ この felt の目的語はなんでしょうか？

....
NOTES
....

`L.108` **busted** ▶台無しになって、落ちぶれて
「酔っぱらって」「逮捕されて」「停学になって」などの意味もあります。

`L.112` **lordly** ▶堂々とした、威厳のある、横柄な

`L.115` **drop the subject** ▶その話題をやめる　　`L.125` **plundering** ▶略奪行為

`L.126` **transgression** ▶犯罪　　`L.128` **benefactor** ▶後援者、恩人

"㉝I'm disposed of, of course," said Woods, at length. "But I advise you to keep under cover for a spell. The newspapers may take up this Norcross affair. ㉞There has been an epidemic of burglaries and manslaughter in town this summer."

The word sent Kernan into a high glow of sullen and vindictive rage.

"To h——l with the newspapers," he growled. "❿What do they spell but brag and blow and boodle in box-car letters? Suppose they ㉟do take up a case——what does it amount to? The police are easy enough ㊱to fool; but what do the newspapers do? They send a lot of pin-head reporters around to the scene; and they ㊲make for the nearest saloon and have beer while they take photos of the bartender's oldest daughter in evening dress, to print as the fiancée of the young man in the tenth story, who thought he heard a noise ㊳below on the night of the murder. That's about as near as the newspapers ever come ㊴to running down Mr. Burglar."

"Well, I don't know," said Woods, reflecting. "Some of the papers have done good work in that line. There's the *Morning Mars*, for instance. It warmed up two or three trails, and got the man after the police ㊵had let 'em get cold."

"I'll show you," said Kernan, rising, and expanding his chest. "I'll show you what I think of newspapers in general, and your *Morning Mars* in particular."

㊶Three feet from their table was the telephone booth. Kernan went inside and sat at the instrument, leaving the door open. ⓫He found a number in the book, took down the receiver

Grammar Points　　　　　　　　ここに気をつけて読もう

㉝ この文は受動態でしょうか？

㉞ なぜ burglary は複数形（burglaries）なのに、manslaughter は単数形になっているのでしょうか？

解 釈 の ポ イ ン ト ⑩　→ *p. 215*

この文に関する文体的特徴はなんでしょうか？

What do they spell but brag and blow and boodle in box-car letters?

㉟ この do はどのような用法でしょうか？

㊱ この to 不定詞（to fool）の用法はなんでしょうか？

㊲ この make の目的語はなんでしょうか？

㊳ この below の品詞はなんでしょうか？

㊴ この to の品詞はなんでしょうか？

㊵ なぜ過去完了が用いられているのでしょうか？

㊶ この文の主語（主部）はなんでしょうか？

解 釈 の ポ イ ン ト ⑪　→ *p. 216*

なぜ up ではなく down が使われているのでしょうか？

He found a number in the book, took <u>down</u> the receiver ...

・・・
N O T E S
・・・

L.130 for a spell ▶ しばらくの間（≒ for a while）

L.133 sullen ▶ 不機嫌そうな　　**L.134** vindictive ▶ 悪意に満ちた、執念深そうな

L.135 To h—l with ... ▶「…なんて糞くらえだ」（h—l は hell の伏字）

L.139 pin-head ▶ 愚か者、間抜け

and made his demand upon Central. Woods sat still, ⑫looking at the sneering, cold, vigilant face waiting close to the transmitter, and listened to the words that came from the thin, truculent lips curved into a contemptuous smile.

"⑬That the *Morning Mars?* ... I want to speak to the managing editor... ⑭Why, tell him ⑮it's some one who wants to talk to him about the Norcross murder.

"You the editor?"... All right... I am the man who killed old Norcross... Wait! Hold the wire; I'm not the usual crank... Oh, there isn't the slightest danger. I've just been discussing it with a detective friend of mine. ⑯I killed the old man at 2:30 A.M. two weeks ago to-morrow... Have a drink with you? Now, ⑰hadn't you better leave that kind of talk to ⑱your funny man? Can't you tell whether a man's guying you or whether you're being offered the biggest scoop your dull dishrag of a paper ever had?... Well, that's so; it's a bobtail scoop——but you can hardly expect me to 'phone in my name and address... Why? Oh, because I heard you make a specialty of solving mysterious crimes that stump the police... ⑲No, that's not all. I want to tell you that your rotten, lying, penny sheet is ⑳of no more use in tracking an intelligent murderer or highwayman than a blind poodle would be... What?... Oh, no, this isn't a rival newspaper office; you're getting it straight. I did the Norcross job, and I've got the jewels in my suit case at——'the name of the hotel could not be learned'——you recognize that phrase, don't you? I thought so. You've used it often enough. ㉑Kind of rattles you, doesn't it, to

Grammar Points　　　　　　　　　　ここ に 気 を つ け て 読 も う

㊷ 2つの現在分詞句（looking ... と waiting ...）の、それぞれの文中での役割は
なんでしょうか？

㊸ 省略されている語句を補ってください。

㊹ この Why の品詞はなんでしょうか？

㊺ この文は「強調構文」でしょうか？

㊻ なぜ過去形（killed）と to-morrow が共起しているのでしょうか？

㊼ 下線部を平叙文の語順に直してください。

解釈のポイント ⓬　━━▶ *p.216*

your funny man とは、具体的には何を指しているのでしょうか？

... leave that kind of talk to <u>your funny man</u>?

㊽ この of はどのような用法でしょうか？

㊾ この文の主語と動詞は、それぞれどの部分でしょうか？

解釈のポイント ⓭　━━▶ *p.217*

なぜ No, that's not all. と言っているのでしょうか？

No, that's not all.

N O T E S

L.157 truculent　▶残酷な、乱暴な、辛辣な　　**L.163** crank　▶変人

L.168 guy　▶…をからかう　　**L.169** dishrag　▶いくじなし

L.170 bobtail　▶価値のない
元々はポーカーの言葉で、「フラッシュあるいはストレートをつくるのに2枚不足し
ている状態」を指しています。

L.173 stump　▶…を困らせる

L.175 highwayman　▶（馬に乗って、街道の人々を襲う）強盗

have the mysterious villain call up your great, big, all-powerful organ of right and justice and good government and tell you what a helpless old gas-bag you are? ... Cut that out; you're not that big a fool——no, you don't think I'm a fraud. I can tell it by your voice... Now, listen, and I'll give you a pointer ⑰that will prove it to you. Of course ⑱you've had this murder case worked over by your staff of bright young blockheads. Half of the second button on old Mrs. Norcross's nightgown is broken off. I saw it when I took the garnet ring off her finger. ⑲I thought it was a ruby... Stop that! It won't work."

Kernan turned to Woods with a diabolic smile.

"I've got him ⑳going. He believes me now. He didn't quite cover the transmitter with his hand when he told somebody to call up Central on another 'phone and get our number. I'll give him just one more dig, and then we'll make a 'get-away.'"

"Hello! ... Yes. I'm here yet. You didn't think I'd run from such a little subsidized, turncoat rag of a newspaper, did you? ... Have me inside of forty-eight hours? ㉑Say, will you quit being funny? Now, you let grown men alone and attend to your business of hunting up divorce cases and street-car accidents and printing the filth and scandal that you make your living ㉒by. Good-by, old boy——sorry I haven't time to call on you. ❶I'd feel perfectly safe in your sanctum asinorum. Tra-la!"

"He's as mad as a cat that's lost a mouse," said Kernan, ㉓hanging up the receiver and coming out. "And now, Barney, my boy, we'll go to a show and enjoy ourselves until a reasonable

Grammar Points ここに気をつけて読もう

(50) このthatの文法的な役割はなんでしょうか？

(51) ... you've had your staff of bright young blockheads (　　)(　　) this murder case. の空所に適語を入れ、ほぼ同じ意味を表す文を作ってください。

(52) 2つのitはそれぞれ何を指しているでしょうか？

(53) このgoingは動名詞・現在分詞のどちらでしょうか？

(54) このSayの品詞はなんでしょうか？

(55) このbyの目的語はなんでしょうか？

解釈のポイント⑭ → p.218

具体的にはどういうことを言っているのでしょうか？

I'd feel perfectly safe in your sanctum asinorum.

(56) この分詞構文はどのような用法でしょうか？

NOTES

L.181 villain ▶悪党

L.183 gas-bag ▶おしゃべり好きの人、ほら吹き

L.184 fraud ▶詐欺

L.185 pointer ▶ヒント、助言

L.187 blockhead ▶のろま、でくのぼう

L.197 subsidized ▶補助を受けている

L.197 turncoat ▶裏切り者の

L.197 rag ▶ぼろきれ、みすぼらしい人

L.203 sanctum asinorum ▶安全な聖域

bedtime. Four hours' sleep for me, and then ⑰the west-bound."

The two dined in a Broadway restaurant. Kernan was pleased with himself. He spent money like a prince of fiction. And then a weird and gorgeous musical comedy engaged their attention. Afterward there was a late supper in a grillroom, with champagne, and ⑱Kernan at the height of his complacency.

⑲Half-past three in the morning found them in a corner of an all-night café, Kernan still boasting in a vapid and rambling way, Woods thinking moodily over the end that had come to his usefulness as an upholder of the law.

But, ⑳as he pondered, his eye brightened with a speculative light.

"I wonder if it's possible," he said to himself, "I won-der if it's pos-si-ble!"

And then outside the café the comparative stillness of the early morning was punctured by faint, uncertain cries that seemed mere fireflies of sound, ㉑some growing louder, some fainter, waxing and waning amid the rumble of milk wagons and infrequent cars. Shrill cries they were ㉒when near——well-known cries that conveyed many meanings to the ears of those of the slumbering millions of the great city who waked to hear them. Cries that ㉓bore upon their significant, small volume the weight of a world's woe and laughter and delight and stress. To some, cowering beneath the protection of ㉔a night's ephemeral cover, they brought news of the hideous, bright day; to others, wrapped in happy sleep, they announced a morning that would

G r a m m a r　P o i n t s　　　　　　　こ こ に 気 を つ け て 読 も う

㊗ なぜ west-bound に定冠詞がついているのでしょうか？

㊘ 省略されている語句を補ってください。

㊙ この文の主語はなんでしょうか？

㊚ この as はどのような用法でしょうか？

㊛ これらの some は何を指しているでしょうか？

㊜ when と near の間に省略されている語句を補ってください。

㊝ bore の目的語はどの部分でしょうか？

㊞ なぜ不定冠詞が用いられているのでしょうか？

....

N O T E S

....

L.214 vapid ▶ 退屈な、つまらない

L.215 moodily ▶ 憂鬱そうに、不機嫌な様子で

L.217 speculative ▶ 思索にふける

L.222 puncture ▶ …を破裂させる

L.227 slumber ▶ 眠る

L.230 cower ▶（寒さや恐怖で）縮こまる

L.230 ephemeral ▶ つかの間の

L.231 hideous ▶ 恐ろしい

dawn ⑥⑤blacker than sable night. To many of the rich they
brought a besom ⑥⑥to sweep away what had been theirs while the
stars shone; to the poor they brought——another day.

⑥⑦All over the city the cries were starting up, keen and
sonorous, heralding the chances that the slipping of one
cogwheel in the machinery of time had made; apportioning to
the sleepers while they lay at the mercy ⑥⑧of fate, the vengeance,
profit, grief, reward and doom that the new figure in the calendar
had brought them. Shrill and yet plaintive were the cries, as if
the young voices grieved that so much evil and so little good was
in their irresponsible hands. ⑥⑨Thus echoed in the streets of the
helpless city the transmission of the latest decrees of the gods,
the cries of the newsboys——the Clarion Call of the Press.

Woods flipped a dime to the waiter, and said: "Get me ⑦⑩a
Morning Mars."

When the paper came he glanced at its first page, and then
tore a leaf out of his memorandum book and began to write on
it with the little gold pencil.

"What's the news?" ⑦⑦yawned Kernan.

⑮Woods flipped over to him the piece of writing:

The New York Morning Mars:
Please pay to the order of John Kernan the one
thousand dollars reward coming to me for his arrest
and conviction.

Barnard Woods

Grammar Points　ここに気をつけて読もう

(65) このblackerの品詞はなんでしょうか？

(66) このto不定詞句は何用法でしょうか？

(67) この文の主語はどれでしょうか？

(68) 前置詞ofの目的語は「どこまで」でしょうか？

(69) この文の文型はなんでしょうか？

(70) なぜ不定冠詞がついているのでしょうか？

(71) このyawnedは自動詞・他動詞のどちらでしょうか？

解釈のポイント⑮ → p. 218

なぜoverが使われているのでしょうか？

Woods flipped over to him the piece of writing:

NOTES

L.233 sable ▶黒い、暗黒の

L.234 besom ▶竹ぼうき

L.237 sonorous ▶朗々とした

L.237 herald ▶…の到来を告げる

L.238 cogwheel ▶歯車

L.238 apportion to ... ▶…に分配する

L.241 plaintive ▶物悲しい

L.244 decree ▶判決、神意

"I kind of thought they ㉗<u>would</u> do that," said Woods, "when you were jollying them so hard. Now, Johnny, ㉘<u>you'll come</u> to 260 the police station with me."

Grammar Points　　　　　　　　　　　　ここに気をつけて読もう

㉒ この would は仮定法でしょうか？

㉓ この you'll come ... は「来るだろう」「来なさい」のどちらでしょうか？

....

N O T E S

....

L.259　jolly　▶ …を冷やかす、…をからかう

「…をおだてる」「…を喜ばせる」という意味で使われるのが普通ですが、このようにまったく逆の意味にもなることに注意。

「ここに気をつけて読もう」の解説

Commentaries on Grammar Points

→ p.129

① この behind を to に置き換えることはできますか?

... the other half belongs <u>behind</u> the business counter of a newspaper office.

▶ ▶ ▶ **できません。**

解説 belong は belong to ... という形が最もなじみ深いと思いますが、この場合は behind を to に**置き換えることはできない**ので注意しましょう。belong to ... は「**…に所属する**」「**…の所有物である**」という意味ですが、「母集団とその構成員」について用いるほか、「所有権」「主従関係」などについて言及する際に用います。the other half「その話のもう半分」と the business counter of a newspaper office「新聞社のオフィスの受付」の間には、そのような関係は成り立たないので、to は使えません。単なる「**場所**」なので、behind が用いられているわけですね。

例 The politician says he doesn't <u>belong to</u> any faction because he's against factionalism.
（その政治家は、派閥主義に反対しているので、どの派閥にも属していないと言っています）

例 Melons <u>belong to</u> the same family as cucumbers.
（メロンはキュウリと同じ科の植物です）
⋯▶ この family は「家族」ではなく、動植物の分類区分の「科」のことです。

belongは「関係性」だけでなく、「…がある［いる］べきところにある」という意味も表します。

例 Beat it. You don't <u>belong</u> in this place.
（失せろ。おまえはここでは場違いだ）

例 I'm feeling like I don't <u>belong</u> here.
（どうにも居心地が悪いんです）

なお、belong in ... という表現には少し注意が必要です。「…（というカテゴリー）に属する」という意味を表す場合もありますが、多くの場合、「…に入って然るべきだ」「…に置かれるべきだ」のようなニュアンスで使われるからです。

例 Your guitar <u>belongs in</u> a museum.
（君のギターは博物館所蔵レベルだよ）
　…▶ 貴重なギターなので「<u>本来なら</u>博物館に展示するぐらいのものだ」ということです。

例 Shopping malls don't <u>belong in</u> the middle of a residential area.
（ショッピングモールは、住宅地の真ん中にはつくるべきではありません）
　…▶ これは、「一般論」として語っているニュアンスです。<u>もうできあがっている</u>ショッピングモールに関して、「ショッピングモールは住宅地の真ん中にはふさわしくないよ」と述べる際に使われる場合もあります。

→ p.129

② この ran に対応する主語はなんでしょうか？？

One afternoon two weeks after Millionaire Norcross was found in his apartment murdered by a burglar, the murderer, while strolling serenely down Broadway <u>ran</u> plump against Detective Barney Woods.

▶ ▶ ▶ the murderer です。

解説 One afternoon two weeks after Millionaire Norcross was found in his apartment murdered by a burglar は「億万長者のノークロスが強盗に殺害されたのが見つかってから、2週間がたった、ある午後のこと」という**副詞要素**です。そして、the murderer ran plump against Detective Barney Woods がこの文の「本体」で、while strolling serenely down Broadway が挿入されています。

そこで the murderer ran plump against Detective Barney Woods を見てみると、**the murderer** が主語で、動詞が ran という第1文型（SV）になっています。plump は「まともに」「不意に」といった意味の副詞です。そして、against Detective Barney Woods という前置詞句があり、run against ...「…に出くわす」（≒ bump into ...）という意味の句動詞になっているわけですね。

... murdered by a burglar, the murderer, while strolling serenely down Broadway ... という部分に注目してみましょう。「…強盗に殺されていた。その殺人犯はブロードウェイを悠々と歩いているときに…」ということですが、a burglar と the murderer は、どちらも「**ジョニー・カーナン**」を指しています。

burglar には**不定冠詞**、**murderer** には**定冠詞**がついていますが、「ある強盗によって殺害された。その殺人犯は…」ということから、the murderer になっているわけですね。

→ p.129

③ この No less. を「フルセンテンス」の形にしてください。

"<u>No less,</u>" cried Kernan, heartily.

▶ ▶ ▶ It is no less than I[me]. です。

解 説 話の流れからすると、この No less. という返事は「はい」「そうだ」「そのとおり」のような**肯定の表現**であることが予想できますね。

まず、no less という表現について押さえておきましょう。例えば This is <u>no less</u> than a miracle. は「信じがたいような素晴らしい偶然が起きた場合」などに用いられます。「これは、奇跡（miracle）にまったく劣らない」ということは、「奇跡と<u>同じ</u>」なわけですから、「これは<u>まさに</u>奇跡だ」あるいは「奇跡<u>そのものだ</u>」と訳すことができます。

この文は、Is that you, Jonny Kernan? という質問に対する返事なのですから、who that is「ジョニー・カーナンが誰であるか → ジョニー・カーナンという人物」と主語を仮定すると、「ジョニー・カーナンという人物は、私にまったく劣らない（less）」、つまり Who that is(,) is no less than I[me]. という「フルセンテンス」ができます。who that is は前の文を受けているのですから、it に置き換えると、**It is no less than I[me].** となります。この文は**「ジョニー・カーナンという人物は、まさに私だ」**という意味を表しています。大変回りくどいですが、要するに「それは私のことです」ということですね。

このように、no less という表現は「2つのものが同じである」ことを示すために用いられるわけです。「同じで間違いない」→「<u>本物である</u>」ということから、**「まさに」「確かに」「他でもない」**といった「強調」の表現としても使われます。例えば *Longman Dictionary of Contemporary English* には、Our awards were presented by the mayor, <u>no less</u>.（私たちに賞を手渡してくれたのは、<u>なんと</u>市長さんでした）という例文が載っています。

→ p.129

④ この文の主節はなんでしょうか？

If it isn't Barney Woods, late and early of old Saint Jo!

▶ ▶ ▶ **主節はありません（明示されていません）**。

解説 これは**主節がない**文で、従属節（if節）のみで完結しています。無理やり主節を補えば、以下のような形になるでしょう。

If it isn't Barney Woods, late and early of old Saint Jo, <u>who else could it be</u>!

late and early of old Saint Jo については、本章の「翻訳のポイント③」で説明されていますが、「昔からセント・ジョセフに住んでいる…」のような意味です。全体としては、「もし、昔からセント・ジョセフに住んでいるバーニー・ウッズでなかったら、他の誰だって言うんだ！」と直訳できます。要するに、**「そういう君は、<u>あのバーニー・ウッズじゃないか！</u>」**のように切り返しているわけです。

この If it isn't Barney Woods, ... のような「従属節のみ」の文は、特に会話では比較的よく使われています。

例 "Do you think George will get promoted to vice editor-in-chief?" "<u>When hell freezes over.</u>"

（ジョージは副編集長に昇進すると思う？／ありっこないね）

…▶「地獄の炎が凍りつくなんてことはない」ということから、「絶対に無理だ」という強い否定を表します。主節も含めて表現すれば、He will get promoted to vice editor-in-chief when hell freezes over. となります。

例 "How about another piece of cake?" "Oh, if you insist."
（ケーキをもう1ついかが？／では、お言葉に甘えて）

⋯▶ If you insist.は「本当は嫌だけど、そこまで言うならしかたない」という場合と、「せっかくなので、ご厚意に甘えます」という場合の両方に使えます。

カジュアルな会話では、すべての文を〈主節＋従属節〉という「重い」形で表現していると、ぎこちない感じになってしまいます。会話のキャッチボールを**テンポよく**進めるために、母語話者はこのような「従属節のみ」のパターンの返答を時折混ぜているのです。

→ *p.129*

⑤ このbreathingは自動詞・他動詞のどちらでしょうか？

"Well, well!" said Kernan, <u>breathing</u> smiling joy and patting the detective's arm.

▶ ▶ ▶ 他動詞です。

解説 この部分の文法的な構造はかなりわかりにくいと思います。breathing smiling joy and patting the detective's armは現在分詞句です。それと等位接続詞のandによって結ばれたpatting the detective's armは「ウッズの腕をぽんぽんとたたきながら」という〈他動詞＋目的語〉になっているので、これとパラレルな構造と考えると、breatheは**「他動詞」**で、smiling joyがその「目的語」ということになります。

breatheは「息を吸い込む」の他に、**「吐き出す」**という意味もあります。つまり、breathing smiling joyは「smiling joyを吐き出しながら」ということなのですが、いまひとつイメージがつかめないと思います。そこで、ある英語母語話者にこの文をわかりやすくパラフレーズしてもらったところ、This is definitely not a common grammar pattern.（絶対によくある文法のパターン

ではありません）としながらも、以下の文を提示してくれました。

... said Kernan, <u>smiling with joy, as if exuding that joy with his breath</u> ...

これを訳せば「その喜びを息とともにあふれ出させるかのように、うれしそうに笑いながら」となりますね。要するに、「喜びを全面に出した状態で」「喜びを『息』、つまり『声』に表した状態で」といったことを伝えていると考えられます。

→ p.129

⑥ この前置詞句は「誰」を形容しているのでしょうか？

Kernan, well dressed, slightly swaggering, self-confident, seated himself opposite the little detective, <u>with his pale, sandy mustache, squinting eyes and ready-made cheviot suit.</u>

▶ ▶ ▶ **the little detective、つまり「ウッズ」です。**

解説 well dressed, slightly swaggering, self-confident「身だしなみがよく、すこし偉そうで、自信たっぷりな」はカーナンの様子を描写しているのに対し、with his pale, sandy mustache, squinting eyes and ready-made cheviot suit「黄色っぽい髭に細い目で、吊るしの背広を着た」のほうはthe little detective、つまり「**ウッズ**」についての説明になっています。

羽振りのよいカーナンに対し、「吊るしの背広」のウッズは、**小柄でしょぼくれた男**として描かれていますね。「**カーナン＝強者**」「**ウッズ＝弱者**」という構造が提示されていると言ってもいいでしょう。このような関係は、最後にはどうなるのでしょうか？

→ p.131

⑦ なぜ現在完了が用いられているのでしょうか？

<u>I've followed</u> your record pretty close ever since you did that hotel job in Saratoga, ...

▶ ▶ ▶ 「これまでずっと追い続けてきた」というニュアンスを表しているからです。

解説 この現在完了は「ずっと…し続けてきた」という意味の継続用法と考えられます。つまり、「サラトガの1件以来、ずっと追い続けてきた。そして、<u>今でももちろんそうだ</u>」ということを現在完了によって伝えているわけです。

なお、I've followed your record pretty close ... のcloseは「入念に」という意味の**副詞**です（≒ closely）。prettyは「かなり」という意味で、こちらも副詞です。

→ p.131

⑧ 5つある前置詞句（前置詞＋名詞）の役割はそれぞれなんでしょうか？

Kernan stared <u>for a few moments with concentrated attention at the slice of lemon in his high-ball</u> ...

▶ ▶ ▶ **for a few moments** は「時間」、**with concentrated attention** は「様態」、そして **at the slice of lemon in his high-ball** は stare at ... という句動詞の一部に組み込まれています。さらに **in his high-ball** は直前の **the slice of lemon** を後置修飾しています。

解説 前置詞句が3つ並んでいますので、それぞれの役割をきちんと把握しておきましょう。まず、for a few momentsは「少しの間」という**「時間」**を表しています。with concentrated attentionは「集中した様子で」という**「様態」**を表し、at the slice of lemon in his high-ballは、stare at ... という**句動詞の一部**になっています。in his high-ballは**the slice of lemon を修飾**

していますね。

　これらの前置詞句は比較的**順番に関する自由度が高い**と言えます。Kernan stared at the slice of lemon in his high-ball for a few moments with concentrated attention ...と言うこともできますし、Kernan stared with concentrated attention at the slice of lemon in his high-ball for a few moments ...のように言えないこともありません。ただし、in his high-ballという前置詞句は好きなところに置くことはできません。必ずthe slice of lemonの直後に置く必要があります。

　しかし、書き手はKernan stared for a few moments with concentrated attention at the slice of lemon in his high-ball ...という形式を選んでいるので、この書き方がベストだと思っていたわけです。「それはほんの数瞬のことだったが、思いつめたような表情を浮かべ、視線はハイボールのレモンに向けられていた」のように描写することで、**「短い時間だった」ことを強調している**と考えられます。そして、「何を見たのか」を最後に示しているのは、この後にand then he looked at the detective「それからウッズに目を向けた」と続くので、「レモンからウッズに視線を移した」ことをわかりやすく描きたかったからなのでしょう。

→ p.131

⑨ この前置詞句は誰を修飾しているでしょうか?

... he looked at the detective with a sudden, crooked, brilliant smile.

▶ ▶ ▶「カーナン」を修飾しています。

解説

　⑥の with his pale, sandy mustache, squinting eyes and ready-made cheviot suitとは異なり、この前置詞句はthe detectiveではなく、heつまり「カーナン」に関する修飾語句になっています。

　このように、**前置詞句が「直前の名詞」を修飾しないこともよくあるので**、

158

文脈から修飾関係を適切に見極めるようにしてください。

→ p.131

⑩ この laid の目的語はなんでしょうか？

Woods <u>laid</u> upon the table a small gold pencil intended for a watchcharm.

▶ ▶ ▶ **a small gold pencil intended for a watchcharm** です。

解 説　lay ... upon[on] ～で「…を～の上に置く」という意味になります。しかし、ここでは場所を表す upon the table が前に出てきており、その後に目的語である **a small gold pencil intended for a watchcharm** が置かれています。Woods laid a small gold pencil intended for a watchcharm upon the table. という「正規」の語順では「どこに置いたのか」がわかりくいために、目的語を後置したと考えられます。

あるいは「新情報」であり、物語の「キーアイテム」でもある**「金の鉛筆」にスポットライトを当てる**ために、この語順が選択された可能性もあります。

→ p.131

⑪ 省略されている関係詞を補ってください。

It's the one I gave you the last Christmas we were in Saint Jo.

▶ ▶ ▶ **It's the one <u>that[which]</u> I gave you the last Christmas <u>when</u> we were in Saint Jo.** のように補えます。

解 説　関係詞の省略を考える際には、**「名詞句が連続しているところ」**に注目することが1つのポイントになります。

まず、It's the <u>one I</u> gave you ... のところが気になりますね。one と I が連続しているので、ここに that あるいは which を補えます。... I gave <u>you the last</u> <u>Christmas</u> ... も一見すると「名詞句の連続」ですが、この the last Christmas

は「去年のクリスマスに」という意味の**副詞句**なので、ここには何も入りません。最後に、... <u>the last Christmas we</u> were in Saint Jo. で、the last Christmas とwe が連続していますから、ここに関係詞を入れます。the last Christmas という「時」が先行詞ですから、ここに入るのは関係副詞のwhenですね。

→ p.131

⑫ このputは原形・過去分詞のどちらでしょうか？

I've got it <u>put</u> on to you, Johnny.

▶ ▶ ▶ **過去分詞です。**

解説 it は「ノークロスの強盗殺人事件」のことを指しています。〈get ＋ O ＋ C〉で「OをCにする」という意味ですので、ここは「it を<u>put on to you</u> にする」ということになります。このputは過去分詞で、「強盗殺人事件を、put on to you された状態にする」となっています。

get it put on to youは、<u>It is put on to you.</u> という**受動態の文**が元になっています。能動態にして考えると、I put it on to you. ということになりますね。このput ... on to 〜は、「…を〜に帰する、押しつける」という意味の句動詞です。ちなみに、似た形の表現にthrow ... on to 〜があり、こちらはHe <u>threw</u> the blame <u>on to</u> her.（彼は彼女に責任をなすりつけた）のように用います。

つまり、「私はあなたにその事件を押しつけてきた」→「**お前が犯人だと目星をつけている**」という意味を表しているわけですね。

→ p.131

⑬ このWho'd は何の短縮形でしょうか？

<u>Who'd</u> have thought old Barney was on my trail!

▶ ▶ ▶ **Who would の短縮形です。**

who'dは、who would あるいは who had の短縮形です（もっとカジュアルな文体では、who did の短縮形として使われることもあります）。

📝 She didn't know <u>who'd</u> sent her the letter.
（彼女は誰が彼女に手紙を送ったのか知りませんでした）

⋯▶ who'd の後が過去分詞であることからもわかるように、この who'd は who had の短縮形です。

📝 Please pass these fliers to anyone <u>who'd</u> be interested.
（興味を持ってくれそうな人に、このチラシを配ってください）

⋯▶ この who'd は who would を省略したものです。

Who'd have thought old Barney was on my trail! の Who'd は、直後が原形になっていますので、**Who would の短縮形**です。この Who'd have thought …? は「一体、誰が…なことを考えたでしょうか？」という意味で、「意外なことに対する驚き」を表す表現です。

──▶ p.133

⑭ この against はどのような意味でしょうか？

In an instant Woods had a revolver <u>against</u> his side.

▶ ▶ ▶ 「…に接触して」という意味です。

 この文の前に、He slipped one hand inside his coat.（カーナンは、片手をコートの中に入れた）という描写があります。これを見て、「カーナンが銃を取り出そうとしている」と考えたウッズが「銃をカーナンの脇腹に当てた」という場面です。

<u>He</u> slipped one hand inside <u>his</u> coat. In an instant Woods had a revolver <u>against</u> his side.

　He slipped one hand inside his coat.ではheおよびhisは「カーナン」のことを指しています。これに対して、In an instant Woods had a revolver against his side.では、主語が「ウッズ」ですが、**his sideのhisは「カーナン」を指していると考える**のが妥当です。

　一見すると、his sideのhisを「ウッズ」と捉えて、「<u>自分の脇</u>に銃を構えた」という意味に捉えることもできそうですが、それは少し無理があります。まず、この段落では「he＝カーナン」という指示関係が一貫しています。そして、againstには「…**に接触して**」という意味があり、銃について用いられる場合は、通常は「**撃つために…に押しつけて**」という状態を指すからです。

　例 I put a gun <u>against</u> his head and pulled the trigger.
　　（彼の頭に銃を突きつけて、引き金を引きました）

　このように、put a gun against ...は「撃つために銃を押しつける」、つまりは「**銃口を…に押しつける**」という意味になります。同様に、He put a knife <u>against</u> my throat and threated to kill me.も「彼は<u>ナイフの刃先</u>を喉に突きつけて、殺すぞと脅した」であり、「<u>ナイフの柄</u>を突きあてた」という意味にはなりません。

→ p.133

⑮ このupはどのような意味でしょうか？

... one can do a man <u>up</u>.

▶ ▶ ▶「終わりで」という意味です。

upにはたくさんの意味があります。例えば、What time did you get up?（何時に起きたんですか？）のupは「目覚めている」という意味ですし、What's up?（調子はどう？）のupは「起こっている」という意味です。Batter up!（バッターは打席について！）のupは「打席に立って」という意味を表しています。

do ... upのupには**「完全な状態で」**という基本イメージがあります。

例 It usually takes her an hour to <u>do up</u> her hair before going out.

（彼女が外出前に髪を整えるのに、たいてい1時間かかります）

⋯▶「髪を<u>完全な状態にする</u>」 → 「髪を整える」「髪を結う」ということですね。

例 <u>Do up</u> the buttons on your coat.

（コートのボタンをちゃんと留めなさいね）

⋯▶「ボタンを<u>完全な状態にする</u>」 → 「ボタンを留める」。

このupの「完全な状態で」というイメージは、「完璧である」というプラスイメージだけでなく、**「すべてが終わってしまっている」「終わりで」**というマイナスイメージでも使われます。

例 Having worked all through the night on this project, I was completely <u>done up</u>.

（このプロジェクトに徹夜で取り組んだので、私はヘトヘトでした）

⋯▶これは主にイギリス英語で使われる表現で、「<u>完全に</u>疲れ果てた」というイメージです。

do a man upのdo ... upも「1人の男を『終わった状態に』する」というイ

メージで、「…を打ちのめる」「…をやっつける」という意味になります。

→ p.133

⑯ この and はどのような意味でしょうか?

Put up your gun, Barney, <u>and</u> I'll tell you why I had to shoot Norcross.

▶ ▶ ▶ 「そうすれば」という意味です。

解説 and の前が**命令文**になっていることに注目しましょう。〈命令文, and ...〉というパターンは、「**〜しなさい。そうすれば**…」という意味を表します。

　put up ...は「…を片づける」という意味です(ちなみに、put up a sword は「刀を鞘に収める」という意味です)。そのため、全体としては「銃をしまうんだ。<u>そうすれば</u>、なぜノークロスを撃たなければならなかったか話してやるから」となります。

→ p.133

⑰ なぜ原形(go)が用いられているのでしょうか?

She just lay in bed and saw her $12,000 diamond necklace <u>go</u> without a chirp, ...

▶ ▶ ▶ 知覚動詞構文になっているからです。

解説 ... saw her $12,000 diamond necklace go without a chirp, ... という部分は〈**知覚動詞＋目的語＋動詞の原形**〉というパターンになっています。みなさんもご存知のとおり、知覚動詞の代表的なパターンには、この〈知覚動詞＋目的語＋動詞の原形〉と、もう1つ、〈知覚動詞＋目的語＋現在分詞〉があります。

A I saw him <u>cross</u> the bridge.

B I saw him <u>crossing</u> the bridge.

Aの〈知覚動詞＋目的語＋動詞の原形〉は「彼が橋を<u>渡る</u>のを見た」、そしてBの〈知覚動詞＋目的語＋現在分詞〉は「彼が橋を<u>渡っている</u>のを見た」と訳せます。Aは「渡りきるまでの<u>一部始終</u>を見た」、そしてBは「渡っている<u>途中を見た</u>」という意味になります。

本文の ... saw her $12,000 diamond necklace go without a chirp, ... は「12,000ドルのダイヤのネックレスが<u>盗られる</u>のを黙って見ていた」という意味です。goを使うことによって、「盗られそうになっているのを見ていた」のではなく、「泥棒がネックレスを手にとって、ポケット（あるいはカバンなど）に収めるまでの、一部始終を見た」という意味を表しているわけですね。

なお、このような「一部始終vs.途中」という区別が、**すべての動詞で可能なわけではない**ことに注意しておきましょう。この区別が成立するのは、crossのような「始まりと終わりがはっきりとしている動作」の場合に限られます。また、例えばkickは始まりと終わりがはっきりしていますが、「一部始終 vs. 途中」ではない区別が生じます。

C I saw him <u>kick</u> the turtle.

D I saw him <u>kicking</u> the turtle.

Cは「彼が亀を1回蹴るのを見た」、Dは「彼が亀を<u>何回も</u>蹴っているのを見た」という意味です。「蹴る」という動作は一瞬で終わるので、通常、I saw him kicking the turtle.は「まさに蹴ろうとしているところを見た」という意味にはならず、「何回も蹴っているのを見た」という**「繰り返しの動作」**を表すことになります。

また、「始まりと終わりがはっきりしていない動作」の場合は、原形と現在分詞の区別は曖昧になります。

E I heard it <u>rain</u>.

F I heard it <u>raining</u>.

E と **F** はどちらも、単に「雨音が聞こえた」という意味であり、ほとんどの場合はそれほど厳密に区別しないと思われます。ただし、以下のように文脈を補えば、区別する場合も考えられそうです。

G I heard it <u>rain</u> at least once during the night, but the ground is dry now.

H I heard it <u>raining</u>, so I thought I would take an umbrella with me.

それぞれ、**G** は「夜中に1回は雨の音がしたのに、地面は今、乾いています」、**H** は「雨音がしていたので、傘を持って出かけようと思いました」という意味を表しています。

→ p.133

⑱ この have の目的語はなんでしょうか？

... while she begged like a panhandler to <u>have</u> back a little thin gold ring with a garnet worth about $3.

▶ ▶ ▶ **a little thin gold ring with a garnet worth about $3 です。**

解説　〈have ＋ 目的語 ＋ back〉は「…を取り返す」という意味の句動詞です。back は目的格補語なので、第5文型（SVOC）になります。

例 Can I <u>have</u> my dictionary <u>back</u>?
（辞書を返してもらえる？）

166

例 I need to <u>have</u> my 200 dollars <u>back</u> today.
（貸した200ドルを、今日返してもらいたいんだけど）

... have back a little thin gold ring with a garnet worth about $3. の目的語 は **a little thin gold ring with a garnet worth about $3**「せいぜい3ドルほ どの、ザクロ石がはまった金の指輪」です。<u>have</u> a little thin gold ring with a garnet worth about $3 <u>back</u> とすると、目的語が「どこまでか」がわかりにく いので、場所を入れ替えているわけです。このように目的語を **「挟まない」** 語 順も許容されますが、目的語が代名詞の場合はCan I <u>have</u> it <u>back</u>?（それ、返 してもらえる？）のように、基本的には「挟んで」用いられます

→ p.133

⑲ この all right はどのような意味でしょうか？

I guess she married old Norcross for his money, <u>all right</u>.

▶ ▶ ▶ 「間違いなく」という意味です。

解説 Are you <u>all right</u>?（大丈夫ですか？）のall rightは「結構で」「問題な い」「間違いない」という意味ですね。また、何かを頼まれたときにAll right.と答えれば、「いいよ」「わかりました」などの意味になります。しかし、 このall rightは、どちらの用法とも少し異なります。

　文末に置かれたall rightは、多くの場合 **「間違いなく」**（≒ without doubt）や **「確かに」**（≒ certainly）という意味の副詞で、文の意味を強調するために用いら れます。ややカジュアルな表現で、以下のような形で用いられます。

例 "Are you sure it was Patrick that ate my last chocolate bar?"
"Yeah, it was him <u>all right</u>."
（僕の最後のチョコバーを食べちゃったのは、ほんとにパトリックなんだね？／ うん、<u>間違いなく</u>あいつだよ）

例 This computer is infected with a virus <u>all right</u>.
（このパソコンは、確かにウイルスに感染しているね）

…▶「強調」のall rightを知らないと、「ウイルスに感染しているけど、大丈夫です」「ウイルスに感染している。それでよかった」などの意味に強引に解釈したくなるかもしれませんね。

I guess she married old Norcross for his money, all right. のall rightも **「間違いなく」** という意味で、「あの女は金目あてでノークロスの爺さんと結婚したんだ。<u>間違いない</u>」のように、自分の考えの正しさを強調しています。

I haven't forgotten, ...

▶ ▶ ▶「ずっと忘れていなかった」「一度も忘れたことはない」と伝えているからです。

解説 ウッズはカーナンに対して1,000ドルもの借りがあり、その恩義を強く感じています。その気持ちを伝えるために、現在完了の継続用法を使って、「ずっと忘れていなかった」「一度も忘れたことはない」と伝えています。

→ p. 135

㉑ このbeingは動名詞・現在分詞のどちらでしょうか？

... you <u>being</u> Barney Woods, born as true as steel, and bound to play a white man's game, can't lift a finger to arrest the man you're indebted to.

▶ ▶ ▶ 現在分詞です。

解説 少し構造がわかりにくいので、まずは主語と動詞の特定から始めてみましょう。can't liftがこの文の動詞であることはすぐに見当はつきますが、主語はどうでしょうか？

born as true as steel, and bound to play a white man's gameは「生まれつき鋼鉄のようにこちこちで、白人らしく正々堂々と勝負するのだから」という過去分詞句と考えると、問題はyou being Barney Woodsという部分に限られます。このbeingは**現在分詞**で、being Barney Woodsという現在分詞句がyouを修飾していると考えられます。

分詞要素を取り払うと、以下のようになります。

you can't lift a finger to arrest the man you're indebted to.

「お前は恩人を逮捕しようとしても、指1本動かせないのだ」ということですが、分詞要素は「理由」として捉えると非常にすっきりします。試しに**because節**に書き換えてみると、こんな感じになります。

<u>Because you are Barney woods, who were born as true as steel, and bound to play a white man's game</u>, you can't lift a finger to arrest the man you're indebted to.

つまり、「お前はバーニー・ウッズという男であり、生まれつき鋼鉄のようにこちこちで、白人らしく正々堂々と勝負する男なのだから、恩人を逮捕しようとしても、指1本動かせないのだ」という意味になっているわけですね。

なお、このcan't lift a fingerは「何ひとつしない」という意味の慣用句で、liftの代わりにmove / stir / raiseなどの動詞も使うことができます。

→ p. 135

㉒ この現在進行形は「現在の動作」「近接未来」のどちらを表していますか?

What <u>are</u> you <u>taking</u>?

▶ ▶ ▶「**近接未来**」です。

解説　これはウェイターを呼んだ直後の発言であり、そもそも**2人はまだ飲み始めていない**ので、「何を飲んでいるんだ?」ではおかしいですよね。そのため、この現在進行形は「現在の動作」ではなく「近接未来」であり、この文は**「何を飲む?」**という意味を表しています。

→ p. 135

㉓ この alone はどのような意味でしょうか?

The waiter came with the little decanters and the siphon and left them <u>alone</u> again.

▶ ▶ ▶「**2人だけで**」という意味です。

解説　alone は「1人(だけ)で」という意味がよく知られていますが、「2人以上のグループを alone にする」という場合には、「2人だけで」や「その人たちだけで」などのように、適切な訳を考える必要があります。

　この場面では、「ウェイターが去って、再びカーナンとウッズだけになった」わけですから、この alone は**「(カーナンとウッズの)2人だけで」**という意味になります。

例 The kids were left <u>alone</u> at home.
（家には子どもたちだけになった）

例 Leave us <u>alone</u>.
（私たちに構わないで）

…▶「私たちを私たちだけの状態にしてくれ」→「ほうっておいてくれ」
ということです。

例 We are all <u>alone</u>.
（私たちはみんなひとりぼっちです）

…▶ これは「私たちだけでいる」ではなく、「ひとりひとりが孤独である」
という意味を表しています。

例 You are not <u>alone</u>.
（あなたは1人ではありません）

…▶「あなたと<u>同じ考え</u>を持っている人は他にもいます」という意味でも
使われます。

→ p.135

㉔ この about の品詞はなんでしょうか？

... as he rolled the little gold pencil <u>about</u> with a thoughtful fore-finger.

▶ ▶ ▶ 副詞です。

解説 この about は around とほぼ同じ意味で、「周囲に」「動き回って」という意味の副詞です。roll ... about で「…をぐるぐる回す」という意味になります（前置詞ではなく副詞なので、<u>roll about the little gold pencil</u> / <u>roll the little gold pencil about</u> のどちらの語順も可能です）。

㉕ なぜ、I believe ... all the money in all the banks in New York <u>couldn't have bought</u> you ...という形になっていないのでしょうか?

"<u>I don't believe,</u>" went on Woods quietly, as if he were thinking aloud, "that if accounts had been square between you and me, all the money in all the banks in New York <u>could have bought</u> you out of my hands to-night."

▶ ▶ ▶「否定繰り上げ」という言語現象のためです。

解説 英語には「**否定繰り上げ**」(negative-raising) という現象があります。thinkやbelieveなどのthat節(従属節)を目的語にとる動詞を用いる際に、従属節が否定文の場合は、ほぼ義務的に**notを主節に移動する**という文法的現象です。

これではわかりにくいと思いますので、例文を使って説明します。

A I think he isn't angry with you.
（彼はあなたに腹を立てていないと思います）

B I do<u>n't</u> think he is angry with you.
（彼があなたに腹を立てているとは思いません）

英語では、**A**よりも**B**のほうが自然な言い方だとされています。日本語の感覚では「彼はあなたに腹を立てていないと思います」のほうが普通の言い方ですが、英語では主節の位置にnotを置くことがほとんどです。「he isn't angry with youということを『思っている』」のですから、わざわざ「…とは思いません」という言い方にするのは少し不自然に感じられますね。しかし、「**否定文なのか、それとも肯定文なのか**」を**なるべく早く示したい**という発想から、否定語を「前に」持ってくることを好むのです。<u>Nobody</u> likes John.（誰もジョンのことを<u>好きじゃない</u>）や<u>Nothing</u> is going right in my life.（私の人生は何

ひとつうまくいってません）のような「否定を含む主語」のパターンが存在するのも、英語の「否定か肯定かをまずは示したい」という傾向に合致していますね。

　本文から引用した箇所は、この「否定繰り上げ」によって、I don't believe ... all the money in all the banks in New York could have bought you out of my hands to-night. となっており、素直に読むと「ニューヨーク中の銀行のお金があったら、そのお金で今夜お前を見逃せただろうとは思わ<u>ない</u>」となってしまいます。これではなんのことかさっぱりわかりません。notを繰り上げる前の位置に戻すと、I believe ... all the money in all the banks in New York could<u>n't</u> have bought you out of my hands to-night. となり、「ニューヨーク中の銀行のお金があったら、そのお金で今夜おまえを見逃すことは<u>なかっただろ</u>うと思う」となります。あとはall the money in all the banks in New Yorkが「たとえ…があっても」という「譲歩」の意味であることがわかれば、「<u>たとえ</u>ニューヨーク中の銀行のお金を積まれたとしても、今夜おまえを見逃すことはなかっただろうに」という正しい意味にたどりつけますね。I don't think ... やI don't believeという英語の「普通」の形は、日本語の感覚とは異なるので、正しく理解する際の妨げになることがあります。そんなときには、否定語を従属節の中に**「戻して」**考えるとすっきり理解できたりします。

　なお、本来であれば、「まだ見逃していない」のですから、... all the money in all the banks in New York <u>could have bought</u> ... ではなく、... all the money in all the banks in New York could buy ... でもいいように思われます。わざわざcould have bought「できただろうに」という完了形になっているのは、「もう既に見逃してしまったようなものだ」という**あきらめの気持ち**が表れているからです。

→ p.137

㉖ このsidewaysの品詞はなんでしょうか？

"Most people," continued the detective, "look <u>sideways</u> at my business. ..."

▶ ▶ ▶ 副詞です。

解説　look at my business「私の仕事を見ている」という意味です。そして sidewaysは**副詞**で、「どのように見ているのか」を示すために用いられています。

sidewaysは「横向きに」「横から」という意味ですが、「目と目を合わせずに、横目でちらりと見る」ということから、**「軽蔑するような目で」**という意味もあります。ここでも、「大抵の人々は、俺の仕事をばかにしたような目で見る」、つまり「毛嫌いしている」といったニュアンスを表しています。

→ p.137

㉗ なぜ「未来」のことを現在形で表現しているのでしょうか？

I'm off to the West on a morning train.

▶ ▶ ▶ 「確定した未来」を表しているからです。

解説　現在形が「未来」を表すことがあります。その場合、willの「…だろう」のようなニュアンスは入らず、**「確定した未来（予定）」**を表します。

ここでは、「朝の列車で西に発つ」ということが、カーナンの中では「確定事項」になっています。そのような気持ちがあるので、willや*be* going to *do*ではなく、現在形を使っているわけです。

174

→ *p.137*

㉘ このonの品詞はなんでしょうか？

I've got one of my Sahara thirsts <u>on</u> to-night.

▶ ▶ ▶ **副詞です。**

解説
I've got one of my Sahara thirsts <u>on</u> ... という **「目的語を挟んだ語順」** になっていますので、このonは前置詞ではなく、**副詞**ということになります。have (got) ... onは「…をonの状態にしている」という意味です。

例 It was already spring, but it was still cold. So, she had a coat <u>on</u>.
（もう春なのにまだ寒かったので、彼女はコートを着ていました）

…▶ このonは「身につけた状態で」という意味です。

例 She has her TV <u>on</u> while eating supper.
（彼女は夕食を食べるときに、テレビを点けたままにします）

…▶ これは「スイッチが入った状態で」ということですね。

この have (got) one of my Sahara thirsts on のonも **「身につけた状態で」** という意味に解釈すれば、「サハラ砂漠並みのかわきを身につけている」 → 「サハラ砂漠並みに喉がかわいている」となります。

しかし、この文は、もう1つの解釈が可能です。最後のonを省いて、I've got one of my Sahara thirsts to-night.だけでも「今夜、私はサハラ砂漠並みの喉のかわきを持っている」 → 「今夜は、サハラ砂漠並みに喉がかわいている」となり、意味が成立するように思いませんか？ そう考えると、このonは**単なる強調の副詞**と捉えることもできそうです。

例 "Could I ask you to go over the galley copies?" "No, not right now. I have a lot on."

（ゲラ刷りのチェックをお願いしてもいいですか？／いいえ、今は無理です。やることがたくさんあるので…）

⋯▶ have a lotだけでも「やることをたくさん抱えている」（≒ have a lot to do）という意味になりますが、強調のためのonが入っています。

She has an apron on.（彼女はエプロンを身につけています）のように「具体物」を対象にした場合、onを省いたShe has an apron.は「エプロンを<u>持っています</u>」という意味になってしまいます。ですから、have an apron onのonを「強調」と捉えることはできませんね。

ちなみに、なぜI've got <u>a Sahara thirst</u> on to-night.という言い方になっていないのでしょうか？ これは、「サハラ砂漠並みに喉がかわく日が<u>たまにあって</u>、今夜はそういう日の1つなのだ」というニュアンスを込めているからです。例えばIt's just one of those days.という表現は「今日は何をやってもうまくいきません」という意味ですが、このone of those daysも「何をやってもだめな日ってあるけど、今日も<u>そういう日の1つ</u>（one of those days）なんです」ということを表しています。

➜ p. 137

㉙ workingは文中でどのような役割を果たしていますか？

And then, as Kernan's ready finger kept the button and the waiter <u>working</u>, ...

▶ ▶ ▶ 現在分詞で、keptの目的格補語になっています。

解説 〈keep＋目的語＋目的格補語〉で「…を〜という状態にする」という意味になります。そして、workingは**現在分詞で目的格補語**の役割を果たしています。

readyは「素早い」という意味ですから、Kernan's ready finger kept the button and the waiter working, ... は「カーナンの素早い指は、ボタンとウェイターを働きっぱなしにさせた」→「カーナンはひっきりなしにボタンを押して、ウェイターをてんてこ舞いさせた」ということを表しています。

なお、このkept the button and the waiter workingという表現は、kept the button workingとkept the waiter workingを「まとめて」示したもので、「**くびき語法**」の一種になっています（→ Chapter 3「ここに気をつけて読もう」⑩）。

→ p.137

⑳ なぜstoryに冠詞がついていないのでしょうか？

He recounted <u>story after story</u> of his successful plunderings, ingenious plots and infamous transgressions until Woods, ...

▶ ▶ ▶ **2つの名詞で構成される「対句」になっているからです。**

解説 このstory after storyを始め、〈名詞＋前置詞＋名詞〉や〈名詞＋接続詞＋名詞〉など、**2つの名詞で構成される「対句」**の一部は、無冠詞の名詞が用いられます。

例 One of the saddest things is that the only thing a man can do for eight hours a day, <u>day after day</u>, is work. You can't eat eight hours a day nor drink for eight hours a day nor make love for eight hours——all you can do for eight hours is work.

（悲しいことだが、1日に8時間、来る日も来る日もできることといえば、仕事しかありません。1日に8時間食べたり、1日に8時間飲んだり、1日に8時間セックスすることなんてできません。8時間もできることは、仕事しかないのです）

…▶ アメリカの作家ウィリアム・フォークナーの言葉です。

例 We need to discuss the problem <u>face to face</u>.
（その問題については、直接会って話し合う必要があります）

例 Obstacles and opportunities <u>go hand in hand</u>. The difference lies in the way we perceive them.
（障害とチャンスは表裏一体の関係にあります。私たち自身が、それをどのように受け止めるかの違いです）

⋯▶ インドの作家プレム・ジャギャシの言葉。hand in handはwalk hand in hand「手をつないで歩く」という文字通りの意味の他、このgo hand in hand「密接な関係がある」のような比喩的な使い方もあります。

例 He gazed at the stranger <u>from top to bottom</u>.
（彼はそのよそ者をなめまわすように見つめました）

→ p. 137

㉛ 2つのwithの意味は、それぞれなんでしょうか？

... <u>with</u> all his familiarity <u>with</u> evil-doers ...

▶ ▶ ▶ 1つ目の with は（with all で）「…にもかかわらず」、2つ目の with は「…について（よく知っていること）」という意味です。

解説　with all ...は「…にもかかわらず」「…がありながら」という意味で、with all faults「欠点がたくさんある<u>にもかかわらず</u>」のように用いられます。また、familiarityは「よく知っていること」という意味で、直後のwithは「…について（よく知っていること）」という意味を表しています。

familiarityという抽象名詞を用いた名詞構文になっていますが、これを**節に書き換える**と以下のようになります。

... although he was really familiar with evil-doers ...

Ch.2 The Clarion Call

「ウッズは犯罪者についてよく知っていたのにもかかわらず」→「ウッズは犯罪者には慣れっこになっていたのに」という意味ですね。

㉜ この felt の目的語はなんでしょうか？

... <u>felt</u> growing within him a cold abhorrence toward the utterly vicious man who had once been his benefactor.

▶▶▶ **a cold abhorrence toward the utterly vicious man who had once been his benefactor** です。

解説 feelは知覚動詞であり、〈feel ＋ 目的語 ＋ 現在分詞〉で「…が〜するのを感じる」という意味を表します。ここでは、feltの直後はgrowingになっており、その後はwithin him「彼の中に」で、**cold abhorrence toward the utterly vicious man who had once been his benefactor** がfeltの目的語です。つまり、目的語が後ろに回されているわけですね。

㉝ この文は受動態でしょうか？

I'm disposed of, of course ...

▶▶▶ **受動態**です。

解説 dispose of ... は「…を処分する」「…に決着をつける」という意味の句動詞です。この文は**受動態**で、これを能動態に書き換えるとYou dispose of me.となります。ここでは、「俺はお前によって処分されている」→「お前は俺のことを片付けた」ということが述べられています。

→ p.139

㉞ なぜburglaryは複数形（burglaries）なのに、manslaughterは単数形になっているのでしょうか？

There has been an epidemic of <u>burglaries</u> and <u>manslaughter</u> in town this summer.

▶ ▶ ▶ **manslaughter が不可算名詞だからです。**

解 説 burglaryは可算名詞ですが、manslaughterは**不可算名詞**であるため、複数形にはなりません。burglaryは「1つ1つの強盗事件」を指すイメージなので、複数形にすることが可能です。一方、manslaughterは「殺人」という「行為」「罪状」を指す抽象名詞なので、通常は単数形で用います。

　なお、manslaughterはslaughter「屠殺」から派生した言葉ですが、slaughterには「大量殺人」「虐殺」という意味になる可算名詞用法があります（例：the slaughter<u>s</u> in Rwanda「ルワンダにおける大量虐殺」）。

→ p.139

㉟ このdoはどのような用法でしょうか？

Suppose they <u>do</u> take up a case——what does it amount to?

▶ ▶ ▶ **「強調」の用法です。**

解 説 このdoは助動詞で、**後の動詞を強調する**働きをします。「本当に」「実際に」のようなニュアンスがあります。ここでは、「もし、事件が<u>実際に</u>取り上げられても、それでどうなるって言うんだ？」のような意味を表しています。

　なお、a caseとなっていますので、「ノークロス殺人事件」ではなく、**「ある事件」**という意味であることに気をつけておきましょう。カーナンは、「ある事件が新聞で取り上げられても、たいしたことにはならない」という「一般論」を述べているのです。

→ p.139

㊱ この to 不定詞（to fool）の用法はなんでしょうか？

The police are easy enough <u>to fool</u>; ...

▶ ▶ ▶ **副詞的用法と考えられます。**

解説 本章の「ワンポイント文法講義」で述べられているように、to 不定詞の用法の分類にはあまり意味はありません。しかし、この to 不定詞がどのような役割を果たしているかを理解しておくことは大変重要です。

この The police are easy enough to fool ... という文は be 動詞が使われていますので、The police が主語、are が動詞、そして easy enough to fool が補語と考えられます。つまり、第3文型（SVC）の文ということですね。easy enough to fool は「十分にだましやすい」という意味です。そして、easy という**形容詞を修飾している**のですから、**副詞的用法**と考えるのが妥当ですね。

しかし、この文は以下のように書き換えることができます。

It is easy enough to fool the police.

こちらは、「警察をだますことは十分に簡単だ」という意味です。文頭の it は、文末の to fool the police を指しています。To fool the police is easy enough. と書き換えられることからもわかるように、この to fool the police は名詞的用法です。

ちなみに、この The police are easy enough to fool. のようなタイプの文を**「tough 構文」**と呼びます。それは、tough がこのタイプの文法構造を取れる形容詞の代表だからです。

A It is <u>tough</u> to solve this problem.（＝To solve this problem is tough）

（この問題を解くことは困難です）

B This problem is <u>tough</u> to solve.

（この問題は解くのが困難です）

　Aと**B**は基本的には別物であると考えるのが適切です。**A**は「問題を解くという行為そのもの」についての文であるのに対し、**B**は「この問題」の特徴・性格を説明しているからです。しかしながら、**B**のパターンの基底に**A**の形があることは間違いありません。This problem is tough to solve. のような文を見たら、「**意味的には solve の目的語である this problem が、主語として使われている**」ということを瞬時に見抜けるようになっておく必要があります。

→ p.139

㊲ この make の目的語はなんでしょうか？

... and they <u>make</u> for the nearest saloon and have beer while ...

▶ ▶ ▶ **ありません。**

解説　makeは「…をつくる」という他動詞ですが、自動詞用法もあることを知っておきましょう。このmakeは**「急いで進む」**という意味の自動詞で、make for ... で「…に急いで進む」という意味を表します。したがって、**この make の目的語はありません。**the nearest saloonはmake forという句動詞（あるいは前置詞for）の目的語です。

→ p.139

㊳ この below の品詞はなんでしょうか？

..., who thought he heard a noise <u>below</u> on the night of the murder.

▶ ▶ ▶ **副詞です。**

belowには前置詞用法と副詞用法があります。前置詞の場合は「…の下の」「…の下に」という意味になりますが、後ろに前置詞の目的語が入ります。

　ここではbelowの後に名詞はありませんので、**副詞用法**ということになります。ここでは「下で」という意味を表しています。なお、a noiseは「騒音」というよりも、「物音」のように理解しておきましょう。

→ *p.139*

㊴ この to の品詞はなんでしょうか？

That's about as near as the newspapers ever come <u>to</u> running down Mr. Burglar.

▶ ▶ ▶ **前置詞です。**

〈come＋to不定詞〉「…するようになる」という表現はありますが、ここで使われているtoは「to不定詞のto」ではなく**前置詞**です。

　この文の主語のthatは「新聞社がレポーターを送って、酒場のバーテンダーの娘の写真を撮って、10階に住んでいる若者のフィアンセに仕立て上げて、その若者から『物音が聞こえた』という証言を取る」という内容を指しています。

　That's about as near as the newspapers ever come ...は、「それは、新聞が近づけるのと同じくらいだ」ということを表しています。そして「**何に近づけるのか**」をto running down Mr. Burglarによって示しています。つまり、**the newspapers <u>come near to</u> running down Mr. Burglar**（新聞が強盗を追いつめることに近づく）という文が元になっています。

　running down Mr. Burglar「強盗を追いつめる」という行動の「程度・度合い」、つまりrun-down-a-bility「追いつめる能力」とでも呼ぶべきもののレベルはさまざまです。ですから、この文は「新聞には大した『追いつめる能力』がなく、せいぜい若い男に取材するくらいしかできないが、それは『強盗を追いつめている』とはとても言えないレベルだ」と述べているわけですね。つま

りは「強盗を追いつめるにあたって、新聞にできるのは、せいぜい、そのような『やらせ取材』ぐらいなものだ」という意味なのです。

　このようにto以下に、様々の程度が想定される概念が置かれ、「100％その表現にふさわしい程度に達することができない」ということを言い表す場合に、That's as close [near] as ... get [go / come /reach] to ...や、That's the nearest ... get to ... などのパターンが用いられるのだと思われます。「とうてい及ばないこと」をばかにしたり、からかったりするときに用いることが多い表現です。

→ p.139

㊵ なぜ過去完了が用いられているのでしょうか？

... and got the man after the police <u>had let</u> 'em get cold.

▶▶▶ 警察が「既に見限っていた」ことを表しているからです。

解説　let 'emの'em（＝them）は、この前にあるtwo or three trailsを指しています。trailは「痕跡」「（犯罪捜査上の）線」ということです。

　got the man「犯人を捕まえた」が過去形であるのに対し、after節では過去完了になっているのは、「時制のずれ」を生じさせることによって、警察が**「既に見かぎっていた」**ことを示すためです。つまり、モーニングマーズ紙は「警察が既に見かぎっていた『線』を、<u>もう一度洗い直した</u>」わけですね。

→ p.139

㊶ この文の主語（主部）はなんでしょうか？

Three feet from their table was the telephone booth.

▶▶▶ the telephone booth です。

解説　これはいわゆる「場所句倒置構文」と言われているもので、場所を表す副詞句が動詞の前に、そして主語が動詞の後に置かれています。Three feet from their tableは「彼らのテーブルから3フィート離れたところ

に」という意味の副詞句ですから、これは主語ではありません。wasの後にある **the telephone booth** が文の主語です。

　Three feet from their tableを文頭に配置することによって、「視点の動き」を出し、読者の注目を引く効果を出していると言ってもいいでしょう。

→ p.141

㊷ 2つの現在分詞句（looking ... と waiting ...）の、それぞれの文中での役割はなんでしょうか？

Woods sat still, <u>looking at the sneering, cold, vigilant face</u> <u>waiting close to the transmitter</u>, and listened to the words that came from the thin, truculent lips curved into a contemptuous smile.

▶ ▶ ▶ **looking ...** は「ウッズの様子」を、**waiting ...** は「カーナンの顔」を形容しています。

解説　現在分詞が複数用いられていますので、それぞれの役割をきちんと把握しておきましょう。まず、looking at the sneering, cold, vigilant face「抜け目のない冷酷な顔を皮肉にゆがめるのを眺めながら」はWoods sat stillを修飾する副詞句の役割、つまり **「ウッズの様子」**（ウッズがどのように座っていたか）を示しています。ちなみに、sneeringも現在分詞ですが、これはfaceを修飾しています。

　そして、waiting close to the transmitterはthe sneering, cold, vigilant face、つまり **「カーナンの顔」** についての説明になっています。close to ... は「…の近くで」ということなので、**「（電話の本体についている）送話器の近くに顔を寄せて」** という意味になります。

→ p.141

㊸ 省略されている語句を補ってください。

That the *Morning Mars?*

▶ ▶ ▶ **Is that the Morning Mars?**

解説 この文はbe動詞が省略されていて、元の形は **Is that the Morning Mars?** です。下にある You the editor? も同じく、<u>Are</u> you the editor? を省略したものです。

　カジュアルな会話では、このような省略がよく起こりますが、**なんでも自由に省略できるわけではない**ことに気をつけてください。be動詞の省略は、ほとんどの場合、疑問文に限られます。例えば、You okay?（←<u>Are</u> you okay?）や How you doin'?（←How <u>are</u> you doing?）といった省略はよく耳にします。しかし、I okay. や I doing fine. のような言い方は、まず用いられません。You okay? に関しては「上昇調」で発音することで疑問文であることは間違いなく伝わりますし、How you doin'? は文頭に疑問詞があるので、これも疑問文であることは明らかです。しかし、I okay. のような平叙文では、そのような **「手がかり」** が皆無なので、**こちらの意図するところが相手にうまく伝わらない**のです。

　言語を使用する際には「省エネ」のための様々な仕組みが活用されています。この「疑問文におけるbe動詞の省略」もその1つです。しかし、省略にも **一定のルール（文法）** があり、そこから逸脱してしまうと相手に話が伝わらなくなってしまいます。結局言い直したりする手間が生じてしまっては、まったく「省エネ」になりませんよね。なお、口語では、この「疑問文のbe動詞」以外にも **主語の省略** が起こることがあります。

例 "Get it?" "Got it."

　（わかった？／わかったよ）

　　…▶ Get it? は Did[Do] you get it?、Got it. は I got it. の省略です。このように、たった2単語の文でもコミュニケーションがとれてしまいます。

→ p.141

㊹ このwhyの品詞はなんでしょうか？

Why, tell him ...

▶ ▶ ▶ 間投詞（interjection）です。

解説 このwhyは「なぜ？」という意味ではありません。I don't know why she didn't come.（なぜ彼女が来なかったのか、私にはわかりません）のような疑問副詞や、Tell me the reason why you did that.（なぜそんなことをしたのか、その理由を教えてください）のような関係副詞の場合を除き、平叙文にwhyが出てきたら、それは**「間投詞」**だと考えていいでしょう。

間投詞のwhyは**「おや」「あら」「もちろん」**などと訳されますが、驚き・戸惑い・承認といった様々な感情を表します。

→ p.141

㊺ この文は「強調構文」でしょうか？

... it's some one who wants to talk to him about the Norcross murder.

▶ ▶ ▶ 違います。

解説 仮に強調構文だとすると、「ノークロス殺人事件について編集者に話したい人は誰かだ」となります。しかし、「誰か」という「不特定の人」を強調するのはおかしいですね。そのため、これは**強調構文**ではないと判断できます。

電話などでは、This is John.（ジョンです）やIt's me.（私です）のように名乗ったりしますが、ここでも**「自分が何者か」**を名乗っていると考えられます。つまり、主語のitは**「電話をかけている人」**を指す代名詞で、全体としては「ノークロス殺人事件について話したい人物が電話をかけている」という内容を表しています。

→ p.141

㊻ なぜ過去形（killed）と to-morrow が共起しているのでしょうか？

I <u>killed</u> the old man at 2:30 A.M. two weeks ago <u>to-morrow</u> ...

▶ ▶ ▶ **明日で 2 週間後になるからです。**

　　　at 2:30 A.M. two weeks ago to-morrow は「明日の午前2時半にな
解説　れば、2 週間経ったことになる」という意味を表しています。つまり、
「明日で2週間後になる」ということなので、過去形の動詞と to-morrow が一
緒に使われています。こういう表現は日本語に訳すときに工夫が必要です。

　㋑ <u>Twenty years ago today</u>, Mr. Pepper taught the band to play.
　　（20 年前の今日、ペッパー氏はそのバンドに演奏のしかたを教えました）

　　　…▶「20 年前の今日」という日本語に違和感を持つ人も多いかもしれませ
　　　んので、「今日でちょうど 20 年になるが…」のように訳してもいいで
　　　しょう。

　㋑ His father died <u>five years ago yesterday</u>.
　　（彼の父が亡くなってから、昨日でちょうど 5 年でした）

→ p.141

㊼ 下線部を平叙文の語順に直してください。

Now, <u>hadn't you better leave</u> that kind of talk to your funny

man?

▶ ▶ ▶ **... you had better not leave ...** が平叙文の語順です。

　　　you had better ... を否定文にすると、you had better not ... となりま
解説　す。そのため、hadn't you better leave ... を平叙文にすると **you had**
better not leave ... になります。

hadn't you better leave ... という形なのですから、そのままyou hadn't better leave ... にしたくなってしまいますが、hadn't better（つまりhad not better）という言い方はほとんど用いられることがありません。

なお、you had betterを疑問文にすると、文法的にはHad you better ...? となりますが、「あなたは…するべきですか？」という奇妙な意味になってしまうため、ほとんど使われていません。Had you better not ...? やHadn't you better ...? であれば、「あなたは…するべきではありませんか？」という**忠告**になるため、この否定疑問文の形はよく使われています（この場合はhadn'tという短縮形も使われます）。

→ p.141

㊽ この of はどのような用法でしょうか？

I want to tell you that your rotten, lying, penny sheet is <u>of</u> no more use ...

▶ ▶ ▶ 「…の性質を持つ」という意味を表しています。

解説 このofは「…の性質を持つ」というニュアンスで、特に〈of＋抽象名詞〉の形で、その抽象名詞の形容詞形と同じような意味を表すことができます。〈of＋use〉なのでusefulの意味になり、さらにno（more）がついているので、このof no more useは「まったく役に立たない」という意味になります。

例 This is a matter <u>of great importance</u>.
（これは大変重要な事柄です）

…▶ of importanceは形容詞のimportantとほぼ同じ意味です。

例 That painting is <u>of little value</u>.
（あの絵にはほとんど価値はありません）

⋯▶ of value は valuable と同じ意味ですが、little「ほとんど…ない」がつい
ているので、この文は That painting is valueless. とほぼ同じ意味です。

→ p.141

⒀ この文の主語と動詞は、それぞれどの部分でしょうか？

Kind of rattles you, doesn't it, to have the mysterious villain
call up your great, big, all-powerful organ of right and justice
and good government and tell you what a helpless old gas-
bag you are?

▶ ▶ ▶ **主語は it、動詞は rattles です。**

解説 rattle は名詞で「（赤ちゃんのおもちゃの）ガラガラ」という意味があ
りますが、この Kind of rattles は「ガラガラみたいなもの」ではあり
ません。実は、この **rattles が動詞**で「…をいら立たせる」という意味を表して
います。その前にある kind of は「少し」という意味の副詞です。それでは主
語はなんでしょうか？ doesn't it という部分がヒントになります。実は、この
文は以下の形から**文頭の it が省略された**ものです。

It kind of rattles you, doesn't it, to have the mysterious villain
call up your great, big, all-powerful organ of right and justice
and good government and tell you what a helpless old gas-bag
you are?

つまり、**この文の主語は it** なのです。そして to have ... から最後までが 1 つ
の to 不定詞句で、文頭の it は仮主語として、to have ... の部分を受けています。

→ p.143

⑤ この that の文法的な役割はなんでしょうか？

Now, listen, and I'll give you a pointer <u>that</u> will prove it to you.

▶ ▶ ▶ 関係代名詞です。

解説 Now, listen, and ... は「なあ、話を聞けよ。そうすれば…」ということですね。そして、I'll give you a pointer は「ヒントをやるよ」ということ。その後に ... that will prove it to you. が続いています。この that は**関係代名詞**で、a pointer <u>that</u> will prove it to you は「そのことを証明してくれる手がかり」という意味になります。

→ p.143

⑤ ... you've had your staff of bright young blockheads (　　)(　　) this murder case. の空所に適語を入れ、ほぼ同じ意味を表す文を作ってください。

... you've had this murder case worked over by your staff of bright young blockheads.

▶ ▶ ▶ **... you've had your staff of bright young blockheads (work) (over) this murder case. に書き換えられます。**

解説 .. you've had this murder case worked over by your staff of bright young blockheads. という文は、〈have ＋目的語＋過去分詞〉で「…を～してもらう」という意味になっています。This murder case <u>was</u> worked over by your staff of bright young blockheads. という受動態の文が基にありますので、これを能動態に変えると、Your staff of bright young blockheads work over this murder case. になります。

　〈have ＋目的語＋過去分詞〉の代わりに、「…に～させる」という意味の〈have ＋目的語＋原形〉を使って言い表してみましょう。Your staff of bright young blockheads work over this murder case. という能動態の文を活かして「あなたが…に〜させる」という文を組み立てると、**You have your staff of bright young blockheads <u>work over</u> this murder case.** という文ができ上がります。

　元の文の … had this murder case worked over … という部分に「受動態」の意味が入っていることを見抜いた上で、それを能動態にうまく転換できるかがポイントです。

→ p. 143

㊼ 2つの it はそれぞれ何を指しているでしょうか？

I thought <u>it</u> was a ruby... Stop that! <u>It</u> won't work.

▶ ▶ ▶ 最初の it は「指輪」を、そして 2 つ目の it は「逆探知を試みること」を指しています

解説　少し前の部分から考えてみましょう。以下に、この前の部分を引用します。

Half of the second button on old Mrs. Norcross's nightgown is broken off. I saw it when I took the garnet ring off her finger. I thought <u>it</u> was a ruby... Stop that! <u>It</u> won't work.

　まず、I saw it when I took the garnet ring off her finger. の it は、すぐ前に出てきた「欠けていたボタン」を指しています。そして、… when I took the garnet ring off her finger. のところで「指輪」の話に変わっていますので、… I thought it was a ruby. の it は**「指輪」**を指していると考えるのが自然ですね。

　そして、Stop that! It won't work. の it は、もう少し後を読まないとわかりません。He didn't quite cover the transmitter with his hand when he told somebody to call up Central on another 'phone and get our number. という

部分から、新聞社の人が「別の電話で交換を読んで、相手の番号を聞き出せ」と指示したことがわかりますので、It won't workのitは**「逆探知をすること」**を指しています。

itの指す内容は、このように**目まぐるしく変化する**こともめずらしくありません。しっかり文脈を追って、意味を取り違えないように注意しましょう。

→ p.143

㊾ このgoingは動名詞・現在分詞のどちらでしょうか？

I've got him <u>going</u>.

▶ ▶ ▶ **現在分詞です。**

解説 このgoingは**現在分詞**です。〈get＋人＋現在分詞〉で「…を〜している状態にする」という意味を表します。そして、〈get＋人＋going〉は様々な意味で使われますが、ここでは「興味を持った状態にさせている」→「相手を食いつかせている」といった意味になっています。

〈get＋人＋going〉のその他の例に関しては、Chapter 3の「ここに気をつけて読もう㊾」の解説にまとめてありますので、そちらもご覧ください。

→ p.143

㊿ このSayの品詞はなんでしょうか？

<u>Say</u>, will you quit being funny?

▶ ▶ ▶ **間投詞（interjection）です。**

解説 sayには**動詞以外の用法**もあることを知っておきましょう。まず、以下の例で使われているのは名詞のsayです。

例 Does anyone have a <u>say</u> on this matter?
（この問題について、何か言いたいことのある人はいますか？）

…▶ この say は「言いたいこと」という意味の名詞です。

例 Mr. Johnson has a big <u>say</u> in policy and political matters.
（ジョンソン氏は政策や政務に関して大きな発言権を持っています）
…▶ こちらの say は「発言権」という意味です。

そして、Say, will you quit being funny? の say は「言ってくれよ」という意味ではなく、「なあ」「おい」といった意味の**間投詞**です。なお、この間投詞の say は「ところで」「そう言えば」といった感じで会話を切り出す際にもよく使われます。

→ p. 143

⑤ この by の目的語はなんでしょうか？

Now, you let grown men alone and attend to your business of hunting up divorce cases and street-car accidents and printing the filth and scandal that you make your living <u>by</u>.

▶ ▶ ▶ your business of hunting up divorce cases and street-car accidents and printing the filth and scandal です。

解説 Now, you let grown men alone ... は命令文で、「大人に関わるな」「大人のやることには手を出すな」という感じで相手を子ども扱いして「煽って」います。そして、attend to your business of ... は「…という仕事に精を出しなさい」という意味ですね。of 以下は **business と同格関係**にあります。

そして、hunting up divorce cases and street-car accidents「離婚訴訟や路面電車の事故などを追いかけること」という動名詞句で、これは of の目的語、つまり business と同格なので「**…という仕事**」という意味になります。そして、もう1つ、printing the filth and scandal「汚職やスキャンダルを記事にするこ

と」という動名詞句がandで並立されています。したがって、your business of hunting ... and printing ...は「離婚訴訟や路面電車の事故を追いかけたり、汚職やスキャンダルを記事にするという仕事」という意味になります。

　そして、文の最後にはthat you make your living byという**関係代名詞節**が置かれています。「…によって稼いでいる」ということですが、byの目的語、つまりこの関係詞節の先行詞はなんでしょうか？直前のthe filth and scandalと考えることもできますが、「離婚訴訟・路面電車の事故・汚職・スキャンダル」は、すべて彼らにとっては記事のネタ、つまりは「おまんまの種」です。ですから、先行詞は**your business of hunting up divorce cases and street-car accidents and printing the filth and scandal**（もしくはyour businessのみ）と考えるのが適切でしょう。

→ p.143

㊏ この分詞構文はどのような用法でしょうか？

"He's as mad as a cat that's lost a mouse," said Kernan, hanging up the receiver and coming out.

▶▶▶ 付帯状況で、「連続した動作」を表しています。

解説　付帯状況の分詞構文は、**同時性**を表す場合と、**連続した動作**を表す場合があります。同時性の場合は「…しながら」、連続した動作の場合は「…して、そして〜した」のように解釈します。

　「受話器をもどして電話を切る」という動作は、通常**「瞬間的」**に行われます。ですから、「電話を切りながら」と考えるのは少々厳しいと思われます。ここは、**「電話を切って、ブースから出てきながら、カーナンは『カンカンに怒っている』と言った」**あるいは**「電話を切って出てきたカーナンは『カンカンに怒っている』と言った」**のように、連続した一連の動作として捉えるのが自然です。

→ p. 145

(57) なぜwest-boundに定冠詞がついているのでしょうか？

Four hours' sleep for me, and then the west-bound.

▶▶▶**「列車あるいはバスに乗って西に向かう」からです。**

解説

west-boundは「西に向かって」という意味の副詞ですから、単に**「俺は4時間寝て、それから西行きだ」**のようなことを言うのであれば、わざわざtheをつける必要はないはずです。

これについて英語母語話者に確認したところ、この**the west-bound**は**the west-bound train**あるいは**the west-bound bus**を指しているとのことでした。つまり、このwest-boundは「西に向か って」という副詞ではなく、**「西行きの」という意味の形容詞**なのです。言い換えると、**「列車あるいはバスに乗って西に向かう」**ということがtheによって示唆されているわけですね。

アメリカの長距離バスの代名詞、グレイハウンドの設立は1913年ですから、この時代には長距離バスはまだなかったようです。ですから、これは「列車」のことを指していると言っていいでしょう（少し前にI'm off to the West on a morning train.とも言っています）。

→ p. 145

(58) 省略されている語句を補ってください。

... Kernan at the height of his complacency.

▶▶▶**... there was Kernan at the height of his complacency. のように補えます。**

解説

Kernan at the height of his complacencyには動詞が含まれていません。ですから、これは「動詞の省略」か「分詞」のどちらかであると見当をつけられます。もう少し前から引用してみましょう。

Afterward there was a late supper in a grillroom, with champagne, and Kernan at the height of his complacency.

Afterward there was a late supper in a grillroom, with champagne ... と Kernan at the height of his complacency が、等位接続詞の and によって結ばれています。等位接続詞は**対等の関係にあるもの**同士を並べるために用います。Afterward there was a late supper in a grillroom, with champagne ... が「完全な文」なのですから、Kernan at the height of his complacency も「文」で、**前の文との共通要素が省略されている**と考えるのが適切です。

このように考えると、元の形は Afterward there was a late supper in a grillroom, with champagne, and <u>there was</u> Kernan at the height of his complacency. であり、共通要素である **there was が省略されている**ことがわかりますね。

→ p.145

㊹ この文の主語はなんでしょうか？

Half-past three in the morning found them in a corner of an all-night café, ...

▶ ▶ ▶ **Half-past three in the morning** です。

解説 この文の主語は **Half-past three in the morning** で、いわゆる「**無生物主語**」の構文になっています。find「…を見つける」や see「…を見る」などの動詞において、以下の例文のように「時」が文の主語になるパターンが用いられることがあります。

例 Every night <u>found</u> Pat drinking whiskey all alone in a bar.
（毎晩、パットは、バーでひとりきりでウイスキーを飲んでいました）

···▶ Every night が主語ですが、「毎夜は…を見つけました」という日本

語には無理があるので、Every night Pat was drinking whiskey all alone in a bar. という文と同じような意味で考えるのがいいでしょう。

例 The final two decades of the twentieth century <u>saw</u> great changes in the music industry in Japan.
（20世紀の終わりの20年間には、日本の音楽業界に大きな変化が見られました）

…▶ この文も The final two decades of the twentieth century という「無生物」が主語です。

→ p. 145

⑥ この as はどのような用法でしょうか？

But, <u>as</u> he pondered, his eye brightened with a speculative light.

▶ ▶ ▶ 接続詞で、「時」を表す用法です。

解説　as の後ろが文になっているので、この as は**接続詞**です。接続詞の as には「理由」「様態」「比較」などの用法がありますが、ここでは「…**するとき**」という「時」を表す用法が使われています。「考えていた<u>ところ</u>、何かを思いついたかのように、目が輝いた」といった意味になります。

なお、as には「…するにつれて、ますます〜」のような「比例」を表す用法もあります。しかし、ここでは比較級などが使われていませんので、「考えているうちに、<u>だんだん目が輝いてきた</u>」のような「比例」のニュアンスを入れるのは少々「やりすぎ」です。his eye brightened with a speculative light はあくまでも「**1回限りの動作**」です。

→ *p. 145*

⑥ これらの some は何を指しているでしょうか？

And then outside the café the comparative stillness of the early morning was punctured by faint, uncertain cries that seemed mere fireflies of sound, <u>some growing louder, some fainter</u>, waxing and waning amid the rumble of milk wagons and infrequent cars.

▶ ▶ ▶ **some cries を指しています。**

解説 And then outside the café the comparative stillness of the early morning was punctured by faint, uncertain cries ...（カフェの外は、昼間よりは静かな早朝の静寂にうち沈んでいた。それが、かすかで不明瞭な叫びによって、時たま乱された…）という部分に続いて、... that seemed mere fireflies of sound（ホタルの点滅のような音に思える）という関係代名詞節が置かれています。この関係代名詞は faint, uncertain cries を修飾していますが、これ以降も基本的には faint, uncertain cries に関する説明が続いています。

　some growing louder, some fainter, ... という現在分詞句は、louder という言い方からもわかるように faint, uncertain cries の話をしています。some は **some cries「そのような叫びの中の一部」**を指しています。つまり、「そのような叫び声の一部はより大きくなり、一部はより小さくなり…」ということですね。そして、waxing and waning は「月が満ちたり欠けたり」という意味で、直前の some growing louder, some fainter を言い換えたような内容になっています。もし訳出するなら「まるで月の満ち欠けのように」などとすると感じが出そうです。文末にある amid the rumble of milk wagons and infrequent cars という前置詞句は「牛乳配達の荷車や、たまに通る馬車の音に<u>混じって</u>」のような意味を表しています。

→ p.145

㉒ when と near の間に省略されている語句を補ってください。

Shrill cries they were <u>when near</u>——well-known cries that conveyed many meanings to the ears of those of the slumbering millions of the great city who waked to hear them.

▶ ▶ ▶ when <u>they were</u> near

解説 Shrill cries they were ... の本来の語順は They were shrill cries ... であり、強調のために**主語と補語が入れ替わっています**。この語順で考えると <u>They were</u> shrill cries when near ...（それらが近い時には［近くで聞こえるときには］、それらはけたたましい叫びだった）ということですから、when near が **when <u>they were</u> near** の省略であることがわかりやすくなると思います。

→ p.145

㉓ bore の目的語はどの部分でしょうか？

Cries that <u>bore</u> upon their significant, small volume the weight of a world's woe and laughter and delight and stress.

▶ ▶ ▶ **the weight of a world's woe and laughter and delight and stress** です。

解説 bear ... upon ～で「…を～に担う」という意味になります。upon ... が先に来ているので、目的語は**後に移動されている**ことがわかります。まずは、upon ～が「どこまで」かを見極める必要がありますね。意味的な区切れに注目すると、upon their significant, small volume でひとかたまりになっていることがわかるはずです（small volume the weight という、名詞句の不自然な連続になっていることからわかります）。

つまり、目的語は **the weight of a world's woe and laughter and delight and stress** で、元々の形は Cries that bore <u>the weight of a world's woe and laughter and delight and stress</u> upon their significant, small volume. ということになります。

→ p. 145

㉔ なぜ不定冠詞が用いられているのでしょうか？

To some, cowering beneath the protection of <u>a</u> night's ephemeral cover, they brought news of the hideous, bright day; ...

▶ ▶ ▶ 「一夜限りの」というニュアンスを出しています。

解説 the protection of <u>the</u> night's ephemeral cover「夜の闇によって身を守られること」とすると、「習慣として毎日そのようにしている」かのような響きを伴います。不定冠詞を用いることによって、「まぶしくて恐ろしい新たな日の到来」から「せめて『**一夜限り**』でも身を守るもの」あるいは「夜の闇の**つかのま**に身を潜める」といったニュアンスを出すことができます。

→ p. 147

㉖ この blacker の品詞はなんでしょうか？

... to others, wrapped in happy sleep, they announced a morning that would dawn <u>blacker</u> than sable night.

▶ ▶ ▶ 形容詞です。

解説 dawn は「夜が明ける」という意味で、基本的には第1文型（S＋V）の形をとりますが、第2文型（S＋V＋C）の形式をとることもできます。その場合、「**夜明けが…である**」「**夜が明けて…になる**」という意味を表します。

ここでも blacker than sable night は dawn の主格補語になっています。「（夜が明けて）漆黒の闇よりも暗くなる」「漆黒の闇よりもなお暗い夜明けとなる」といった意味を表しています。なお、主格補語になれるのは形容詞または名詞ですから、この **blacker の品詞は形容詞**となります。

→ p. 147

㊻ この to 不定詞句は何用法でしょうか？

To many of the rich they brought a besom <u>to sweep away what had been theirs while the stars shone</u>; to the poor they brought——another day.

▶ ▶ ▶ **副詞的用法です。**

解説 直前に a besom「ほうき」という名詞があるために、一見すると形容詞的用法に思えるかもしれませんが、そのように読むことはできません。この to 不定詞句は「星が輝いていた間に所有していたものを一掃する<u>ために</u>」という意味の副詞的用法です。

形容詞的用法であれば、「**それを使って**…を一掃するためのほうき」という形にする必要がありますので、... a besom to sweep away what had been theirs while the stars shone <u>with</u> ... のように with が入っているはずです。あるいは、〈前置詞＋関係代名詞＋ to 不定詞〉のパターンを用いて ... a besom <u>with which to sweep</u> away what had been theirs while the stars shone ... のようにすることもできますね。

しかし、カジュアルな文体などでは、このような「最後の with」が省かれてしまうこともよくあります。また、全体の意味もほとんど変わりませんから、「一掃する<u>ための</u>ほうき」のように訳してもいいと思います。

→ p.147

⑥⑦ この文の主語はどれでしょうか？

All over the city the cries were starting up, keen and sonorous, heralding the chances that the slipping of one cogwheel in the machinery of time had made; ...

▶ ▶ ▶ **the cries** です。

解説　All over the cityは場所を表す前置詞句で、ここでは副詞の役割を果たしています。この文の主語は**the cries**で、動詞がwere standing (up)です。第1文型（S＋V）で、過去進行形になっていますね。

keen and sonorousはthe criesを修飾しています。そして、heralding the chances that the slipping of one cogwheel in the machinery of time had madeは付帯状況の分詞構文として理解して、「時の歯車が1つ回ることで開かれる、様々なチャンスを喧伝してまわる［まわりながら］」のように理解しておきましょう。

→ p.147

⑥⑧ 前置詞ofの目的語は「どこまで」でしょうか？

... apportioning to the sleepers while they lay at the mercy <u>of</u> fate, the vengeance, profit, grief, reward and doom that the new figure in the calendar had brought them.

▶ ▶ ▶ **fate** までです。

解説　構文を理解するのがなかなか大変ですが、**apportion ... to ～**「…を～に分配する」という動詞のパターンに則って考えてみましょう。「配る相手」はto the sleepersという前置詞句によって示されています。そして、「何を配るのか」、つまりapportionの目的語にあたるのはthe vengeance, profit, grief, reward and doom that the new figure in the calendar had brought them「カレンダーの日付が改まってもたらされる復讐、儲け、悲哀、報酬、そして死」という部分です。

　残された while they lay at the mercy of fate は「彼ら（the sleepers）が、まだ運命にその身を委ねて眠っている間に」という内容で、**「時」**を表しています。つまり、この文の of ... は of fate, the vengeance, profit, ... のように長く続いているわけではなく、**fate のみが目的語になっている**わけです。

→ p.147

⑥⑨ この文の文型はなんでしょうか？

Thus echoed in the streets of the helpless city the transmission of the latest decrees of the gods, the cries of the newsboys——the Clarion Call of the Press.

▶ ▶ ▶ **第2文型（SV）**です。

解説　文頭にある thus は名詞ではなく、「このようにして」「こんなふうに」という意味の副詞です。動詞と思われるものは echoed しかありませんから、**動詞の前に主語が置かれていない**ということになります。別の言い方をすれば、**主語が動詞の後に回されている**わけです。

　in the streets of the helpless city は「場所」を表す副詞句ですので、この直後の the transmission of the latest decrees of the gods, the cries of the newsboys という部分がこの文の主語です。〈主語＋自動詞〉という構造をしているので、この文は**第2文型**（SV）です。

　Thus <u>the transmission of the latest decrees of the gods, the cries of the newsboys</u> echoed in the streets of the helpless city. が元の形ですが、この文では、本作のタイトルにもなっている the Clarion Call of the Press に「スポットライト」を当てるために、S と V の位置を入れ替えているわけですね。

→ p. 147

⑦⓪ なぜ不定冠詞がついているのでしょうか？

Woods flipped a dime to the waiter, and said: "Get me <u>a</u> *Morning Mars*."

▶ ▶ ▶ 「**1部のモーニングマーズ紙**」という意味だからです。

解説　*Morning Mars* という「固有名詞」に不定冠詞がついていますが、ここでは「新聞の名前」ではなく、「**1部のモーニングマーズ紙**」という具体物を指しています。

以下の例のように、〈**不定冠詞 ＋ 固有名詞**〉はいろいろな意味を表します。

例 Every guitarist wants to own <u>a Gibson</u> someday.

（ギタリストなら、誰でもいつかはギブソンのギターを持ちたいと思っています）

⋯▶ Gibsonは「楽器メーカーの名前」ですが、ここではa Gibsonで「ギブソン社製のギター」という意味を表しています。このように、〈不定冠詞 ＋ 会社名〉は「その会社の製品」という意味です。他にも、例えばa Hondaは「ホンダ社製の自動車（あるいはバイクなど）」のことです。

例 I bought <u>a Matisse</u> at an auction.

（オークションで、マチスの作品を落札しました）

⋯▶ 作者名に不定冠詞をつけると、「…による作品」という意味になります。

例 <u>A Mr. Smith</u> came to see you in the morning.

（午前中に、スミスさんという人があなたを訪ねてきましたよ）

⋯▶ 「自分は知らない人」について、「…という人」と言いたい場合には、前に不定冠詞をつけます。

→ p.147

⑦ このyawnedは自動詞・他動詞のどちらでしょうか？

"What's the news?" <u>yawned</u> Kernan.

▶ ▶ ▶ 他動詞です。

解説 yawnは「あくびをする」という意味ですが、この文は、例えば"What's the news?" said Kernan.（「どんなニュースが出ているんだ？」とカーナンは言った）と同じような構造をしていますね。

実はこのyawnは「他動詞」で、**「あくびをしながら…と言う」**という意味なのです。sayやaskなどの「発言内容を伝えるための動詞」のことを**「伝達動詞」**といいます（この文のyawnも伝達動詞です）が、その他の「少し変わった伝達動詞」の例を見ておきましょう。

例 The wicked wizard <u>cackled</u>, "I'll get you, my pretty."
（悪い魔女はしわがれ声で「おまえをやっつけてやるよ、お嬢ちゃん」と言いました）
⋯▶ cackleは「めんどりのような鳴き声を出す」という意味の動詞ですが、「しわがれ声で…と言う」という伝達動詞としても使われることがあります。

例 He <u>screeched</u>, "Get away."
（彼は「出て行け」と甲高い声で言いました）
⋯▶ screechは「金切り声を上げる」という自動詞ですが、このように伝達動詞（つまり、他動詞）としても使われます。

例 He <u>coughed</u>, "I might have caught a cold."
（彼はせきをしながら、「風邪をひいたかもしれないなあ」と言いました）
⋯▶ このcoughは「せきをしながら…と言う」という意味です。

sneeze「くしゃみをする」やbelch [burp]「げっぷをする」も、この**「…しながら言う」**というパターンで使えそうですが、英語母語話者の見解では「その用法は見たことがない」とのことでした。

→ *p. 149*

⑦ この would は仮定法でしょうか？

"I kind of thought they <u>would</u> do that," said Woods, "when you were jollying them so hard. ..."

▶ ▶ ▶ **違います。**

解説 wouldを見ると、つい「仮定法だ！」と身構えてしまう人も多いと思いますが、ここでは**仮定法ではない**wouldが使われています。では、なぜ過去形になっているのでしょうか？

I kind of thought they would do that, ...という文をよく見てみましょう。kind ofは「なんとなく」という意味の副詞なので、これを省略するとI thought they would do that.という文になります。もうおわかりだと思いますが、they would do thatはthoughtの目的語のthat節に当たるので、**「時制の一致」**によってwillがwouldになっているのです。

→ *p. 149*

⑦ この you'll come ... は「来るだろう」「来なさい」のどちらでしょうか？

Now, Johnny, <u>you'll come</u> to the police station with me.

▶ ▶ ▶ **「来なさい」という「命令」の意味です。**

解説 このyou'll comeを「あなたは警察署に一緒に行くだろう」という「予想」の意味で捉えることはできません。それでは意味が通らなくなってしまいます。

「お前は一緒に来るだろう」と**「断定」**し、そのことを**決定事項**として扱うこ

とで、ここで使われているようなyou'll ...というパターンは**「命令」**のニュアンスを伴います。ここでは、形勢が一気に逆転したためか、ウッズがカーナンに対して「さあ、一緒に来るんだ」と強気な態度で命令しているわけですね。

なお、この「命令のwill」については、Chapter 3の「ここに気をつけて読もう⑥」でも扱っています。

解釈のポイント ·························· Beneath the surface

❶「人前では近視ということになっていた」とはどういうことでしょうか?

..., who had been near-sighted in public for five years.

→ in public「人前にいるときは」という「ただし書き」がついているので、この文は**「この5年間、実際には近眼ではないが、表立っては近眼ということになっていた」**という意味を表しています。つまり**「本当は見えているのに、見えていないふりをしていた」**ということですね。

作品中に明示されていないので、あくまでも推測になってしまいますが、その理由はいくつか考えられます。

1. 道で知り合いに会っても、あまり挨拶をしない
2. 「袖の下」をもらって、犯罪を見逃している
3. 相手を油断させるために、近眼だと言いふらしている

1に関しては、例えば「人付き合いが悪い」という描写でもあれば納得できますが、バーニー・ウッズはそのようなキャラクターとしては描かれていません。**2**はどうでしょう? 比喩的な意味での「見て見ぬ振り」ということですが、この作品に描かれているバーニーは「正義漢」なのですから、やはり無理

な解釈と言えるでしょう。

　というわけで、3が一番しっくりくる解釈と思われます。ブロードウェイで歩いていたバーニーは、「ぶつかる（ran plump against）ほど近くの距離」になって、はじめてカーナンのことに気づいたということになっているわけです。**普段から相手を油断させるために近眼の「ふり」をしており**、その「設定」にしたがって行動した結果、**「かなり近づいてから声をかけた」**のではないでしょうか。

❷ **なぜこのような表現が使われているのでしょうか？**

　You'll have to show me!

→ 2人がかつて住んでいたSaint Joとは、ミズーリ州のSaint Josephという街のことを指しています。このミズーリを含むアメリカの各州には、以下のようなニックネームがついています。

例	ニックネーム
アーカンソー	the Natural State「自然の州」
アイダホ	the Gem State「宝石の州」
ウエストバージニア	the Mountain State「山の州」
カンザス	the Sunflower State「ひまわりの州」
デラウェア	the First State「第一の州」
テキサス	the Lone Star State「1つ星の州」
ミシガン	the Great Lakes State「5大湖の州」
ハワイ	the Aloha State「アロハの州」

　このように、それぞれの州の「特徴」や「名産品」などにちなんだ愛称がつけられています。ちなみに、デラウェアのthe First Stateは「合衆国憲法に最初に批准した州」ということ、そしてテキサスのthe Lone Star Stateは同州の

州旗に「1つの白い星」が描かれていることに由来しています。

　そして、ミズーリ州には**the Show Me State**というニックネームがあります。「Show me!（証拠を出せ！）を連発する人の州」、つまり「**疑り深い人の州**」という意味です。語源に関しては諸説あるのですが、Willard Duncan Vandiverというミズーリ州の下院議員がフィラデルフィアの式典で述べた以下の言葉が由来という説があります。

> I come from a state that raises corn and cotton and cockleburs and Democrats, and frothy eloquence neither convinces nor satisfies me. <u>I am from Missouri. You have got to show me.</u>
>
> （私はトウモロコシ・綿花・オナモミ、そして民主党を育てている州の人間だから、浅薄な言葉では、私は納得も満足もしない。私はミズーリ州出身だ。だから証拠を見せろ）

　この I am from Missouri. You have got to show me. が一般に広まったことから、Show Me State という名称が定着したと言われています。なお、I am from Missouri. は「私は疑い深い人間です」という意味で使われることもあります。

　つまり、You'll have to show me! は Show Me State に「ちなんだ」表現であり、「本当にバーニー・ウッズか？ 証拠を見せろ！」のように強く迫っているわけではありません。「**ダジャレ的なものであり、深い意味はない**」と言ってもいいでしょう。なお、この表現をどのように訳したらいいかについては、本章の「翻訳のポイント③」で触れられていますので、ぜひそちらもご覧ください。

❸ 具体的にはどのようなことを言っているのでしょうか？

　You always had a turn that way.

→ このturnは「気質」「性向」のような意味です。always had には「いつもそうだった」、つまり「昔からずっとそうだった」というニュアンスがあります。

　つまり、**「昔からそっちのほうの気質を持っていたからな」**といった意味で、自分（カーナン）とは違う方向（that way）、つまり「正義」の道を歩んできたということを言っています。他にも、例えば「昔から<u>正義感が強かった</u>からな」のように訳すこともできそうですね。

❹ この go to the chair とは、どのようなことを表しているでしょうか?

　You'll have to <u>go to the chair</u> for Norcross.

→ 日本では「死刑」というと「絞首刑」のイメージが強いと思います。もちろん、江戸時代には「磔」「斬首」「切腹」なども行われていたわけですが、現代では「死刑は、刑事施設内において、絞首して執行する」(刑法第11条第1項)と規定されています。

　アメリカには**「死刑と言えば電気椅子」**というイメージがあります。そのため、go to the chair は**「電気椅子で死刑に処される」**という意味の慣用表現になっています。ちなみに、同じ go to ... を使った go to the gallows は「絞首刑になる」という意味です（gallows は「絞首台」のことです）。

　なお、映画『グリーンマイル』(*The Green Mile*) では、電気椅子に座らされ、なかなか死ねずに苦しむ死刑囚の姿が描かれていますが、電気椅子による死刑はこのようにかなり残酷なイメージが伴います。そのため、現在アメリカで「電気椅子のみ」を死刑執行法としている州は存在しません（半数の州では電気椅子の使用を既に取りやめています）。人道的観点からガスや薬物注射などに移行されていますが、「死刑＝電気椅子」のイメージは根強く、この go to the chair という表現は今でも広く用いられています。

❺ この they は何（誰）を指しているでしょうか？

Don't <u>they</u> hang on to the little trinkets from the Man Who Lost Out, though?

→ lose out は「負ける」「失敗する」という意味なので、the Man Who Lost Out は「負けた男」ということになります。大文字になっている理由は、当時よく知られていた小説のタイトルなどに由来するのだと思ったのですが、資料が発見できず、どうしてもわからないため、アメリカのテキサス州にあるO. Henry Museum にも電話で問い合わせてみました。対応してくれた学芸員の方が資料として当時の新聞のコピーを提供してくれたのですが、このころ、この the Man Who Lost Out という表現が、新聞の見出しでよく使われていたそうです。「スポーツにおける敗者」、「選挙で破れた候補者」、そして「結婚できなかった男」など、さまざまな**「敗者」**を指す言葉として用いられていたそうです。そのため、この言い方には非常に「なじみ」があったようです。

　ちなみに、もう1つの可能性は、やはり「小説」です。*The Godfather* という1914年の映画（あの有名なイタリアンマフィアに関する映画とは関係ありません）に、The Man Who Lost Out というキャラクターが登場しています。しかも、この映画の中では「指輪」が重要なアイテムになっています。しかし、「ラッパの響き」が収められた短編集は1908年に出版されていますので、もし可能性があるとしたら、それより以前に映画の原作の「小説」が出版されていて、それのことを言っているのかもしれない、と語ってくれました。

　というわけで、大文字になっているのは、「新聞の見出し」あるいは「小説」で知られているので、「<u>いわゆる</u> the Man Who Lost Out」あるいは「<u>おなじみの</u> the Man Who Lost Out」というニュアンスがあるからだと思われます。

　ここでは「結婚できなかった男」、つまり**「自分が捨てた昔の恋人」**という意味を表していそうです。they は「複数の人々」を指す代名詞ですから、the old lady「ノークロス氏の妻」を指しているはずはありません。そのため、この発言は**「一般論」**であり、**they** は**「女性全体」**を指していると考えるのが妥当で

す。

　つまり、ここは「旦那に買ってもらった高級なネックレスは簡単に手放したのに、安っぽい金の指輪だけは返してくれとせがむんだ。だから、金目あての結婚だったに違いない。まったく、女ってやつは、（金持ちと結婚するために）自分が捨てた昔の恋人からもらった思い出のアクセサリーを、いつまでも手放さないもんだねえ」のようなことを言っているのです。

❻ この the lucky sleuth は、誰のことを指しているのでしょうか？

If I'm ever caught <u>the lucky sleuth</u> will have to divide honors with old boy Booze.

→ old boy Booze とは**「酒」**のことを指しています。ですから、この文は、「もし私が捕まることがあれば、the lucky sleuth は、その名誉を酒と折半しなければならないだろうな」という意味です。sleuth とは「刑事」のことなので、the lucky sleuth は**「私を捕まえることができた、幸運な刑事」**を指しています。わかりやすく言い換えると、「私が刑事に捕まることがあったとしたら、その刑事は<u>手柄を酒と折半</u>しなければならないだろう」、つまり「もし捕まることがあったら、<u>半分は酒のせい</u>だろうな（酔っ払ってへまをやらかしたせいだろうな）」となります。

　ちなみに、この the lucky sleuth は「目の前にいる刑事」、すなわちウッズを指しているとは考えられません。なぜなら、カーナンは「ウッズに捕まることは100パーセントない」と思っていますし、そうでなければ、そもそも一緒にお酒を飲むわけがありませんよね。

❼ なぜ he's a jolly good fellow にクォーテーションマークがついているのでしょうか？

I can judge men. Here's to Barney, for——'he's a jolly good <u>fellow.'</u>

→ "**For He's a Jolly Good Fellow**" という歌をそのまま引用しているからです。もともとはフランスの民謡ですが、後にイギリスやアメリカでも歌われるようになりました。誕生日や結婚式などの折に歌われる定番の曲になっています。

　以下に1番の歌詞を載せておきます。

For he's a jolly good fellow, (×3)	彼はすごくいいやつなんだ
Which nob'dy can deny. (×3)	それはみんなが認めるところ
For he's a jolly good fellow, (×3)	彼はすごくいいやつなんだ
Which nob'dy can deny.	それはみんなが認めるところ

　会の主役が女性の場合はheをsheに変えて歌われます。また、これはアメリカ版の歌詞ですが、イギリスではWhich nob'dy can deny.をAnd so say all of us!（みんなそう言うよ！）という歌詞で歌うのが一般的です。

❽ この文は、具体的にはどういうことを言っているのでしょうか？

　I guess I can drive an express wagon.

→ そのまま訳せば、「貨物馬車の御者ならできるだろう」ということですが、なぜこのように発言をしているのか考えてみましょう。

　バーニーは、直前にI've got to let you go, and then I've got to resign from the force.と言って、**刑事を辞める覚悟**を伝えています。そうすると**無職**になってしまうわけですから、「**そうなったら、貨物馬車の御者でもやって糊口をしのぐさ**」と言っているわけです。さらに、その場合は<u>収入が減る</u>ので、Your thousand dollars is further off than ever, Johnny.（借りた1,000ドルを返せる日はますます遠くなるよ、ジョニー）と付け加えています。

❾ the unofficial hands とは、具体的にはどういうことでしょうか？

But I'm in the hands —— the unofficial hands —— of my old friend Barney, and I won't even dream of a cop.

→ in the hands of ... は「…の手中に」という意味です。official「公式の」「公職の」の反意語なので、unofficialは**「非公式の」「公職ではない」**という意味ですね。
　「公職ではない」、つまり「公職に就いていない」ということから、ここではunofficialが**「警官ではない」**という意味で用いられています。つまり、in the unofficial handsは「警官ではない人の手中に」ということで、文全体としては「確かに捕まったが、俺を捕まえたのは、もはや警官ではない、親友のバーニー君だ。今後は警察のことなんか考えずにすみそうだ」という意味になっています。

❿ この文に関する文体的特徴はなんでしょうか？

What do they spell but brag and blow and boodle in box-car letters?

→ brag and blow and boodle in box-car letters という部分に注目してみましょう。ここにはbrag / blow / boodle / box-carという、[b]で始まる単語が並んでいます。このように、同じ音で始まる単語を印象的に用いる文体的技法を**「頭韻」**（alliteration）といいます。
　頭韻を踏むと語調が整い、聞き手に**強い印象を与える**効果があります。そのため、Intel Inside「インテル入ってる」のようなスローガン、Mickey Mouse「ミッキー・マウス」などのキャラクター名でもよく使われています。

有名な Peter Piper picked a peck of pickled peppers. を始めとした「同じ音で始まる単語を利用した早口言葉」も頭韻の一種です。

⓫ なぜ up ではなく down が使われているのでしょうか？

He found a number in the book, took <u>down</u> the receiver and made his demand upon Central.

→ 家やオフィスの固定電話を使う時、たいていは、下に置いてある受話器を「**上に持ち上げて**」使うと思います。しかし、ここでは took down the receiver「受話器を<u>下ろした</u>」という表現になっていますね。

　みなさんは、大昔の電話の写真を見たことはありますか？　高いところに箱状の本体が設置されていて、箱の横に引っかかっているラッパみたいな形の「受話器」を下ろし、本体についているマイク（送話器）に向かって話しかけるのです。初期の電話は、現代のものとは異なり、「受話器」と「マイク」は一体になってはいなかったのです。

　このように、「**上のほうにぶら下がっている受話器を下ろす**」という動作なので、took down という表現が使われていたわけです。ちなみに、現代でも「電話を切る」は hang up といいますが、これは「上にある（up）、もとの場所に受話器を引っ掛ける（hang）」ということに由来しています。

⓬ your funny man とは、具体的には何を指しているのでしょうか？

Now, hadn't you better leave that kind of talk to <u>your funny man</u>?

→「新聞社」に対して your と言っているのですから、この your funny man は「お前のところにいる、おかしなやつ」という意味になります。この表現が指す

ものについて、複数の英語母語話者に確認してみたところ、「**新聞のマンガを描く人ではないか**」という意見が複数ありました。

　なお、オー・ヘンリーが作品を長らく発表していた*The New York Sunday World*紙にも、当時、以下のようなマンガ（風刺画）が載っていました。

1904年に発行された*The New York Sunday World*に掲載されていた風刺画。当時のセオドア・ルーズベルト大統領の強気の外交政策（根棒外交）に対する皮肉が描かれています。

⓭ なぜNo, that's not all. と言っているのでしょうか？

　No, that's not all.

→ No, that's not all. という答え方から、**なんらかの質問に対するリアクション**であると考えられます。カーナンは、おそらく電話の応対をしている相手からIs that all?（それで終わりか？）やIs that all you wanted to say?（言いたかったことはそれだけか？）のように言われたのでしょう。

　少し下にあるOh, no, this isn't a rival newspaper office ... についても同様で、「お前は〇〇紙の記者か？」などと聞かれたのだと想像できます。

⓮ 具体的にはどういうことを言っているのでしょうか？

I'd feel perfectly safe in your sanctum asinorum.

→ I'd feel ... は仮定法です。つまり、I'd feel perfectly safe ... は「**もしそんなこ
とになっても、まったく安心していられるだろう**」ということを表しています。

「どんなことになっても」という内容は、in your sanctum asinorum によっ
て示されています。sanctum asinorum は「安全な聖域」のようなもので、
your がついていますから、「お前のところの安全な聖域」、要するに「お宅の会
社」ということです。

つまり、この文は「もしお宅の会社に出向いたとしても、まったく安心して
いられるだろう」という意味で、「**お宅の会社に出向いたとしても、捕まりっこ
ないがな**」と相手を挑発しているのです。

⓯ なぜ over が使われているのでしょうか？

Woods flipped <u>over</u> to him the piece of writing:

→ 少し上の部分に、以下のような描写があります。

Woods <u>flipped</u> a dime to the waiter, and said: "Get me a
Morning Mars."

「ウッズはウェイターに10セントコインを投げて、『モーニングマーズをく
れ』と言った」という意味で、この flip は「**投げる**」（あるいは「**投げるように
渡す**」）という動作を表しています。

そして、「メモ」を渡しているこの場面では、Woods flipped <u>over</u> to him the
piece of writing ... と、over を使った言い方になっています。over には「**回転
運動**」という基本イメージがあると言われています。「回転」は「全回転」であ

る必要はありません。例えば、He turned over the pages of the calendar.（彼はカレンダーのページをめくりました）という文では、ページが「（半）回転」する動きをoverで表しています。

また、Thank you for coming <u>over</u> today.（今日は来てくれてありがとう）という文は、「<u>こちら</u>に来てくれて…」のようなニュアンスを感じさせます。このように、overには**「ある場所から違う場所へ」**という**「移動」**のイメージもあります。

このflip over to him the piece of writingという表現の描く動作は、複数の母語話者に確認しても、三者三様の見解でした。しかし、いずれの解釈も**「回転運動」**もしくは**「移動」**のニュアンスを含んでいました。ある母語話者は、「メモの文面が相手によく見えるように、相手に向ける」という動きをイメージしたそうです。つまり、「自分が見ていたメモを、<u>くるっと回して</u>相手に向けた」ということで、「回転運動」が意識されています。また、別の母語話者は、「放り投げるように渡す」ということではないか、と答えました。これは**「移動」**のニュアンスに基づいていますね。

なぜここでflip over to ...という表現が選択されたかについては、断定的なことを言うことはできません。**「突きつけた」**という日本語は、「相手が受け取ったかどうか」を明示しない言葉ですし、また「対象物をどのように動かしたのか」も示していません。ある意味、flip over to ...に近い表現ではないかと思いますので、訳語の候補としてはかなり有力だと思います。なお、このflip over to ...の解釈については、本章の「翻訳のポイント④」でも考察していますので、そちらもぜひお読みください。

なお、映画版（*O. Henry's Full House*）では、このシーンが完全に割愛されています。ストーリーの展開もだいぶ異なっていて、メモを突きつけるシーンは「既に懸賞金を受け取っているウッズが、そのお金をカーナンに直接手渡す」という形に変わっています。

ワンポイント文法講義 ②

Mini-lecture

*to*不定詞が
文中で果たす役割

　今回取り上げる to 不定詞は、英文法の最重要項目の1つであると言っていいでしょう。to 不定詞は英文法の専門家をも悩ませるほどに複雑な様相を呈する文法項目ですが、英語を使いこなす（英語の談話や文章を正しく理解し、適切な英語表現を作り出す）ことができるようになるためには、その用法を確実に習得している必要があります。以下では、「ラッパの響き」に出てくる用例を参照しつつ、to 不定詞が英語の中で果たしている多様な役割とその本質に迫ることを試みます。

┃ そもそも「不定詞」とは？ ┃

　本論に入る前に、不定詞（infinitive）という名称の由来を確認しておきましょう。動詞の典型的な機能が、独立した文（以下では単に文と呼びます）の述語（の中核）を構成することであるのは言うまでもありませんが、そのような機能を果たす際に、英語の動詞は、文全体が表す事態の時制（tense）に応じて形が変化します。**時制とは文が発話される時点**（以下では発話時と呼びます）**を基準とした、その文が表す事態の時間軸上の位置づけ**のことですが、そのような時制に応じて形が変化する動詞（動詞らしい姿をした動詞）のことを**定形（finite）動詞**と呼びます。時制に応じてどういう形を取るかが定まっているという意味で定形なのだと考えてよいでしょう。それに対して不定詞とは、定形ではない動詞の用法の1つ［英語における非定形（nonfinite）の動詞の用法には、他に動名詞（gerund）と分詞（participle）があります］であり、**不定詞の表す事態が発話時を基準として時間軸上のどこに位置づけられるかは不定詞自体によっては表示されません。**どのような形を取るかが時制によって定まっていないという意味で<u>不定詞</u>なのだと言ってよいでしょう。

　以下の2つを比較してみてください。

(1) I expect her <u>to talk to him</u>.

(2) I expected her <u>to talk to him</u>.

(1) の to talk to him が（述語動詞 expect の表示する）**発話時から見た未来**に生じうる彼女の行為を表すのに対して、(2) では同じ to talk to him が（述語動詞 expected の表示する）**過去のある時点から見た未来**に生じうる彼女の行為を表しています。不定詞自体は、いずれも同じ形（いわゆる原形）ですから、この区別を反映していないことになります。

to 不定詞を使わずに、これらとほぼ同じ意味を表すと以下のようになります。

(1') I expect that she will talk to him.

(2') I expected that she would talk to him.

to 不定詞を用いた (1) (2) とは異なり、(1') (2') では彼女の行為が「発話時から見た未来」と「過去のある時点から見た未来」のいずれに生じる可能性があるかに応じて、will と would が使い分けられていることに注目してください。時制によって形が変わらない（いずれも原形である）のに「不定詞」と呼ばれる理由がこれでおわかりいただけたでしょうか？

なお、今回は取り上げられませんが、*I saw him <u>jump</u> over the fence* の jump のような to を伴わない不定詞の用法（裸不定詞とも呼ばれる）もあります。法助動詞と結びつくのも裸不定詞です。法助動詞を複数重ねて *will can*、*will must* などとは言えず、*will be able to*、*will have to* などを使わなければならないのは、**法助動詞には定形しかない**からです。

▍to 不定詞の文法と意味 ▍

それでは、to 不定詞は文の中でどのような文法機能を担っている——文全体の表す意味にどのような貢献をしている——のでしょうか？　これは非定形動詞

（準動詞とも呼ばれます）全般について言えることですが、to不定詞の多様な用法に共通しているのは、定形動詞が文の述語（の中核）において担う意味に**何らかの変化**を加えることによって、述語以外の文法的な役割を果たす——述語とは異なる仕方で文全体の表す意味に貢献する——ことです。少し言い方を変えると、to不定詞とは、動詞の文法機能を変化させることによって、その動詞が文全体の意味の（述語が表す以外の）一面を担うことを可能にする仕組みの1つなのです。

　一般に、学校文法では、to不定詞の用法として名詞的用法・形容詞的用法・副詞的用法を区別して説明しています。これらは、動詞がto不定詞として用いられる場合に、文の中でそれぞれ（例えば主語として機能する）名詞、（例えば名詞を修飾する）形容詞、（例えば行為の目的を表す）副詞として機能していることに由来する名称なのです。それぞれの用法の例を1つずつ挙げてみます。

(3) It would be great <u>to see you again</u>. ［名詞的用法］

(4) Would you like something <u>to drink</u>? ［形容詞的用法］

(5) I went to the airport this afternoon <u>to see my father off</u>.

［副詞的用法］

　この三分法は、to不定詞という文法項目に初めて触れたときに、大雑把にその機能を理解するのには確かに役立ちますが、**to不定詞の多様な用法の全貌を正しく理解するには決定的に不十分**だと言えます。とりわけ、用法のすべてをこの3つのどれかに割り振ろうとすることは、理不尽であると同時に、母語話者が英語を使いこなすことを可能にしている知識の実態を著しく歪めるものでしかありません。

▌「3用法」という分類の限界 ▌

　「ラッパの響き」にも何度か登場しますが、wantの直後にto不定詞が生じる

パターンは、おそらく中学校で最初に学ぶto不定詞の用法ではないでしょうか。

(6) I want <u>to speak to the managing editor</u>.

　本書の読者はwant to ...が日本語の「…したい（と思っている）」に相当する、使用頻度のきわめて高いパターンである（からこそ話し言葉では縮約されてwanna ...となることがある）ことをもちろんご存じだと思います。そして、wantは他の大多数の用法では（*I want some coffee*のように）目的語を取る他動詞なので、〈want ＋ to不定詞〉のto不定詞もwantの目的語であり、したがって、これはto不定詞の名詞的用法である、と教わったのではないかと思います。このように教えることは、（特に導入としては）完全に不適切というわけではありませんが、問題がいくつもあることも事実です。例えば、以下の文のto不定詞の用法は何でしょうか？

(7) I hope <u>to see you again</u>.

　これは「またお会いできるといいですね」に相当する表現で、〈hope ＋ to不定詞〉もきわめて使用頻度の高いパターンですが、この場合のto不定詞がhopeの目的語として名詞的に使われていると考えることには問題があります。なぜなら、wantと違って、**hopeは名詞句を目的語として取ることは普通ない**からです。例えば、hopeを使って「私たちはいい天気になるといいなと思っていた」と言いたければ、以下のように前置詞のforが必要です

(8) We were hoping <u>for</u> good weather.

　このfor ...は、Hope for the best and prepare for the worst.（最善の状態が訪れるように祈り、最悪の事態に備えておきなさい）という決まり文句でもお

なじみですね。また、近年、*be* hoping to ... と *be* planning to ... の中間のような意味でよく使われるようになった、〈*be* looking ＋ to不定詞〉という口語的なパターンのto不定詞についても同じことが言えます。

(9) I'm looking <u>to buy a computer</u>.

この文は「私はパソコンを買おうと思っています」という意味になります。以上のような〈動詞＋to不定詞〉というパターンのうち、〈want＋to不定詞〉だけがto不定詞の名詞的用法であると主張することにどれほど意味があるでしょうか。そんな主張をするよりもはるかに重要なのは、これらのパターンにおいては、述語動詞が表す（「…したい」「…しようと計画する」などの）意味に含まれる**「未来志向」とも言うべき（「…」に相当する）部分を具体的に表現するのがto不定詞の機能**だということです。

　to不定詞に「未来志向」という重要な用法があることは、次のような文が例示するパターンからも見て取れます。

(10) That's not what I meant <u>to say</u>.
(11) How much are you willing <u>to pay for this car</u>?
(12) That old house is ready <u>to collapse</u>.
(13) The situation is likely <u>to get worse</u> before it gets better.
(14) She's sure <u>to win the election</u>.

(10)は自分の発言の意図を相手が誤解したときに、「私が言いたかったのはそういうことではありません」と抗議する場合などに使える表現です。この場合のmeanは「…を意図する」「…というつもりである」というintendと同じような意味（ただし、(10)のmeantの代わりにintendedが用いられる頻度ははるかに低い）ですが、意図というものの性質上、意図の内容である行為（to不定詞が表す行為）が実現されるのは、**意図している時点から見て未来**であることは

言うまでもありません。(10) に関しては、to say を省いて That's not what I meant とも言えます。その場合の mean は他動詞なのだから、(10) の to 不定詞も mean の目的語として使われていると考えることができ、したがって、これは to 不定詞の名詞的用法だ、と主張したくなるかもしれません。しかし、そんな主張をするよりはるかに重要なことは、(10) の to 不定詞が (11) 〜 (14) の to 不定詞と同じく**「未来志向性」を持っている**、という事実ではないでしょうか？ (11) 〜 (14) で to 不定詞を伴って使われているのは**形容詞**ですから、そもそも目的語を取ることはできず、したがって、これらは to 不定詞の名詞的用法ではありえないことは明らかです。かといって、形容詞的用法・副詞的用法のいずれかに分類する意義があるとも思えません。ここからわかることは、英語の事実を虚心坦懐に見れば、to 不定詞の多様な用法のすべてを名詞的・形容詞的・副詞的の 3 つに分類することは土台無理な話であり、**英語を習得する役にもまったく立たない**、ということです（(5) のような行為の目的を表す to 不定詞にも「未来志向性」があることにも注目するとよいでしょう）。

▎〈be 動詞＋形容詞＋to 不定詞〉と法助動詞の共通点 ▎

(11) 〜 (14) についてはさらにコメントすべきことがあります。これらの文には、〈be 動詞＋形容詞＋to 不定詞〉という述語の形を取り、**be 動詞の担う時制より後（ここではすべて発話時以降）に to 不定詞が表現する事態が生じる可能性があることを表している**という共通点があります（「ラッパの響き」に出てくる be bound to do もその例です）。その点で、いずれの to 不定詞にも「未来志向性」があると言えるわけですが、(11) とそれ以外では、結びつく形容詞の意味の違いに対応する形で、未来志向の内容が異なります。

「この車にいくらなら払ってもいいと思っていますか」という意味の (11) では、to 不定詞が表すのは、(10) の場合と同じく、**willing の意味に含まれる（この場合には主語の）意図の内容**です（なお、勘違いしている人も多いようですが、be willing to ... は、be eager to ... などとは異なり、「ぜひとも…したい」と

いう強い意欲ではなく、「必要であれば…してもよい（と思っている）」「…する
のを厭わない」というような、自分が…することに対する**消極的な姿勢**を表現
することにも注意してください）。

　それに対して、(12) ～ (14) の〈be動詞＋形容詞＋to不定詞〉が表すのは、
ある事態（具体的にはそれぞれ「あの古い家屋が倒壊する」、「状況が当分は悪
化する一方である」、「彼女が当選する」）全体が**発話時以降に生じる蓋然性**の高
さです。(12) と (13) の場合には、家や状況はそもそも意図を持ちえないので、
この点は理解しやすいでしょう（*Are you ready to leave?* のような場合の *be
ready to ...* は「…する準備ができている」「すぐにでも…できる」という意味に
なることも重要です）。実は (14) も、「彼女は（自分が）当選することを確信し
ている」ではなく、彼女の当選という事態が発話時以降に確実に生じる　　「彼
女はきっと当選する」――という意味になります。(14) において彼女の当選を
確信しているのは、主語の彼女自身ではなく、この文の発話者です。sure を
使って「彼女は（自分が）当選することを確信している」と言いたければ、*She
is sure (that) she will win the election* のように別の構文を使わなければなりませ
ん。

　さらに、*be* likely to ... と *be* sure to ... の場合には、主語に（意味がないと考
える人の多い）there や it が生じることもよくあります。

(15) <u>It</u> is likely to rain this evening.

(16) <u>There</u> is sure to be trouble ahead.

　これは、*be* likely to ... や *be* sure to ... が、*be* going to ... （*e.g. It's going to
rain*）と同じように、may / must / should といった法助動詞の（「…かもしれな
い」、「…にちがいない」、「…のはずだ」のような意味を表す）**認識
（epistemic）用法**（*e.g. You may be right*、*There must be a mistake*、*He should
be home by now*）に近い性質を帯びていることを意味します（*be* likely to ... /
be sure to ... / *be* going to ... などが**「準助動詞」**と呼ばれることがあるのはそ

のためです）。ここまで来ると、*be* likely to ... や *be* sure to ... の to 不定詞が名詞的・形容詞的・副詞的のうちのどの用法に属するのかを問うことに（法助動詞に続く裸不定詞が名詞的か否かを問うのと同様）意味がないというのは明らかではないでしょうか。

▌〈動詞＋名詞句＋to不定詞〉のパターン ▌

　ここで to 不定詞と want の結びつきに話を戻しましょう。「ラッパの響き」には出てきていませんが、want の重要な用法に、**名詞句と to 不定詞を従えるパターン**があります。

(17) Do you want me <u>to order pizza or sushi</u>?

　直訳すると「ピザか寿司を注文してほしいですか？」ですが、これは、遊びに来た友達に「ピザか寿司でも取ろうか？」と尋ねたいときなどに使える表現です。この場合の to 不定詞にも、もちろん「未来志向性」があります。さらに、このような to 不定詞の用法を名詞的と呼びたい人はもはやいないのではないでしょうか。しかし、〈want ＋ to 不定詞〉と〈want ＋ 名詞句＋to 不定詞〉の 2 つのパターンには、ということはそれらに含まれる to 不定詞にも、明らかな共通点があります。それは、**主語として表現される人が to 不定詞の表す行為（より一般的には事態）が実現することを希求している**という点です。両者の違いは、その行為の主体（より一般的には不定詞の**「意味上の主語」**）がその人自身なのか、目的語の名詞句の指示対象なのか、にあります。

　want と同じく直後に to 不定詞が続くパターンと、名詞句と to 不定詞を従えるパターンの両方でよく使われる動詞に expect があります。

(18) We expect to be back early next week.
(19) We expect him to be back early next week.

それぞれ「私たちはおそらく来週初めには帰ってくると思います」と「彼はおそらく来週初めには帰ってくると思います」に相当する意味を表す文です。wantの場合と同じく、いずれのパターンでもto不定詞が「未来志向性」を持っていることは言うまでもありません。なお、expectは「期待する」と訳されることが多いですが、*Few people ever expect to be charged with a crime*、*We expect the situation to deteriorate further*のように、主語として表現された人がおそらく生じると思っている事態がネガティブなことであっても問題なく使えることには注意が必要です。

〈want＋名詞句＋to不定詞〉と〈expect＋名詞句＋to不定詞〉という2つのパターンでは、名詞句がいずれもto不定詞の意味上の主語になっていますが、この2つのパターンには文法的に重要な違いが1つあります。以下の例をもとにして考えてみましょう。

(20) They want her to win the election.
(21) They expect her to win the election.

いずれの文でも、述語動詞に対する<u>目的語</u>の形をしたherが不定詞の意味上の主語になって —— <u>彼女が</u>当選することが思い描かれて —— いますが、(21)のherの方が(20)のherよりも「**目的語らしい**」と言える面があるのです。それは(21)にのみ対応する**受動文**(21')があることです。

(21') She is expected to win the election.

受動文の主語になるのは対応する能動文の目的語であると考えるのが普通ですから、(21)のherには目的語らしさがあると言ってよいでしょう。それに対して、(20)には対応する受動文がない、つまり以下の(20')は英語としてありえないことから、(20)のherは目的格の形はしていても(21)のherほどは「**目的**

語らしくない」ことになります。

　(20') *She is wanted to win the election.

　とはいえ、(21) の her も、以下の文が例示するようなパターン（「ラッパの響き」では advise / warn / tell がこのパターンで用いられています）の動詞の目的語に比べると目的語らしさが低いと言いたくなります（このパターンに生じる to 不定詞も「未来志向性」という特徴は持っています）。

　(22) I warned you to stay away from him.
　(23) She asked me to help her with her homework.
　(24) They persuaded him to turn himself in.

これらには、以下のような対応する受動文があります。

　(22') You were warned to stay away from him.
　(23') I was asked to help her with her homework.
　(24') He was persuaded to turn himself in.

　さらに、(22) 〜 (24) の場合には、主語の指示対象（X）と目的語の指示対象（Y）との間に、（Y に to 不定詞が表す行為をさせるために）「**X が Y に直接働きかける**」という関係が成立しています。X と Y との間にそのような関係が成立している——述語動詞が目的語らしい目的語を取っている——場合に、**Y を主役（文法的には主語）にしてその関係を表現する**のが典型的な受動文の機能ですから、(22') 〜 (24') は典型的な受動文の例であると言えます。それに対して、(21) の場合には、ほぼ同じ内容を (21'') を用いて表現できることからもわかるように、

　(21'') They expect (that) she will win the election.

X「彼ら」がY「彼女」に働きかけるという意味合いは薄い──(21)のher はあまり目的語らしくない──ので、(21')も<u>受動文として典型的とは言えない</u>ことになります。

それにもかかわらず、*be* expected to ... 自体は「…する見込みだ」「…することになりそうだ」といった意味を表す、きわめて使用頻度の高い表現パターンなので、学習者は自分でも適切に使えるようになる必要があります。もう1つ例を挙げておきましょう。

(25) Another storm <u>is expected to</u> hit the region as early as tomorrow morning.

この例を見て、*be* expected to ... が少し上で検討した *be* likely to ... や *be* sure to ... と機能的に似通っていることに気づかれたでしょうか。実際、このような *be* expected to ... も（事態の蓋然性の高さを表す）準助動詞であると考えるのが妥当だと思います。以下の例文には、〈名詞句＋suppose＋名詞句＋to 不定詞〉に対応する（まともな意味を表す）能動文が存在しないので、*be* supposed to ... はもはや**完全な準助動詞**であると言うほかないでしょう。

(26) They <u>are supposed to</u> arrive at noon.

(27) What <u>am</u> I <u>supposed to</u> do?

(28) You <u>were</u> not <u>supposed to</u> be there.

実際、*be* supposed to ... は学習者用の英英辞典などでも独立した項目として意味と用法が説明されています（さらに、*Longman Dictionary of Contemporary English* には *What's that supposed to mean?* が決まった言い方として挙げられています）。

(24)で見た〈persuade＋名詞句＋to不定詞〉というパターンについては補足すべき点が2つあります。1つは、「…するよう人を説得する」とは異なり、

このパターンは目的語となる人がto不定詞の表す行為をする気になる（He decided to turn himself in）、さらに、典型的には、**実際にその行為をする**ところまで意味に含むことです。したがって、**(24)**は、特別な（例えば、「その後彼の気が変わった」というような）文脈がないかぎり、彼が出頭したことを含意します。すなわち、この場合のpersuadeは**使役動詞に近い**、「XがYに働きかけた結果、Yにto不定詞の表す行為を行う意図が生じる」という意味を持っていることになります。日本語では「彼らは出頭するよう彼を説得したが、彼はまったく聞き耳を持たなかった」と問題なく言えますが、*They persuaded him to turn himself in, but he just wouldn't listen*がきわめて不自然に響くのはそのためです。英語の基本的な使役動詞の1つにgetがあることはご存じのとおりですが、そのgetがやはり〈get＋名詞句＋to不定詞〉というパターンで用いられるのも偶然ではないでしょう（実際、使役動詞としてのgetは「説得したり頼み込んだりして…させる」という意味を表します）。

(29) She <u>got</u> her mother to let her stay up late.

〈persuade＋名詞句＋to不定詞〉というパターンについてもう1つ指摘しておくべき点は、同じくpersuadeが生じる〈persuade＋名詞句＋that節〉というパターンとの異同です。以下の2つの文を比較してみましょう。

(30) I persuaded him to go on a diet.

(31) I persuaded him that he should go on a diet.

　一見同じような意味にも思われるこの2つの文の間には、to不定詞とthat節の典型的な用法間の意味の違いと対応する、微妙ではあるけれども重要な差異があります。すなわち、**(31)**は、彼が説得されて自分はダイエットした方がよいと思う（*He believed that he should go on a diet*）ようになったことは含意するものの、**(30)**とは異なり、彼が実際にダイエットをする気になった（*He* *decided to go on a diet*）ことは必ずしも意味しないのです。（〈persuade＋名詞句＋that節〉の場合には、*I persuaded him that Pluto is a dwarf planet*のように、主語の指示対象が直接関わっていないことがthat節の内容であってもよいことにも注目するとよいと思います）。このような例に接すると、to不定詞とthat節が文全体の意味にそれぞれ独自の貢献をしている、つまり、**文法的な知識の単位は意味を表すために存在している**ことが見えてくるのではないでしょうか。

▎「to不定詞」＝「未来志向」とは限らない ▎

to不定詞について述べるべきことはまだまだあるのですが、最後に、ここまでで検討したものとは異なり、**「未来志向性」を持つとは言い難い用法**をいくつか取り上げておきます。

(32) I managed to open the door.
(33) Language evolved to make human communication special.
(34) She grew up to be a famous scientist.

〈manage＋to不定詞〉という頻出パターンの例である(32)は「私はどうにかしてそのドアを開けることが<u>できた</u>」という意味を表すので、このto不定詞に例えば(35)の〈try＋to不定詞〉のような「未来志向性」があると考えるのには無理がありそうです。

(35) I tried to open the door.

Chapter 1の「ここに気をつけて読もう㊱」でも触れられているように、〈try＋to不定詞〉は、「**…してみる**」という意味の〈try＋動名詞〉(e.g. *I tried* *opening the door*）とは異なり、「…しようとする」を意味するので、try と結びついた to 不定詞には（try が記述する行為が行われている時点では to 不定詞の表す行為は実現されていないという点で）明らかに未来志向性があります。それに対して、〈manage ＋ to 不定詞〉の場合には、(32) が *I opened the door* を含意することからもわかるように、**to 不定詞が表す行為の実現**を意味に含んでいます。それでは、この場合の to 不定詞の用法は「未来志向性」を持つ用法と無関係なのかと言えば、そんなことはありません。(32) は「なかなか開かないドアをどうにかして開けようと努力した結果、なんとか開けることができた」という意味ですから、実は、〈manage ＋ to 不定詞〉には〈try ＋ to 不定詞〉の表す意味が含まれていると言えるからです。

(33) と (34) はいわゆる結果を表す to 不定詞の用例です。(33) はある本の副題（*Why human communication is different, and how language evolved to make it special*）の後半に少し手を加えたものですが、このように、to 不定詞は、変化を意味する動詞や句動詞（e.g. *grow up*）に後続して、主語の指示対象が変化してどうなったかを表すことがよくあります。こうした to 不定詞には未来志向性はありませんが、述語動詞が意味する変化の結果を表す点で、述語動詞が意味する行為の結果を表す (29) や (30) の to 不定詞と通じ合うところはあると言えるでしょう。説得や使役を意味する表現の中には、変化を意味する表現と同じく、結果を表すのに前置詞句 into ... が用いられるものがあることも注目に値すると思います。

(36) How did the organization evolve <u>into its current form</u>?

(37) What started out as a small start-up has turned <u>into a Fortune 500 company</u>.

(38) He talked me <u>into taking the job</u>.

(39) She was pressured <u>into signing a contract</u>.

　小説や物語を日本語に翻訳する場合、**登場人物の口調をどうするか**というのは、翻訳者にとって最初にぶつかる大問題です。英語が話されている文化とは異なり、日本語の環境では、人物同士の関係、地位や立場、人物の性格などを正確におさえて会話させないことには、自然な日本語にならないからです。このことはオー・ヘンリーの短編にはとくにあてはまります。とにかく読んで面白いというのがオー・ヘンリーの特徴ですが、**会話の妙**がその面白さの大きな部分をしめているからです。つまり、**人物が生き生きとしてこない**と、面白さが半減することになってしまうのです。

　その意味で、「ラッパの響き」に登場する2人の人物、ジョニー・カーナンとバーニー・ウッズのセリフの口調には十分に気をつかう必要があります。そして、そのためには、**物語の最初に2人が出会った状況を正確に理解しておくこと**が大切です。ざっと以下のようになります。

　2人は5年くらい前にセント・ジョセフに住んでいました。そこではカーナンは少なくとも表面上は犯罪者ではありませんでした。そして、まずこのカーナンがセント・ジョセフから姿を消し、その半年後にウッズはセント・ジョセフで警察官になり、さらにその半年後にニューヨークに移って刑事になりました。その後、いつかの時点でサラトガで強盗事件があり、それがカーナンの仕業であることが判明し、それ以来ウッズはカーナンに目をつけてきました。そして物語の2週間前に強盗殺人事件があり、ノークロスという金持ちの老人が殺害されます。ウッズはカーナンが犯人であることを見抜きました。物語の冒頭で2人が出会った時点で、カーナンはウッズが警察官であり、自分を追っていることを知りません。しかし、ウッズがカーナンに声をかけたのは逮捕するためでした。

　ここまで理解したうえで、まずカーナンの最初のセリフについて考えてみましょう。

　　No less. If it isn't Barney Woods, late and early of old Saint Jo!
　　You'll have to show me! ...

　カーナンがこのセリフによって伝えようとしている意味は単純です。「そのとおり。君はセント・ジョセフに昔から住んでいたバーニー・ウッズだね」ということです。単純に言うなら、Yes, I am! And you are Barney Woods, aren't you? ですむところです。

　ところが、カーナンはIf it isn't Barney Woodsなどと、わざわざ少しかたい、**もってまわった言い方**をしているばかりか、「昔住んでいた」という意味のlate of ...という言い回しをひねって、early of ...すなわち「最近も住んでいた」という表現と組み合わせ、さらに、セント・ジョセフという地名にはshow me「証明しろ」という言葉がいわば枕詞のようにくっついているものだから、You'll have to show me.などと述べてます。

　これはいったいどういうことでしょう？　要するに、カーナンはとてもご機嫌なのです。なので、ペラペラと減らず口をたたいているのです。You'll have to show me.は、しいていうなら、「君がほんとうにバーニー・ウッズだということを証明しなきゃいけないよ」ということでしょうが、言うまでもなく、本気でそう言っているのではないし、そんなことを言う必要もありません。要するに、お調子にのってペラっと出てしまった言葉なのです。

　例えばあなたが、学校かなんかで友人と話しているとします。「君、どこの出身？」「大阪」「えっ大阪？　じゃあ食い倒れなきゃ」と言ったとしても、「いまからレストランに行って、たらふく食べようぜ」などと誘っているわけではないのと同じことです。ようするに、**連想として頭に浮かんだ言葉のきれはしを垂れ流している**だけのことです。

　このようなお調子者が、口にまかせてぺらぺらと話している調子から、私は落語によく登場する、口達者な人物を連想しました。とくに（古今亭志ん朝の演じる）「居残り佐平次」という落語の主人公です。そこで、古今亭志ん朝演じる佐平次の口調を意識して、私はカーナンに次のようにしゃべらせました。

　「ピンポーン」とカーナンがはしゃいで言った。「そういうあんたはバーニー・ウッズ。ついこないだまでセント・ジョセフ在住ってやつ。証拠はこだ、住民票どうした、なんて野暮なことは言いっこなし」

物語のクライマックスのところにWoods flipped over to him the piece of writing.という文がありますが、flipという語はアメリカ人の好きな言葉です。2020年11月の大統領選のニュースを見ているとしょっちゅう出てきました。

> Biden's victory adds 16 electoral votes to his tally, bringing him to 306 ── matching President Donald Trump's 2016 total. With CNN's projection that Trump will win North Carolina, the final tally is 306-232, a landslide for the President-elect, who flipped five states and a congressional district in Nebraska from red to blue in 2020.
>
> （［この］バイデンの勝利によって、［獲得した］選挙人の数が16プラスとなり、トータルで306となった。これは2016年のドナルド・トランプの獲得数と同じだ。CNNの予想ではノースカロライナはトランプが当確なので最終トータルは306対232、2020年は5つの州とネブラスカの選挙区で赤を青に変えた地すべり的大勝利である）

　flipは**「すばやく小さな動作」**を言語化するときに用いられる語です。バイデンは、共和党優位の州の地図に塗られている赤をひょいと青に変えたのです。

　overは「物理的に回転する」「ひっくり返ると」いうニュアンスをもった前置詞（副詞）です。「こちらがそちらへ」「そちらがこちらへ」という動作を意識するときに出てくる前置詞です。そこから**「回転する」**という感じが生じます。回転の度合いは様々で90度だとfall over「倒れる」で、turn over a page「ページをめくる」だと裏表が逆、つまり180度です。ぐるぐる回転するならturn over and over againなどと表現されるでしょう。

　これに対して、「こっちからそっち」あるいは「そっちからこっち」という**物理的な移動**を意識する場合に用いられることもあります。心理的な文脈では「そっちにいる人」すなわち**「相手」を意識する**ことになり、自分や相手にむかって何かが移動するという感じが強くなると、「引き取る」「譲り受ける」や、「譲渡する」「譲る」というような意味が生じてきます。

　さてflipped over to him the piece of paper について考えてみましょう。「す

ばやい動作で紙を『相手に』わたした」ということです。ここには「おい、見ろよ、お前に関係するんだよ」という気持ちがoverに表現されています。

それが物理的にどういう動作だったかは、一義的には言えません。「現在の」「アメリカの」文化に育った人なら、典型的に思い浮かべる動作があるでしょう。腕は動かさないで、肘の間接を90度くらい相手にむかって伸ばす動作である可能性が高いですが、最後に指から紙を離すかどうか（つまり投げるかどうか）はわかりません。また、それを書いていたテーブルの上にのせたままそれをずらすのか、空中でこの動作を行うのかもわかりません。どれを思い浮かべるかは、時代、文化、人間、状況によって変わります。したがって、この英語表現を映像に「翻訳」する場合にも、どのような動作を行うかは俳優次第です。

つまりflip overそのものに「意味」があるのではなく。ある1つの動作を描くのに、この言葉が選ばれたにすぎず、その**実際の動作が厳密にどうであったかを、この表現そのものから正確に遡ることはできない**のです。

では、日本語でどう表現すればよいでしょう？　もうおわかりでしょうが、1つの正解はありません。「紙をつまんで、テーブルの上をずらす、もしくは空中で行われるかたちで肘を相手にむかって90度さっと動かし、最後に紙を持ったままか、放り投げる」というのを何と表現するか、万人が理解できるように数語で表すのは困難です。それを言い表す簡潔な表現は、ちょっと思い浮かびません。

では、何でもありかというとそうではありません。「ウッズは腕をぐるぐる数回まわしてアンダーハンドで紙をトスした」は、明らかに正しい訳ではありません。もとの言語の理解においてここで重要なのは、この動作の、**文脈における意味**です。つまり、少なくとも、相手に向かっていねいに紙を示したのではありません。かなり**つっけんどんな感じ**が含まれていると思います。また、「相手」が強く意識されています。

なので、文学作品の翻訳とは、翻訳されたものを作品として成立させることだと理解するなら（拙著『翻訳の授業』第7章をごらんください）、そのようなニュアンスを含んだ描写を行うのがもっとも適切な翻訳です。「相手につきつけた」「相手の鼻先にぬっと差し出した」「相手に向かってなげつけた」「ほらと言わんばかりに突きつけた」等々、(a) 動作がややつっけんどんである、(b) 相手が意識されている、という条件が満たされていれば訳としてはOKだと思います。

「サイフォン」と「ハイボール」

「ラッパの響き」で、久しぶりに再会を果たしたウッズとカーナンがバーに入ってしばらく会話していると、以下のような描写があります。

> The waiter came with the little decanters and the siphon and left them alone again.

この「サイフォン」とはなんのことでしょうか？日本語では「コーヒーをいれるための器具」というイメージが強いですが、このサイフォンは炭酸水が入った「ソーダサイフォン」のことだと思われます。

カーナンも作中で飲んでいましたが、ウイスキーをソーダで割ったものが「ハイボール（high-ball）」ですね。この「ハイボール」の語源には諸説あります。

有力な説の1つは、かつてアメリカの鉄道で用いられていた「ボール信号機（ball signal）」に由来するというもの。信号が「上がった」状態が"high-ball"というわけです。ある説によれば、「隣の駅のボール信号が『ハイ』になったら、もうすぐ列車が到着するので、駅員は炭酸水を一気に入れて飲み干していた」そうです。

もう1つの説は、スコットランドのゴルフ場で、たまたまウイスキーのソーダ割を飲んでいたところ、高く上がったボールがそこに飛び込んできたことが、「ハイボール」という名の由来になったというもの。こちらの説のほうが、日本ではなじみがあるかもしれません。

ちなみに、日本には、その名もズバリ「オー・ヘンリー」という麦焼酎があることをご存知ですか？「オー・ヘンリーの小説のような、ウソのようなホントの話のために、なかなか発売に至らなかった」という事情から、そのような名前がつけられたのだそうです。

デラウェア州デルマーで
保存されている「ボール信号」

Chapter **3**

The Ransom of Red Chief

　アラバマ州の田舎町で、サムとビルは、街の名士のひとり息子を誘拐して2,000ドルの身代金を掠め取ろうとします。首尾よく掻っさらってきたものの、自らを「赤い酋長」と称する、やんちゃな子供に2人は始終振り回されます。サムとビルは、狙い通りに大金を手にすることができるのでしょうか？ ロマンスものや、意外な「どんでん返し」が多いオー・ヘンリーの作品の中では、比較的珍しい「コメディー」をお楽しみください。

赤い酋長の身代金

うまい話だと思ったんだが、まあ、それは聞いてのお楽しみだ。俺たちは
——俺たちというのはビルと俺のことだが——南部のアラバマにいた。その
とき、この誘拐のアイデアが浮かんだのさ。あとでビルが言ったが、「一時
的な気の迷い」だったんだ。だが、あの時はそうは思わなかった。

あそこに1つ町がある。パンケーキみたくぺっちゃんこな土地だが、名前
はもちろん「てっぺん町」。5月の祭りにメイポートの周りに集まってくる
連中みたいな、人畜無害で脳天気でおめでたい百姓どもが住んでいる。

ビルと俺のあり金は合わせて600ドルほどだったが、イリノイ州西部で
不動産詐欺をやるのに、あとちょうど2,000ドル必要だった。俺たちは、ホ
テルの玄関の上がり口のところで計画をねった。片田舎の町は、子煩悩の傾
向がある。それに、その他もろもろの理由もあり、誘拐事業には向いている
はずだ。新聞社の縄張りのような土地だとそうはいかない。私服のレポーター
を送り込んできて、色々と噂をたてさせるからだ。「てっぺん町」ていどなら、
せいぜい巡査か、ひょっとしたらノタノタした老いぼれブラッドハウンドを
けしかけてくるくらいだろう。くわえて『週刊 農民のおさいふ』に、当て
こすりの記事が一度か二度のるくらいなものだろう。だから、うまい話だと
思ったのだ。

俺たちは誘拐の獲物に、この町で有名なエベネザー・ドーセットという人
物のひとり息子を選んだ。父親は名士でドケチ、抵当をとって金を貸しては
厳しく取り立てる、教会の寄付はそしらぬ顔でやりすごし、平気で抵当権を
行使して土地を没収する、血も涙もない因業オヤジだ。ガキというのは10
才だが、雀斑だらけで肌はボコボコ、髪の毛は、ほら、汽車にのるときに売
店で買う雑誌があるだろ、そんな雑誌の表紙みたいに真っ赤だった。こんな
オヤジでもめろめろになって、かっきり2,000ドル払うだろうと、ビルと俺
は踏んだ。さて結果はどうなったのか、それはあとのお楽しみだ。

「てっぺん町」から約2マイルのところに、小さな丘があった。一面に杉

の木が密集して生えている。この丘の裏手にコブがあり、穴がぽっかりあいていた。俺たちはこの洞穴に食料をためこんだ。ある日の夕方、日が落ちてから馬車にのって、ドーセット邸の前を通りすぎた。例のガキが道にいて、向かいの家のフェンスにのった子猫めがけて大きな石を投げつけている。

「おい、坊っちゃん」とビルが言った。「キャンディ食べるかい？ ちょっとドライブしてみない？」

子どもの投げたレンガのかけらが、みごと狙い通りにビルの目に当たった。「いてえなあ、身代金を500ドル上乗せだ」とビルが車輪に足をかけて降りながら言った。

子どもは、ウェルター級の熊みたいに派手に抵抗して、さんざん手こずらされたが、なんとか馬車の床に押さえつけて、その場を立ち去った。そうして洞穴につれていき、馬を杉の木につないだ。真っ暗になってから、3マイル離れた小さな村に馬車をもっていった。そして馬車を返して、丘まで歩いて帰った。

ビルは顔の傷や青ぶくれに絆創膏をはっているところだった。洞穴の入り口の、大きな岩の陰で焚き火が燃えていた。子どもは煮え立っているコーヒーを見つめている。ハゲタカの尾羽が2本、赤い髪の毛に突き立っている。俺が来るのを見ると棒を突きつけて、こう言った。

「この、呪われた白人め！ 平原の恐怖、『赤い酋長』の陣地によくも入ってきたな」

「こいつもう大丈夫だよ」と、ビルはズボンの裾をまくりあげ、スネの傷を調べながら言った。「インディアンごっこをやってるんだ。ここまでやられたら、バッファロー・ビルのショーなんて、公民館の幻灯で見せるパレスチナの風景みたくちゃちなもんだぜ。俺は猟師のハンク爺さん、赤い酋長に捕まってるんだ。夜明けに頭の皮を剥がれるんだ。それにしても、あのガキ、すごいキック力だぜ」

そう、子どもは、今までこんなに楽しかったことはない、という顔をしていた。洞穴でキャンプするのが楽しすぎて、とっ捕まったのは自分のほうだ

ということを、すっかり忘れてしまっていた。俺を見るなり、スパイの「蛇目」だなんて呼んで、勇士たちが戦争から帰ってきたら、杭に縛り付けて、日の出とともに火あぶりにしてやると宣(のたま)った。

夕食のときになった。子どもはベーコンとパンと肉のタレをぎゅうぎゅうに口につめこんで話し始めた。晩餐のスピーチはこんなぐあいである。

「楽しいなあ、ホント！ 今までキャンプで寝たことないんだ。でも、ペットのポッサム飼ってたことあるんだ。この前の誕生日で9歳になったんだぞ。学校なんて大嫌いさ。ジミー・タルボットの叔母さんがシマシマのめんどりを飼ってるけど、そいつの卵が16個も、ネズミに食べられちゃった。ここの森にはホンモノのインディアンはいるの？ もっと肉のタレほしいな。木が動くと、風がおきるの？ うちに子犬が5匹いたんだぞ。ハンク、お前の鼻なんで赤いの？ 僕の父さん金持ちなんだぞ。星って熱いの？ 土曜日にエド・ウォーカーのこと、2回ムチでぶっちゃった。女の子なんてきらいだ。糸がないとガマガエル釣れないよ。雄牛って鳴くの？ なんでオレンジは丸いの？ この洞穴にベッドはあるの？ アモス・マレイって、足の指が6本あるんだよ。オウムはしゃべれるけど、猿とか魚はしゃべれないよ。いくつといくつで12になるの？」

こんなことを言いながら、数分ごとに自分はまめなインディアンであることを思い出し、棒きれのライフルを手にとって、洞穴の入り口までそろりそろりと行き、憎い白人の斥候の姿をもとめてあたりを偵察した。そして時々ときの声をあげるものだから、猟師のハンク爺さんは身震いするのだった。最初から、ビルはこの子どもにどことなく怯えているようだった。

「赤い酋長さんよ」と俺は言った。「家に帰りたくはないの？」

「なんで？」と子どもは答える。「家にいたって楽しくないよ。学校もいやだ。ずっとキャンプしていたいよ。蛇目、まさか僕を家に連れて帰らないよね？」

「すぐには帰さない」と俺は言う。「この洞穴にしばらくいるんだ」

「そうする！」と子どもが言った。「よかった！ こんなに楽しいの、生まれてはじめて！」

11時頃に寝た。横に広い毛布を何枚か、それと掛け布団を地面の上にひろげて、赤い酋長を真ん中に川の字で寝た。子どもが逃げる心配なんてするどころではない。3時間というもの、こっちを眠らせてくれないのだ。しょっちゅう跳ね起きては棒ライフルに手をのばし、俺とビルの耳の中に「シーッ、賊だ」と叫ぶ。枝がポキっと折れたり、葉っぱがさらさら鳴ったりしたと思いこみ、そのたびごとに無法者の集団が抜き足差し足で近づいてくる映像が、子どもの目に描き出されるのである。そんなこんなでやっとのことで寝ついたと思っても、こんどは夢にうなされる。夢のなかで、自分が赤毛の乱暴な海賊に誘拐され、木に繋がれているのである。

ちょうど夜が明けるころ、ビルが恐ろしい悲鳴を何度も何度もあげるので起こされた。叫び声でも、怒声でもなく、怒鳴り声でも、喚声でも、雄叫びでもなく——ようするに男の声帯をそなえた者の口から飛び出す音声ではなく、こちらが恥ずかしくなるような、恐怖心をそそられるような、なりふりかまわない悲鳴、すなわち幽霊や毛虫を見て女が発するような声だった。夜明けの洞穴で、でっぷり太った大の男が身も世もなく垂れ流す悲鳴を聞くのは、正直いって腹にこたえる。

何事が起きたのかと思って跳ね起きた。すると赤い酋長がビルの胸に馬乗りになり、ビルの髪を片方の手にぎゅっとからめている。そしてもう片方の手には、ベーコンをスライスするのに使った鋭いテーブルナイフがあった。酋長は、昨日の夜申し渡した判決にしたがって、ビルの頭の皮を剥ぎ取ろうと、生々しく、大真面目に奮闘しているのである。

俺は子どもの手からナイフをもぎとり、そこに寝させた。しかし、この瞬間から、ビルは玉が縮み上がってしまった。寝床の自分の場所に寝ても、この子どもがいっしょにいる間は目を閉じて眠ろうとはしないのだ。俺はしばらくとろとろっと眠ったが、日が昇るころになると、夜明けに火あぶりにすると赤い酋長が言ったのを思い出した。気になったわけでも、怖かったわけでもないが、俺は起き上がってパイプに火をつけて岩にもたれて座った。

「サム、なんで起きたんだ。まだ早いぞ」とビルが言った。

「俺?」と答える。「いやあ、肩が痛くてな。座ってると肩が休まるかと思ったんだ」

「嘘こけ!」とビル。「怖いんだろ。夜明けに火あぶりだって言われたからな。あいつ本気だと思ってるんだろ。うん、マッチがあったら、あいつやるぜ。ひどい話だと思わないか? あんなガキを引き取るのに、わざわざ金を払うヤツなんているると思うか?」

「もちろんいるさ」と俺。「あんなうるさいガキほど、親は可愛いいんだって。さあ、お前と酋長は起きて朝飯の用意をしろ。俺は丘のてっぺんに行って様子をみてくる」

俺はちっぽけな丘のてっぺんまで上って、あたり一帯に目をやった。「てっぺん町」のあたりでは、鎌やフォークで武装した村の屈強な百姓どもが町外れを回って、卑劣極まりない誘拐犯を探しているものと思っていた。ところがである。見渡すかぎり、冴えない色のラバを使って、畑を耕している男が1人いるだけじゃないか。川底をさらっている者もいなければ、気も狂わんばかりの両親のところに、まだ何も進展はないことを伝えようと、右往左往している者もいない。わが眸底に映っているかぎりの、アラバマのこの地域の外見的・表層的風景は、なんだか眠そうで気だるそうで、まるで牧歌的なふんいきだ。「たぶん」と俺はひとりごちた。「いたいけな仔羊がむつけき狼に攫われたことに、まだ誰も気づいていないのだ。狼に神のご加護がありますよう!」と俺は言って、朝飯を食べようと丘を下っていった。

洞穴につくと、ビルがはあはあ息をしながら、壁に背をつけているじゃないか。そして子どもはというと、ココナッツの半分もあろうかという岩のかけらを持って、どやしつけるぞと息巻いている。

「こいつ、茹でたての熱々ポテトを俺の背中に入れやがった」とビルが説明した。「それから足で踏んづけてマッシュポテトにしたんだ。ビンタを食らわしてやった。おい、銃はあるか?」

俺は子どもから石をとりあげて、なんとかその場を丸くおさめた。「ただじゃおかないからな」と子どもはビルに言った。「赤い酋長をぶって、痛い

目にあわなかったやつはいないからな。覚悟しとくんだな」

　朝飯がおわると、子どもは、小さな皮の切れ端に糸をぐるぐる巻きつけたものをポケットから出して、糸をほどきながら洞穴から出ていった。

　「こんどは何をしでかすんだろう」とビルは不安そうに言った。「おい、逃げる心配はないだろうな？」

　「それはない」と俺は言う。「家は恋しくないみたいだぜ。だけど、身代金をとる算段をしなきゃ。てっぺん町じゃあ、子どもがいないなんて、誰も騒いじゃいないぜ。いなくなったのに、まだ気づいてないのかもしれん。家族は、どうせジェイン叔母さんの家かどっかに泊めてもらったんだろうなんて思ってるんだよ。どっちにしても、今日は気づく。今晩には、子どもを返してほしかったら2,000ドルよこせと、父親に脅迫状を送らなきゃ」

　と、ちょうどその時、戦闘開始を告げるようなヒュルルという音が聞こえた。ダビデが石を投げ、闘士ゴリアテを倒したときのような音だ。赤い酋長がポケットから出した石投げのヒモを、頭上でぐるぐる回している。

　俺はひょいと頭をさげたが、どすっという鈍い音がして、それと同時にビルがううっとうめいた。馬が鞍をはずされたときに発するような声だ。卵くらいの石炭がビルの左耳のうしろに命中したのだ。ビルの全身がぐにゃりとなり、焚き火の中に倒れ込んだ。皿洗いのための湯をわかしているフライパンの上に、もろにつっぷした。俺はおおあわてで引っ張り出して、ビルの頭に冷たい水を半時間もそそぎつづけた。

　やがて、ビルは上体をおこして座り、耳のうしろをさすりながら、「おいサム、聖書に出てくる人で、俺の好きなのが誰か知ってるか？」ときいた。

　「むきになるんじゃないぞ」と俺は言った。「すぐに気分がふつうに戻るからな」

　「ヘロデ王だ」とビルが言った。「サム、いいか、ぜったいに俺をここにひとりにしないでくれよ」

　俺は外に出ていって、子どもをつかまえて、それこそ雀斑がカタカタ鳴るまでゆさぶってやった。

「おとなしくしないと」と俺は言う。「すぐに家に連れて帰るぞ。さあ、どうだ。いい子にしてるか?」

「ちょっとふざけただけだよ」と子どもは不満そうな顔でいった。「ハンク爺さんを痛めつけるつもりじゃなかったんだ。だけど、あいつ何で僕のことぶったんだ? 蛇目、僕おとなしくするよ。だから僕を家に帰さないでね。それと、今日、『ブラックスカウト』ごっこさせてくれよ」

「おじさんはどんな遊びか知らないから」と俺は答えた。「ビルと2人で相談するんだな。今日は、ビルと遊ぶんだ。おじさんは仕事があるから、しばらく出かけてくる。さあ、中に入って仲直りしろ。痛い目にあわせてごめんなさいと言うんだ。言わないと、即刻家に直行だぞ」

俺は子どもとビルに握手させた。そしてその後で、ビルをわきに呼んで、ここから2マイルほどの小さな村であるポプラ・グローブに行って、誘拐事件が「てっぺん町」ではどんなふうに受け止められているかを、探ってくると告げた。それと、今日のうちに親父のドーセットに手紙を書いて、身代金をよこせ、かくかくしかじかの方法でもってこいと、うむを言わさぬ要求をすべきだと思うと言った。

「なあサム」とビルが言った。「俺、今まで、たとえ火のなか水のなかでも、平気な顔してお前についてきたよな。ポーカーのいかさまも、ダイナマイトの爆破強盗も、警察_{サツ}のガサ入れも、列車強盗も、台風も —— 何だってあったよな。今まで怖気づいたことなんて一度もなかったけど、こんどは別だ。あの、ニンゲン打ち上げ花火みたいな野郎を誘拐したのが運の尽きだ。あいつがいたら落ち着かねえ。すぐに帰ってきてくれよ、サム」

「いつかわからんが夜までには帰ってくる」と俺は答えた。「それまであいつのおもりをして、おとなしくさせておいてくれ。さあて、ドーセットの親父に手紙を書くぞ」

ビルと俺は紙と鉛筆をもってきて手紙を書いた。赤い酋長は毛布を体に巻きつけて行きつ戻りつ、洞穴の入り口の警護をしている。ビルは身代金を2,000ではなく1,500にしてくれと、目に涙をうかべ、切々とうったえた。

「俺、世間でいう『子を思ううるわしい親の情』なんて嘘っぱちだなんていうつもりはないけど、俺たちの相手も人間なんだ。あんな体重40ポンドこっきりの雀斑だらけのヤマネコに2,000も払おうなんて思うとすれば、それはもう人間じゃない。俺、1,500で試してみたいな。損する500は俺がかぶってもいいから」

というわけで、ビルがかわいそうなので、俺は譲歩した。そうして2人で知恵をしぼってこんな手紙を書いた。

エベネザー・ドーセット殿

貴殿の子息はてっぺん町から遠い場所に匿われている。貴殿ないしは有能なる警察が探しだそうとしても無益である。唯一、子息を貴殿のもとに取り返すための条件は以下のとおりである。子息と引き換えに、高額紙幣で1,500ドル用意せよ。金は今夜12時、本状の以下に記せる同一の場所、同一の箱に貴殿の返書とともに入れること。本条件に同意せる場合は、今夜8時半に、回答の書状を使者に持たせてよこせ。使者はひとりでこさせよ。ポプラ・グローブにむかって進み、アウルクリークを渡ると、大木が約100ヤード間隔に3本たっている。右手には小麦畑のフェンスがある。3本目の木の向かいにあるフェンスの支柱の下にダンボールの小箱がある。

使者はこの箱に回答を入れて、すみやかにてっぺん町に帰れ。

もしも騙そうとしたり、要求に応じなければ、子どもには二度と会えないぞ。

要求通り金を支払えば、子どもは3時間以内にぶじに返す。交渉の余地はない。もしも応じなければ、これ以上連絡はしない。

2人の危険な無法者より

俺は手紙に「ドーセットへ」と記して、ポケットに入れた。出かけようとすると、子どもがやってきてこう言った。

「おい、蛇目、お前がいない間、ブラックスカウトをやっていいと言ったよな」

「もちろんいいさ」と俺は答える。「ビルおじさんがいっしょに遊んでくれる。どんな遊びなんだい？」

「僕はブラックスカウトになる」と赤い酋長が言った。「馬で防御柵のところまで行って、開拓民にインディアンが来るぞって、警告するんだ。もうインディアンをやるのは飽きたから、ブラックスカウトになりたいんだ」

「わかった」と俺。「問題ないようだな。野蛮な虫けらを追い返すの、ビルおじさんも手伝ってくれるだろうよ」

「俺、何をするんだ？」とビルは子どもを疑るように見ながら言った。

「お前はウマだ」とブラックスカウトが言った。「四つん這いになれ。ウマがなきゃ防御柵まで行けないじゃないか」

「なんとかもたせるんだ」と俺。「計画が動きはじめるまでのことだ。気楽にやれ」

ビルは這いつくばった。そのとき罠にはまったウサギのような表情を目にうかべた。

「坊っちゃん、防御柵までは遠いの？」とビルが尋ねる。声がなんだかかすれている。

「90マイルだよ」とブラックスカウトが答える。「お前、がんばらないと間に合わないぞ。いくぞ、どうどう！」

ブラックスカウトはビルの背に飛び乗り、ビルの脇腹にかかとを食い込ませた。

「お願いだから」とビルは言った。「なるたけ急いでくれよ。身代金を1,000ドル以下にすればよかった。おい、蹴るのはやめろ。やめないと立ち上がって、ぶん殴るぞ」

俺はポプラ・グローブに行って、郵便局をかねた店の中をうろうろして、何か買いにきた田吾作どもに話しかけた。頬髭モジャモジャの男が、てっぺん町では、エベネザー・ドーセットの息子が迷子になったか攫われたかで、

大騒ぎになっているらしいと教えてくれた。これを聞けばじゅうぶんだ。俺はタバコを買い、なにげない顔でカウピーの値段をきくふりをしながら、そっと手紙を投函して店を出た。局長の話だと、1時間後に郵便屋がきて、てっぺん町まで持っていくのだそうだ。

洞穴に帰ると、ビルも子どももいない。付近をさがしまわり、一、二度ヨーデル風に裏声で叫んだが何の返事もない。

しかたないのでパイプに火をつけて、苔のはえた土手に座って待つことにした。

半時間ほどたったころ草むらがごそごそ鳴って、洞穴の前のせまい平地にビルがよろよろと出てきた。その後ろから、ニッという笑いを満面にたたえた子どもが、いかにも斥候らしく抜き足差し足で歩いてくる。ビルは足をとめて帽子をぬぎ、赤いハンカチで顔をぬぐった。子どもは8フィートほど後ろに立ち止まる。

「おいサム」とビルが言った。「お前、俺のこと裏切り者だと思うかもしれないが、もうどうしようもなかったんだ。俺だっていい大人で、男特有の精神構造と、自己防衛本能があるんだが、自我と征服欲の心理装置が作動しないときがあるんだ。子どもはもういないよ。家に返したんだ。万事終了だよ。昔の殉教者は」とビルは続ける。「それぞれに課せられた重荷を捨てるよりは、死ぬことをえらんだよな。だけど、俺みたいに超弩級の責苦にあわされた者はいないぜ。私物略取業の服務規定は忠実に守ろうとしたけど、もう限界だったんだ」

「お前、いったい何があったんだ」と俺は尋ねる。

「あいつを背負って、防御柵までの90マイルをまるまる走らされた。開拓民が救われると、オーツ麦のご褒美だ。だけど、砂をオーツ麦のつもりで食えと言われても、うまくはないぜ。それからたっぷり1時間、質問攻めさ。なんで穴ぼこの中には何もないの？ なんで道は右にも左にも行けるの？ なんで草は緑なの？ なんてね。言っとくけどな、人間にはがまんの限度というものがある。俺はガキの服のえりをつかんで、丘の下までひきずっていっ

た。途中で蹴りまくったから、膝から下はあざだらけだ。おまけに手と指に噛みつきやがった。まだ痺れてるよ」

「だけど、もう帰った」とビルが続ける。「家に帰った。てっぺん町に帰る道をおしえてやって、思いっきり蹴飛ばしてやった。8フィートほどすっとんで、家が近くなったよ。身代金のことごめんな。だけど、こうでもしなきゃ、ビル・ドリスコルは気が狂って病院入りだったんだぜ」

ビルは興奮して口をとがらせてはいるが、なんともいえない安堵感と満足感が、ピンク色の顔にひろがってきた。

「ビルよ」と俺はいう。「お前の家族に心臓が悪い人っていないよな」

「ああ」とビルが答える。「マラリアと事故にはあったことがあるが、慢性の病気はないよ。なぜだい？」

「じゃあ、回れ右をして」と俺は言った。「後ろを見るんだ」

ビルは振り向いて子どもを見た。その瞬間顔が真っ青になり、地面にどしんと座ると、呆けたように草の葉っぱや茎をむしりはじめた。気が触れるのではないかと本気で心配になった。そんな風で1時間もたったころ、すぐに仕事を片づけるつもりだ、ドーセットのオヤジが同意したら、とっとと身代金を受け取って、真夜中までにはずらかろうぜとビルに言った。するとビルは少し気を取り直したようで、子どもに弱々しく笑いかけて、もう少し気分がよくなったら日露戦争ごっこをやってロシア軍になってやると約束した。

身代金の受け取りは、むこうが何か手を打って捕まることがないよう、プロの誘拐犯も顔色なしという名案を作ってあった。相手は木の根もとに返事をおき、あとで金もおくことになるが、その近くの道は、四方八方何もない大きな野原の真ん中をはしっている。だから、かりに警察の連中が見張っていれば、遠くから、野原を横切ってくるか、道路を進んでくる人物を見ることができる。だが、お生憎さま。俺は8時半には、この木に上って、アマガエルみたいに葉っぱに隠れて、使者がくるのを待っていたのだ。

きっかり約束の時間に、半分大人の少年が自転車にのってきて、フェンスの支柱の下のところにあるダンボールの箱を見つけ、小さくたたんだ紙をそ

の中に入れ、またペダルをこいでてっぺん町へと帰っていった。

俺は1時間待って、インチキはないと判断した。そこで木を降りて手紙をとり、フェンス沿いに森まで進み、半時間後に洞穴に戻ってきた。手紙を開き、ランタンに近寄ってビルといっしょに読んだ。ペンで書かれた金釘流の文字がならんでいる。ざっとこんなところだ。

　2人の危険な無法者へ

　　お2人に告ぐ。本日、郵便にて貴殿の手紙を拝受した。うちの息子を返すのと引き換えに身代金を用意せよという件だ。正直、要求がちと過大だと思う。よって本状にて対抗案を提案しよう。きっと受け入れてくれるものと信じる。ジョニーをうちに連れてきて、私に250ドル払いなさい。おたくら、それっぽっちで息子を厄介払いできるぞ。来るんだったら夜がいい。ジョニーがいなくなってくれたと近所の人たちが決めこんでいるので、明るいうちに連れてきたら、何をされるか責任はもちかねる。

　　敬具

　　　　　　　　　　　　　　　　　　　エベネザー・ドーセット

「クソッ、舐めやがって」と俺は言った。「馬鹿にするにもほどが…」

ところがビルを見て、おやっと思った。必死に訴えかけるような目で、俺のことを見てるじゃないか。そんな表情を、口のきけない人とか、ペットとかでよく見るじゃないか。

「サムよ」とビルが言った。「250くらい、いいよな。金はあるじゃないか。このガキともう一晩すごしたら、気が狂っちまうよ。ドーセットさんは紳士的なばかりじゃない。こんなにお安くしてくれるなんて、気前がいいじゃないか。こんなチャンスを逃しちゃだめだよ」

「正直なところ」と俺は言った。「俺も、このガキの羊には、ちょいとばかりいらついているんだ。家に連れていって、金を払って逃げようじゃないか」

夜になると、子どもを家へ連れていった。坊やのためにお父さんが銀の象嵌つきのライフルと鹿革の靴を買ってくれたから、明日いっしょにクマ撃ちにいこうと騙して連れ出したのだ。

　エベネザーの家の玄関をノックしたのは、ちょうど12時だった。計画通りなら、木の下の箱から1,500ドル取り出しているはずなのに、ぎゃくにビルが250ドル数えながら、ドーセットに渡していた。

　子どもは、家に残されるのだと理解したとたん、蒸気機関車の汽笛みたいな叫び声をあげたかと思うと、ビルのすねにヒルのようにぴたりと張り付いた。父親はまるで絆創膏をはがすように、少しずつひき離した。

　「どれくらい押さえておける？」とビルがきいた。

　「年のせいか、昔ほど力がないが」とドーセットのオヤジが言った。「10分だったら約束できると思う」

　「それでじゅうぶんだ」とビル。「10分あれば中部、南部、中西部の州をこえて、カナダ国境にむかってすたこら逃げてるよ」

　そんなわけで、あたりは真っ暗闇だし、太っちょなのに、足の速い俺を置き去りにして、ビルは三十六計をきめこんだ。てっぺん町を出て1マイル半も行ったところで、やっとのことで俺は追いつくことができたのだった。

The Ransom of Red Chief

It looked like a good thing: but wait till I tell you. We were
①down South, in Alabama——Bill Driscoll and myself——when
this kidnapping idea struck us. It was, as Bill afterward expressed
it, "during a moment of temporary mental apparition"; ❶but we
didn't find that out till later.

❷There was a town down there, as flat as a flannel-cake, and
called Summit, of course. It contained inhabitants of as
②undeleterious and self-satisfied a class of peasantry as ever
clustered around a Maypole.

Bill and ③me had a joint capital of about six hundred dollars,
and we needed just two thousand dollars more ④to pull off a
fraudulent town-lot scheme in Western Illinois with. We talked
it over on the front steps of the hotel. Philoprogenitiveness, says
we, is strong in semi-rural communities; therefore, and for other
reasons, ❸a kidnapping project ought to do better there than in
the radius of newspapers that send reporters out in plain clothes
to stir up talk about such things. We knew that Summit couldn't
get after us with anything stronger than constables and, maybe,
some lackadaisical bloodhounds and a diatribe or two in the
Weekly Farmers' Budget. So, it looked good.

We selected for our victim the only child of a prominent
citizen named Ebenezer Dorset. The father was ⑤respectable
and tight, a mortgage fancier and a stern, upright collection-
plate passer and forecloser. The kid was ⑥a boy of ten, with bas-

ここに気をつけて読もう

① この down South はどのような意味でしょうか？

解釈のポイント❶ → *p. 374*

どのように訳すのが適切でしょうか？

… but we didn't find that out till later.

解釈のポイント❷ → *p. 374*

なぜ of course「もちろん」が用いられているのでしょうか？

… and called Summit, <u>of course</u>.

② なぜ冠詞（a）の前に形容詞 が置かれているのでしょうか？

③ なぜ目的格になっているのでしょうか？　④ この to 不定詞句は何用法でしょうか？

解釈のポイント❸ → *p. 375*

この do better は、どのような意味でしょうか？

…, a kidnapping project ought to <u>do better</u> there than …

⑤ respectable and tight はどの名詞を修飾しているのでしょうか？

⑥ a boy of ten は、a ten-year-old boy と、どのようにニュアンスが異なるでしょうか？

N O T E S

L.004 apparition ▶幻影	**L.008** undeleterious ▶無害な			

L.004 apparition ▶幻影　　**L.008** undeleterious ▶無害な

L.009 Maypole ▶五月柱（春の訪れを祝うお祭りで用いる）

L.012 fraudulent ▶詐欺の　　**L.013** philoprogenitiveness ▶子煩悩

L.018 constable ▶保安官　　**L.019** lackadaisical ▶ぼんやりした

L.019 bloodhound ▶猟犬　　**L.019** diatribe ▶痛烈な批評

L.023 stern ▶厳格な　　**L.024** forecloser ▶抵当権を行使する人

relief freckles, and ⑦hair the colour of the cover of the magazine you buy at the news-stand when you want to catch a train. Bill and me figured that Ebenezer would melt down for a ransom of two thousand dollars to a cent. But wait till I tell you.

About two miles from Summit was a little mountain, covered with a dense cedar brake. On the rear elevation of this mountain was a cave. There we stored provisions.

One evening after sundown, we drove in a buggy ⑧past old Dorset's house. ❹The kid was in the street, throwing rocks at a kitten on the opposite fence.

"Hey, little boy!" ⑨says Bill, "⑩would you like to have a bag of candy and a nice ride?"

The boy ⑪catches Bill neatly in the eye with a piece of brick. "That will cost the old man an extra five hundred dollars," says Bill, ❺climbing over the wheel.

That boy put up a fight like a welter-weight cinnamon bear; but, at last, we got him down in the bottom of the buggy and drove away. We took him up to the cave and I hitched the horse in the cedar brake. After dark I drove the buggy to the little village, ⑫three miles away, where we had hired it, and walked back to the mountain.

Bill was pasting court-plaster over the scratches and bruises on his features. There was a fire burning behind the big rock at the entrance of the cave, and the boy was watching a pot of boiling coffee, with two buzzard tail-feathers ⑬stuck in his red hair. He points a stick at me when I come up, and says:

Grammar Points　　　　　　　　　　ここ に 気 を つけ て 読 も う

⑦ hairとthe colourの間に省略されている語句はなんでしょうか？

⑧ このpastの品詞はなんでしょうか？

解釈のポイント ❹ 　→ *p. 376*

子供は「道のどこ」にいたと考えられるでしょうか？

The kid was in the street, throwing rocks at a kitten on the opposite fence.

⑨ なぜ現在形が用いられているのでしょうか？

⑩ この文に用いられている修辞技法はなんでしょうか？

⑪ このcatchesはどのような意味を表しているでしょうか？

解釈のポイント ❺ 　→ *p. 376*

これは、どのような動作を表しているでしょうか？

..., climbing over the wheel.

⑫ このthree miles awayは、文中でどのような役割を果たしていますか？

⑬ このstuckは過去形・過去分詞のどちらでしょうか？

....
NOTES
....

L.028 to a cent ▶完全に、すっかり　　**L.030** brake ▶やぶ

L.030 elevation ▶高台

L.031 provision ▶蓄え、食糧

この意味では通例複数形（provisions）で用います。

L.042 hitch ▶…をつなぐ　　**L.046** court-plaster ▶絆創膏

L.049 buzzard ▶ハゲタカ

"Ha! cursed paleface, do you dare to enter the camp of Red Chief, ⑨the terror of the plains?"

"He's all right now," says Bill, ⑩rolling up his trousers and examining some bruises on his shins. "We're playing Indian. ❻We're making Buffalo Bill's show look like magic-lantern views of Palestine in the town hall. I'm Old Hank, the Trapper, Red Chief's captive, and I'm to be scalped at daybreak. ❼By Geronimo! that kid can kick hard."

Yes, sir, that boy seemed to be having the time of his life. The fun of camping out in a cave had made him forget that he was a captive himself. ⑯He immediately christened me Snake-eye, the Spy, and announced that, when his braves returned from the warpath, ⑰I was to be broiled at the stake at the rising of the sun.

Then we had supper; and ⑱he filled his mouth full of bacon and bread and gravy, and began to talk. He made a during-dinner speech something like this:

"I like this fine. I never camped out before; but I had a pet 'possum once, and I ⑲was nine last birthday. ⑳I hate to go to school. Rats ate up sixteen of Jimmy Talbot's aunt's speckled hen's eggs. Are there any real Indians in these woods? I want some more gravy. Does the trees moving make the wind blow? We had five puppies. What makes your nose so red, Hank? My father has lots of money. Are the stars hot? I whipped Ed Walker twice, Saturday. I don't like girls. You dassent catch toads unless with a string. Do oxen make any noise? Why are oranges round?

Grammar Points   ここに気をつけて読もう

⑭ この名詞句は、文中でどのような役割を果たしているでしょうか？

⑮ この現在分詞句は、文中でどのような役割を果たしているでしょうか？

解釈のポイント ❻   → *p.379*

具体的にはどのようなことを言っているのでしょうか？

We're making Buffalo Bill's show look like magic-lantern views of Palestine in the town hall.

解釈のポイント ❼   → *p.380*

この発言には、ビルのどのような気持ちが込められているでしょうか？

By Geronimo! that kid can kick hard.

---

⑯ この文の文型はなんでしょうか？

⑰ 2つのat は、それぞれどのような意味を表しているでしょうか？

⑱ 3つのand は、それぞれ何と何を並列しているのでしょうか？

⑲ この was はどのような意味でしょうか？

⑳ 動名詞を使った I hate going to school. と、どのようなニュアンスの違いがあるでしょうか？

> ### NOTES
>
> **L.054** shin ▶すね
>
> **L.057** captive ▶捕虜、人質   **L.057** scalp ▶…の頭皮を剥ぐ
>
> **L.062** brave ▶勇士
>
> **L.070** speckled ▶まだら模様の
>
> **L.075** dassent ▶ = dare not
>
>   助動詞の dare は、2人称の場合、一部の方言で darest となり、それを否定の形にした発音。dassn't / darsent / daresent などの表記も用いられます。

Have you got beds to sleep ㉕<u>on</u> in this cave? Amos Murray has got six toes. ㉖<u>A parrot can talk, but a monkey or a fish can't.</u> ❻<u>How many does it take to make twelve?"</u>

Every few minutes he ㉗<u>would</u> remember that he was a pesky redskin, and pick up his stick rifle and tiptoe to the mouth of the cave to ㉘<u>rubber</u> for the scouts of the hated paleface. Now and then he would let out a war-whoop that made Old Hank the Trapper shiver. ㉙<u>That boy had Bill terrorized from the start.</u>

"Red Chief," says I to the kid, "would you like to go home?"

"Aw, what for?" says he. "I don't have any fun at home. I hate to go to school. I like to camp out. You won't take me back home again, Snake-eye, will you?"

"㉚<u>Not right away,</u>" says I. "We'll stay here in the cave awhile."

"All right!" says he. "That'll be fine. I never had such fun in all my life."

We went to bed about eleven o'clock. We spread down some wide blankets and quilts and put Red Chief between us. We weren't afraid he'd run away. He kept us awake for three hours, ㉗<u>jumping up and reaching for his rifle and screeching</u>: "Hist! pard," in ㉘<u>mine</u> and Bill's ears, as ㉙<u>the fancied crackle of a twig or the rustle of a leaf revealed to his young imagination the stealthy approach of the outlaw band.</u> At last, I fell into a troubled sleep, and dreamed that I had been kidnapped and chained to a tree by a ferocious pirate with red hair.

Just at daybreak, I was awakened by a series of awful screams from Bill. They weren't yells, or howls, or shouts, or whoops, or

　　　　　　　　　　　　　　ここに気をつけて読もう

㉑ この on の品詞はなんでしょうか？

㉒ なぜ単数形（A parrot / a monkey / a fish）が用いられているのでしょうか？

解釈のポイント ❽　→ *p.381*

この質問は何を聞いているのでしょうか？

How many does it take to make twelve?

㉓ この would はどのような用法でしょうか？

㉔ この rubber の品詞はなんでしょうか？

㉕ この文の文型はなんでしょうか？

㉖ 省略されている語句を補って「フルセンテンス」に書き換えてください。

㉗ この現在分詞句は文中でどのような役割を果たしているでしょうか？

㉘ この mine は何を指しているでしょうか？

㉙ この文の文型はなんでしょうか？

....
N O T E S
....

L.083 war-whoop ▶ときの声

L.095 screech ▶甲高い声を上げる

L.096 pard ▶相棒

L.100 ferocious ▶どう猛な

yawps, such ⑳as you'd expect from a ㉛manly set of vocal organs——they were simply indecent, ㉜terrifying, humiliating screams, such as women emit when they see ghosts or caterpillars. ㉝It's an awful thing to hear a strong, desperate, fat man scream incontinently in a cave at daybreak.

I jumped up to see what the matter was. Red Chief was sitting on Bill's chest, with one hand twined in Bill's hair. In ㉞the other he had the sharp case-knife we used for slicing bacon; and he was industriously and realistically trying to take Bill's scalp, according to the sentence that had been pronounced upon him the evening before.

I got the knife away from the kid and ㉟made him lie down again. But, from that moment, Bill's spirit was broken. He ㊱laid down on his side of the bed, but he never closed an eye again in sleep as long as that boy was with us. I dozed off for a while, but along toward sun-up I remembered that Red Chief had said I was to be burned at the stake at the rising of the sun. I wasn't nervous or afraid; but ❶I sat up and lit my pipe and leaned against a rock.

"What you getting up so soon for, Sam?" asked Bill.

"Me?" says I. "Oh, I got a kind of a pain in my shoulder. I thought ㊲sitting up would rest it."

"You're a liar!" says Bill. "You're afraid. You was to be burned at sunrise, and you was afraid he'd do it. And he would, too, if he could find a match. Ain't it awful, Sam? Do you think anybody will pay out money to ㊳get a little imp like that back

G r a m m a r P o i n t s　　　　ここに気をつけて読もう

㉚ このasの品詞はなんでしょうか？

㉛ このmanlyの品詞はなんでしょうか？

㉜ このterrifyingは、文中でどのような役割を果たしていますか？

㉝ このItは何を指しているでしょうか？

㉞ このthe otherは何を指しているでしょうか？

㉟ この使役動詞made（make）はどのような意味でしょうか？

㊱ このlaid（原形はlay）は自動詞・他動詞のどちらでしょうか？

解釈のポイント❾　→ p.381

これはどのような一連の動作を表しているでしょうか？

... I sat up and lit my pipe and leaned against a rock.

㊲ この-ing形は動名詞・現在分詞のどちらでしょうか？

㊳ このgetの目的語はなんでしょうか？

・・
N O T E S
・・

L.104　indecent　▶下品な

L.107　incontinently　▶自制心を失って

L.109　twine　▶…にからませる

L.110　case-knife　▶テーブルナイフ

L.117　doze off　▶うつらうつらする

home?"

"Sure," said I. "A rowdy kid like that is just the kind that parents dote on. Now, ㊴you and the Chief get up and cook breakfast, while I go up on the top of this mountain and reconnoitre."

I went up on the peak of the little mountain and ran my eye over the contiguous vicinity. Over toward Summit I expected to see the sturdy yeomanry of the village armed with scythes and pitchforks ㊵beating the countryside for the dastardly kidnappers. ㊶But what I saw was a peaceful landscape dotted with one man ploughing with a dun mule. ㊷Nobody was dragging the creek; no couriers ㊸dashed hither and yon, bringing tidings of no news to the distracted parents. There was a sylvan attitude of somnolent sleepiness pervading that section of the external outward surface of Alabama that lay exposed to my view. "Perhaps," says I to myself, "㊹it has not yet been discovered that the wolves have borne away the tender lambkin from the fold. Heaven ㊺help the wolves!" says I, and I went down the mountain to ㊻breakfast.

When I got to the cave I ㊼found Bill backed up against the side of it, breathing hard, and the boy threatening to smash him with a rock half as big as a cocoanut.

"He put a red-hot boiled potato down my back," explained Bill, "and then mashed it with his foot; and I boxed his ears. Have you got a gun about you, Sam?"

I took the rock away from the boy and kind of patched up the argument. "I'll fix you," says the kid to Bill. "No man ever

Grammar Points　　　　　　　ここ に 気 を つ け て 読 も う

㊴ この文は平叙文・命令文のどちらでしょうか？

解釈のポイント ❿　→ *p. 382*

beating the country side とは、どのようなことを表しているでしょうか？

... <u>beating the countryside</u> for the dastardly kidnappers.

㊵ この文の主語はなんでしょうか？

解釈のポイント ⓫　→ *p. 382*

drag the creek とは、どのような作業なのでしょうか？

Nobody was <u>dragging the creek</u> ...

㊶ この dashed は自動詞・他動詞のどちらでしょうか？

㊷ この it は何を指しているでしょうか？

㊸ なぜ「3人称単数現在」の -s がついていないのでしょうか？

㊹ この breakfast の品詞はなんでしょうか？

㊺ この found の目的語はなんでしょうか？

··

N O T E S

··

L.130 rowdy ▶乱暴な　**L.131** dote on ... ▶…を溺愛する

L.133 reconnoitre ▶偵察する　**L.135** contiguous ▶近接する

L.136 yeomanry ▶自作農民　**L.136** scythe ▶大鎌

L.139 plough ▶すきで耕す　**L.139** dun ▶こげ茶色の

L.140 hither and yon ▶あちこちに　**L.140** tidings ▶知らせ（＝news）

L.141 sylvan ▶森のような　**L.141** somnolent ▶眠気を誘う

L.145 fold ▶羊の群れ　**L.151** box ▶…を殴る

L.153 patch ... up ▶（ケンカなどの）仲裁をする

yet struck the Red Chief ⑯<u>but</u> he got paid for it. You better beware!"

After breakfast the kid takes a piece of leather with strings wrapped around it out of his pocket and goes outside the cave ⑰<u>unwinding it.</u>

"What's he up to now?" says Bill, anxiously. "You don't think he'll run away, do you, Sam?"

"No fear of it," says I. "⑱He don't seem to be much of a home body. But we've got to fix up some plan about the ransom. There don't seem to be much excitement around Summit on account of his disappearance; but maybe they haven't realized yet that he's gone. His folks may think he's spending the night with Aunt Jane or one of the neighbours. ⑲Anyhow, he'll be missed to-day. To-night we must get a message to his father ⑳<u>demanding the two thousand dollars for his return.</u>"

Just then we heard a kind of war-whoop, such as David might have emitted when he knocked out the champion Goliath. It was a sling that Red Chief had pulled out of his pocket, and he was whirling it around his head.

I dodged, and heard a heavy thud and a kind of a sigh from Bill, like a horse gives out when you take his saddle off. ㉑<u>A niggerhead rock the size of an egg had caught Bill just behind his left ear.</u> He loosened himself ㉒<u>all over</u> and fell in the fire across the frying pan of hot water for washing the dishes. I dragged him ㉓<u>out</u> and poured cold water on his head for half an hour.

By and by, Bill sits up and feels behind his ear and says: "Sam,

Grammar Points　ここに気をつけて読もう

㊻ このbutの品詞はなんでしょうか？

㊼ この現在分詞句はどのような用法でしょうか？

解釈のポイント⓬ → p. 385

a home bodyとはどのような人のことを指しているでしょうか？

He don't seem to be much of a home body.

解釈のポイント⓭ → p. 384

この文はどのように訳すのが適切でしょうか？

Anyhow, he'll be missed to-day.

㊽ この現在分詞句は文中でどのような役割を果たしていますか？

㊾ この文の主語はなんでしょうか？

㊿ このall overはどのような意味を表しているでしょうか？

(51) このoutはどのような意味を表しているでしょうか？

NOTES

L.170 **David** ▶ダビデ

L.171 **Goliath** ▶ゴリアテ
旧約聖書に「羊飼いの少年ダビデがスリングで巨人ゴリアテを倒す」という話が登場しています。

L.173 **whirl** ▶…をぐるぐる回す

L.176 **niggerhead** ▶石炭

do you know who my favourite Biblical character is?"

"Take it easy," says I. "You'll come to your senses presently."

🔟"King Herod," says he. "You ㊿won't go away and leave me here alone, will you, Sam?"

I went out and caught that boy and shook him until his freckles rattled.

🔟"If you don't behave," says I, "I'll take you straight home. Now, are you going to be good, or not?"

"I was only funning," says he, sullenly. "I didn't mean to hurt Old Hank. But what did he hit me for? I'll behave, Snake-eye, if you won't send me home, and if you'll let me play the Black Scout to-day."

"I don't know the game," says I. "That's for you and Mr. Bill to decide. He's your playmate for the day. I'm going away for a while, on business. Now, you come in and make friends with him and say you are sorry for hurting him, or ㊿home you go, at once."

I made him and Bill shake hands, and then I took Bill aside and told him I was going to Poplar Grove, a little village three miles from the cave, ㊿and find out what I could about how the kidnapping had been regarded in Summit. Also, I thought ㊿it best to send a peremptory letter to old man Dorset that day, demanding the ransom and dictating how it should be paid.

"You know, Sam," says Bill, "㊿I've stood by you without batting an eye in earthquakes, fire and flood——in poker games, dynamite outrages, police raids, train robberies, and cyclones. I

Grammar Points　ここに気をつけて読もう

解釈のポイント⓮ → p.385

なぜ「一番好きな聖書の登場人物」としてKing Herodを挙げているのでしょうか？

"King Herod," says he.

(52) このwon't (will) はどのような用法でしょうか？

解釈のポイント⓯ → p.385

この部分の「こっけいさ」について説明してください。

"If you don't behave," says I, "I'll take you straight home. Now, are you going to be good, or not?"

(53) この文の主語はなんでしょうか？

(54) このandは何と何を並列させていますか？

(55) このitは何を指しているでしょうか？

(56) この文中に含まれる2つのinは、どのような用法でしょうか？

NOTES

L.181 Biblical ▶聖書の、聖書に出てくる

L.182 come to *one's* senses ▶意識を取り戻す

L.182 presently ▶間もなく、やがて

L.189 fun ▶ふざける

L.202 peremptory ▶有無を言わせない

never lost my nerve yet till we kidnapped that two-legged skyrocket of a kid. ⁵⁷He's got me going. You won't leave me ⁵⁸long with him, will you, Sam?"

"I'll be back some time this afternoon," says I. "You must keep the boy amused and quiet till I return. And now we'll write the letter to old Dorset."

Bill and I got paper and pencil and worked on the letter while Red Chief, with a blanket wrapped around him, strutted up and down, guarding the mouth of the cave. Bill begged me tearfully to ⁱ⁶make the ransom fifteen hundred dollars instead of two thousand. "I ain't attempting," says he, "to decry the celebrated moral aspect of parental affection, but we're dealing with humans, and it ain't ⁵⁹human for anybody to give up two thousand dollars for that forty-pound chunk of freckled wildcat. I'm willing to take a chance at fifteen hundred dollars. ⁱ⁷You can charge the difference up to me."

So, to relieve Bill, I acceded, and we collaborated a letter that ran this way:

Ebenezer Dorset, Esq.:
We have your boy concealed in a place far from Summit. ⁶⁰It is useless for you or the most skillful detectives to attempt to find him. ⁶¹Absolutely, the only terms on which you can have him restored to you are these: We demand fifteen hundred dollars ⁶²in large bills for his return; the money to be left at

270

㊗ この文の文型はなんでしょうか？

㊗ この long の品詞はなんでしょうか？

解釈のポイント ⑯ → *p. 386*

この instead of はどのように訳すのが適切でしょうか？

… make the ransom fifteen hundred dollars <u>instead of</u> two thousand.

㊗ この human の品詞はなんでしょうか？

解釈のポイント ⑰ → *p. 387*

この the difference は何を指しているでしょうか？

You can charge <u>the difference</u> up to me.

㊗ この It は何を指しているでしょうか？

㊗ この文の主動詞はどれでしょうか？

㊗ この in large bills とは、どういう意味でしょうか？

N O T E S

L.214　strut　▶気どって歩く

L.229　restore ... to 〜　▶…を（元の場所に）戻す

271

midnight to-night at the same spot and in the same box as your reply——as hereinafter described. If you agree ⑬to these terms, send your answer in writing by a solitary messenger to-night at half-past eight o'clock. After crossing Owl Creek on the road to Poplar Grove, there are three large trees about ⑭a hundred yards apart, close to the fence of the wheat field on the right-hand side. ⑮At the bottom of the fence-post, opposite the third tree, will be found a small pasteboard box.

The messenger ⑯will place the answer in this box and return immediately to Summit.

If you attempt any treachery or fail to comply with our demand as ⑰stated, you will never see your boy again.

If you pay the money as demanded, he will be returned to you safe and well within three hours. ⑱These terms are final, and if you do not accede to them no further communication will be attempted.

Two Desperate Men

I ⑲addressed this letter to Dorset, and put it in my pocket. As I was about to start, the kid comes up to me and says:

"Aw, Snake-eye, you said I could play the Black Scout while you was gone."

"Play it, of course," says I. "Mr. Bill will play with you. What

Grammar Points　　　　　　　ここ に 気 を つ け て 読 も う

㊻ この to の品詞はなんでしょうか？

㊼ この a hundred yards とは、なんの距離を表しているでしょうか？

㊽ この文の主語はなんでしょうか？

㊾ この will はどのような用法でしょうか？

㊿ この stated は過去形・過去分詞のどちらでしょうか？

解釈のポイント ⑱　→ *p.388*

この final とは、具体的にはどのようなことを意味しているのでしょうか？

These terms are <u>final</u> ...

㊽ この addressed は、どのような意味の動詞でしょうか？

. . . .

N O T E S

. . . .

L.233 hereinafter ▶以下に

L.235 solitary ▶単独の

L.240 pasteboard ▶ボール紙でできた

kind of a game is it?"

"I'm the Black Scout," says Red Chief, "and I have to ⑯ride to the stockade to warn the settlers that the Indians are coming. I'm tired of playing Indian myself. I want to be the Black Scout."

"All right," says I. "It sounds harmless to me. I guess Mr. Bill will help you foil the pesky savages."

"What am I to do?" asks Bill, looking at the kid suspiciously.

"You are ⑰the hoss," says Black Scout. "⑱Get down on your hands and knees. How can I ride to the stockade without a hoss?"

"You'd better keep him interested," said I, "till we get the scheme going. Loosen up."

Bill gets down on his all fours, and ⑲a look comes in his eye like a rabbit's when you catch it in a trap.

"How far is it to the stockade, kid?" he asks, in a husky manner of voice.

"Ninety miles," says the Black Scout. "⑳And you have to hump yourself to get there on time. Whoa, now!"

The Black Scout jumps on Bill's back and digs his heels in his side.

"For Heaven's sake," says Bill, "hurry back, Sam, as soon as you can. I wish we ㉑hadn't made the ransom more than a thousand. Say, you quit kicking me or I'll get up and warm you good."

I walked over to Poplar Grove and ㉒sat around the post-office and store, talking with the chaw-bacons that came in to

Grammar Points　　　　　　　　ここ に 気 を つ け て 読 も う

⑥⑨ ここの ride は、どのような意味の動詞でしょうか？

⑦⓪ なぜ定冠詞がついているのでしょうか？

解 釈 の ポ イ ン ト ⑲　→ *p. 389*

これは、どのような動作を表しているでしょうか？

Get down on your hands and knees.

⑦① なぜ a look like a rabbit's comes in his eye になっていないのでしょうか？

⑦② この And はどのような意味を表しているでしょうか？

⑦③ なぜ過去完了が用いられているのでしょうか？

⑦④ この sat around はどのような動作を表しているでしょうか？

. . . .
NOTES
. . . .

L.259　stockade　▶防御柵

L.262　foil　▶…を撃退する

L.262　savage　▶野蛮人

L.268　loosen up　▶くつろぐ、肩の力を抜く

L.282　chaw-bacon　▶田舎者

trade. One whiskerando says that he hears Summit is all upset on account of Elder Ebenezer Dorset's boy ⑦⑤having been lost or stolen. That was all I wanted to know. I bought some smoking tobacco, referred casually to the price of black-eyed peas, posted my letter surreptitiously and came away. The postmaster said the mail-carrier would come ⑦⑥by in an hour to take the mail to Summit.

When I got back to the cave Bill and the boy ⑦⑦were not to be found. I explored the vicinity of the cave, and ❷⓪risked a yodel or two, but there was no response.

So I lighted my pipe and sat down on a mossy bank to await developments.

In about half an hour I heard the bushes rustle, and Bill wabbled out into the little glade in front of the cave. Behind him was the kid, stepping softly like a scout, ⑦⑧with a broad grin on his face. Bill stopped, took off his hat, and wiped his face with a red handkerchief. The kid stopped about eight feet behind him.

"Sam," says Bill, "I suppose you'll think I'm a renegade, but I couldn't help it. I'm a grown person with masculine proclivities and habits of self-defense, but there is a time when all systems of egotism and predominance fail. The boy is gone. I sent him home. All is off. There was martyrs in old times," goes on Bill, "that suffered death rather than give up the particular graft they enjoyed. None of ⑦⑨'em ever ❷①was subjugated to such supernatural tortures as I have been. I tried to be faithful to our articles of depredation; but there came a limit."

Grammar Points ここに気をつけて読もう

㊖ これは動名詞・分詞（完了受動分詞）のどちらでしょうか？

㊗ この by の品詞はなんでしょうか？

㊞ この〈be＋to不定詞〉は、どのような用法でしょうか？

解釈のポイント ⑳ → p.389

なぜ risk という動詞が用いられているのでしょうか？

... <u>risked</u> a yodel or two, but there was no response.

㊸ この前置詞句は、文中でどのような役割を果たしているでしょうか？

㊹ この 'em（＝ them）は、誰のことを指しているでしょうか？

解釈のポイント ㉑ → p.389

この such supernatural tortures は、具体的には何を指しているでしょうか？

... was subjugated to <u>such supernatural tortures</u> as I have been.

・・・・・・・・・・・・・・・・・・・・・・・・・・・・・・・・
N O T E S
・・・・・・・・・・・・・・・・・・・・・・・・・・・・・・・・

L.283 whiskerando ▶ひげもじゃの男

L.286 black-eyed pea ▶カウピー、ささげ豆

L.287 surreptitiously ▶こっそりと、人目を忍んで

L.287 postmaster ▶郵便局長　　**L.296** wabble ▶ふらつく（＝ wobble）

L.296 glade ▶林の中の開けた場所、低湿地

L.300 renegade ▶裏切り者　　**L.301** proclivity ▶傾向

L.303 predominance ▶優越、支配　　**L.304** martyr ▶殉教者

L.305 graft ▶労働、不正に得たもの　　**L.306** subjugate ▶…を従属させる

L.308 depredation ▶略奪行為

"What's the trouble, Bill?" I asks him.

"I was rode," says Bill, "the ninety miles to the stockade, not barring an inch. Then, when the settlers was rescued, I was given oats. ⓐSand ain't a palatable substitute. And then, for an hour I had to try to explain to him why there was nothin' in holes, how a road can run both ways and what makes the grass green. I tell you, Sam, a human can only stand ⓑso much. I takes him by the neck of his clothes and drags him down the mountain. On the way he kicks my legs black and blue from ⓒthe knees down; and I've got to have two or three bites on my thumb and hand cauterized.

"But he's gone"——continues Bill——"gone home. I showed him the road to Summit and kicked him about eight feet nearer there at one kick. I'm sorry we lose the ransom; but it was either that or ⓓBill Driscoll to the madhouse."

Bill is puffing and blowing, but there is a look of ineffable peace and growing content on his rose-pink features.

"Bill," says I, "there isn't any heart disease in your family, is there?"

"No," says Bill, "nothing chronic except malaria and accidents. Why?"

"Then you ⓔmight turn around," says I, "and have a look behind you."

Bill turns and sees the boy, and loses his complexion and sits down plump on the ground and begins to pluck aimlessly at grass and little sticks. For an hour I was afraid of his mind. And

Grammar Points　　　　　　　　　ここ に 気 を つ け て 読 も う

解 釈 の ポ イ ン ト **㉒**　→ *p. 390*

この文は、具体的にはどういうことを表しているでしょうか？

Sand ain't a palatable substitute.

⑧ この so much はどのような意味を表しているでしょうか？

⑧ この the knees は「誰の膝」のことを指しているでしょうか？

⑧ Bill Driscoll と to the madhouse の間に省略されている語句を補ってみましょう。

⑧ この might はどのような意味でしょうか？

....
N O T E S
....

L.311　bar　▶…を除外する

L.319　cauterize　▶…を麻痺させる

L.323　madhouse　▶精神病院

L.324　puff　▶息を吐く

L.324　ineffable　▶言いようのない

L.332　complexion　▶顔色

then I told him that ⑭my scheme was to put the whole job through immediately and that we would get the ransom and be off with it by midnight if old Dorset fell in with our proposition. So Bill braced up enough to give the kid a weak sort of a smile and a promise to ❷play the Russian in a Japanese war with him as soon as he felt a little better.

I had a scheme for collecting that ransom without danger of being caught by counterplots ⑮that ought to commend itself to professional kidnappers. The tree under which the answer was to be left—and the money later on——⑯was close to the road fence with big, bare fields on all sides. If a gang of constables ⑰should be watching for any one to come for the note, they could see ⑱him a long way off crossing the fields or in the road. But no, sirree! At half-past eight I was up in that tree as ⑲well hidden as a tree toad, waiting for the messenger to arrive.

Exactly on time, a half-grown boy rides up the road on a bicycle, locates the pasteboard box at the foot of the fence-post, slips a folded piece of paper into it, and pedals away again back toward Summit.

I waited an hour and then concluded the thing was square. I slid down the tree, got the note, slipped along the fence till I struck the woods, and was back at the cave in ⑳another half an hour. I opened the note, got near the lantern, and read it to Bill. It was written with a pen in a crabbed hand, and the sum and substance of it was this:

Grammar Points　　　　　　ここに気をつけて読もう

⑱ この文の補語はどの部分でしょうか？

解釈のポイント ㉓　→ *p. 390*

この a Japanese war は、具体的にはどの戦争のことを指しているでしょうか？

... play the Russian in <u>a Japanese war</u> with him as soon as he felt a little better.

⑳ この that 節は文中でどのような役割を果たしているでしょうか？

⑳ この was に対応する主語はなんでしょうか？

⑳ この should はどのような意味を表しているでしょうか？

⑳ この him は誰を指しているでしょうか？

⑳ この well hidden を hidden well という語順にすることはできるでしょうか？

⑳ この another はどのような意味を表しているでしょうか？

....
N O T E S
....

L.338	brace up ▶元気を出す

L.338　brace up　▶元気を出す

L.342　counterplot　▶対抗策

L.342　commend *oneself* to ...　▶…を魅惑する

L.358　in a crabbed hand　▶読みにくい字で

L.358　the sum and substance　▶要点

Two Desperate Men.

Gentlemen: I received your letter to-day by post, in regard to the ransom you ask for the return of my son. I think you are a little high in your demands, and I ⑬hereby make you a counter-proposition, which I am inclined to believe you will accept. You bring Johnny home and pay me two hundred and fifty dollars in cash, and I agree to take him off your hands. You had better come at night, ⑭for the neighbours believe he is lost, and I couldn't be responsible for what they would do to anybody they saw bringing him back. Very respectfully,

Ebenezer Dorset

"Great pirates of Penzance," says I; "of all the impudent——"
But I glanced at Bill, and hesitated. He had the most appealing look in his eyes I ever saw on the face of a dumb or a talking brute.

"Sam," says he, "what's two hundred and fifty dollars, after all? We've got the money. ⑬㉔One more night of this kid will send me to a bed in Bedlam. Besides ⑭being a thorough gentleman, I think Mr. Dorset is a spendthrift for making us such a liberal offer. You ain't going to let the chance go, are you?"

"Tell you the truth, Bill," says I, "⑮this little he ewe lamb has somewhat got on my nerves too. We'll take him home, pay the ransom, and make our getaway."

Grammar Points ここに気をつけて読もう

⑨① この hereby は、具体的にはどのような意味を表しているでしょうか？

⑨② この for の品詞はなんでしょうか？

⑨③ この文の主語はなんでしょうか？

解釈のポイント ㉔ → *p. 391*

この a bed in Bedlam とは、なんのことを指しているのでしょうか？

One more night of this kid will send me to <u>a bed in Bedlam</u>.

⑨④ この being は動名詞・現在分詞のどちらでしょうか？

解釈のポイント ㉕ → *p. 392*

この this little he ewe lamb とは、何（誰）を指しているのでしょうか？

... <u>this little he ewe lamb</u> has somewhat got on my nerves too.

....
N O T E S
....

L.373 **Great pirates of Penzance** ▶「なんてこった！」「ふざけるな！」
直訳すれば「ペンザンスの偉大な海賊」になりますが、1879 年初演の The Pirates of Penzance「ペンザンスの海賊」というコミックオペラに引っかけた、ユーモラスな罵り言葉です。

L.373 **impudent** ▶ 厚かましい、生意気な

L.376 **brute** ▶ けだもの

L.380 **spendthrift** ▶ 浪費家

385 We took him home that night. We ⑨got him to go by telling him that his father had bought a silver-mounted rifle and a pair of moccasins for him, and ⑨we were to hunt bears the next day.

⑨It was just twelve o'clock when we knocked at Ebenezer's front door. Just at the moment when I ⑨should have been

390 abstracting the fifteen hundred dollars from the box under the tree, according to the original proposition, Bill was counting out two hundred and fifty dollars into Dorset's hand.

When the kid found out we were going to leave him at home he started up a howl like a calliope and fastened himself as tight

395 as a leech to Bill's leg. His father peeled him away gradually, like a porous plaster.

"How long can you hold him?" asks Bill.

"I'm not as strong as I used to be," says old Dorset, "but ⓩI think I can promise you ten minutes."

400 "Enough," says Bill. "In ten minutes I shall cross the Central, Southern, and Middle Western States, and be legging it trippingly for the Canadian border."

And, as dark as it was, and as fat as Bill was, and as good a runner as I am, ⑨he was a good mile and a half out of Summit

405 before I could catch up with him.

Grammar Points ここに気をつけて読もう

(95) この〈get＋人＋to *do*〉は、どのようなニュアンスでしょうか？

(96) このweは誰のことを指しているでしょうか？

(97) このitは何を指しているでしょうか？

(98) このshould have been *doing*は、どのようなニュアンスでしょうか？

解釈のポイント㉖ → *p.393*

このI can promise you ten minutes.は、どのように訳すのが適切でしょうか？

… I think I can promise you ten minutes.

(99) この文の文型はなんでしょうか？

NOTES

L.386 silver-mounted ▶銀の象嵌が入った

L.387 moccasin ▶鹿革でできた靴

L.390 abstract ▶…をくすねる

L.396 porous plaster ▶多孔硬膏（絆創膏）

「ここに気をつけて読もう」の解説

Commentaries on Grammar Points

→ p. 255

① この down South はどのような意味でしょうか？

We were down South, in Alabama——Bill Driscoll and myself——when this kidnapping idea struck us.

▶ ▶ ▶ 「南に」という意味です。

解説 この down South は「**南に**」という意味の副詞句です。逆に「**北に**」と言うときには up North と表現されます。アメリカ人（というより、北半球に住んでいる人）の感覚では、一般に「**上＝北**」「**下＝南**」という捉え方をしています。ちなみに固有名詞の Down Under は「イギリスから見て『下』の場所」、つまり「オーストラリアとニュージーランド」のことを指します。

down は down in ... という形で「地名（特に、アメリカの州の名前）」と組み合わせて使われることがよくあります。歌の歌詞などでもしょっちゅう登場します。

例 I have a dream that one day, <u>down in Alabama</u>, with its vicious racists, with its governor having his lips dripping with the words of "interposition" and "nullification"——one day right there in Alabama little black boys and black girls will be able to join hands with little white boys and white girls as sisters and brothers.

（私には夢があります。敵意を持った人種差別主義者たちがいて、「州介入」や「連邦法実施拒否」を口にする州知事がいるアラバマ州においてでさえ、いつの日か、まさにそのアラバマ州で、黒人の子供たちが白人の子供たちと、兄弟や姉妹として手をつなげるようになるという夢です）

⋯▶ マーティン・ルーサー・キング・ジュニアの有名な演説（I Have a Dream）に登場する一節です。

🔲 "What were you doing <u>up in New York</u>?" "I was working as a bouncer at a bar."
（ニューヨークでは何を？／バーで用心棒をやってました）

⋯▶ ニョーヨークよりも「南の方」にいる状態で「以前ニューヨークにいたことがある人」に対して質問をしているという状況です。

このように「down[up] in 州名」と言う場合、down in ... なら Georgia / Texas / Alabama といった「南の州」、up in ... なら New York / Oregon / Montana といった「北の州」が続くのが一般的です。

しかし、例えば down in New York という言い方ができる場合もあります。これはどういう場合だかわかりますか？ この「南」「北」の区別は、**絶対的なものではなく相対的なもの**ということに注意しておきましょう。カナダの人から見たら、ニューヨークは「南」です。そのため、カナダの人が down in New York という表現を用いることは可能です。同様に、メキシコの人が up in Arizona という可能性だってあります。

ちなみに、「東」「西」について言う場合、out East in Florida「東のフロリダ州では」や out West in Nevada「西のネバダ州では」のように、out を用いることがあります。

⟶ p. 255

② なぜ、冠詞（a）の前に形容詞が置かれているのでしょうか？

It contained inhabitants of as <u>undeleterious and self-satisfied a class of peasantry</u> as ever clustered around a Maypole.

▶ ▶ ▶ as ... as に「挟まれて」いるからです。

as ... as 〜で「〜と同じぐらい…」という意味を表します。これを**原級比較**（同等比較）といいますが（くわしくは本章のワンポイント文法講義もご覧ください）、…の部分には形容詞・副詞が入ります。

例 Bruce Johnston is <u>as old as</u> Brian Wilson.
（ブルース・ジョンストンとブライアン・ウィルソンは同い年です）

…▶ この文が「どちらも年寄りだ」ではなく、「<u>年が同じだ</u>」という意味であることも確認しておきましょう。oldやtallなどをas ... asで用いた場合は、このように「相対的」な評価になります。

例 No man plays the guitar <u>as smoothly as</u> Ritchie.
（リッチーほど滑らかにギターを弾く人は他にいません）

as ... asの中に〈**冠詞 ＋ 形容詞 ＋ 名詞**〉が来た場合は、以下のような語順になります。

例 Chopin is <u>as great a composer as</u> ever lived.
（ショパンはこれまでで最高の作曲家です）

このように形容詞が「前に出てくる」のは、**1つ目のasが形容詞を直接従えている必要がある**からです。同じことが、so / too / howなどにも言えます。

例 Wisdom is the right use of knowledge. To know is not to be wise. Many men know a great deal, and are all the greater fools for it. There is no fool <u>so great a fool as</u> a knowing fool. But to know how to use knowledge is to have wisdom.
（賢さとは、知識を正しく用いることです。ただ知識があるだけでは、賢いということにはなりません。多くの人々はたくさんの知識を持っています。そして、

たくさんの知識を持っているがゆえに、それだけ愚かなのです。愚者の中でも最も愚かなのが、知識だけを備えた愚者です。しかし、知識を正しく使う方法を知っていれば、賢さを得られるのです）

⋯▶ イギリスの牧師、チャールズ・スポルジョンの言葉です。

例 She's <u>too nice a girl</u> to be going out with a guy like Turk.
（彼女ほどのいい子が、タークみたいなやつとデートするわけないだろ）

⋯▶ 「彼女は、タークのような人とデートするには、あまりにもいい子すぎる」というのが直訳。アメリカの劇作家・小説家、ウィリアム・インジの *Picnic* という戯曲に出てくるセリフです。

例 <u>How wonderful a thing</u> it is, to understand someone else without even trying to.
（特にそのように努めなくても、誰かほかの人のことを理解できるというのは、なんて素晴らしいことなんでしょう）

⋯▶ アメリカの作家、クレア・ルグランドの *Some Kind of Happiness* という小説に登場する言葉です。it は後置された to 不定詞を指しています。なお、what を使うと、<u>What a wonderful thing</u> it is ... という語順になります。

本文に出てくる英文も、a[n] undeleterious and self-satisfied class of peasantry「人畜無害で脳天気でおめでたい農民連中」が「元の形」で、**as ... as に挟まれた**ことによって、undeleterious and self-satisfied が前に出ています。

━▶ p. 255

③ なぜ目的格になっているのでしょうか？

Bill and <u>me</u> had a joint capital of about six hundred dollars, ...

▶ ▶ ▶ **カジュアルな文体**だからです。

主語なのですから、もちろん文法的にはIが正しいわけですが、この
文はかなり**カジュアルな（あるいは「田舎っぽい」）書き方**が用いら
れています。そのため、この「主語のme」の他、さまざまな「正式ではない」
文法形式が使われています。

　他にも、この作品では、Iが主語なのに動詞が「3人称・単数・現在」のsays
になっていたり、be動詞が省略されていたり、isn'tの口語体であるain'tが使
われているなど、さまざまなカジュアルな表現が見られます。

→ p. 255

---

④ このto不定詞句は何用法でしょうか?

... and we needed just two thousand dollars more <u>to pull off a
fraudulent town-lot scheme in Western Illinois with</u>.

▶ ▶ ▶ **形容詞的用法です。**

解説　Chapter 2の「ワンポイント文法講義」で「3用法の区別は絶対的な
ものではない」と説明されています。たしかにそのとおりなのです
が、**このto不定詞句に関しては特に用法の見極めが重要です。**

　to不定詞句より前の部分（... and we needed just two thousand dollars
more）は「そして、私たちは、あとちょうど2,000ドル必要だった」という意
味ですね。それを踏まえてto不定詞句を見てみると、pull offは「…を成功さ
せる」、a fraudulent town-lot schemeは「不動産詐欺」ですから、「イリノイ州
の西部で不動産詐欺をやるために」という意味の「副詞的用法」だと考えた人
も多いと思います。解釈レベルでは問題はないのですが、それでは**文法的に正
しく理解できたことにはならない**のです。

　みなさんは、学校などで、something to write withという表現を習った記憶
があると思います。これは、write <u>with</u> somethingという形が「元」になって
おり、to write withは「それを使って書くための」という意味を表す「形容詞
的用法のto不定詞」です。something to write withは「それを使って書くた

めの何か」、つまり「鉛筆やペンなど、何らかの筆記用具」のことです（ちなみに、something to write onは「（その上に書くための）紙か何か」です）。

to pull off ... というto不定詞句の末尾に、なぜwithがあるのでしょうか？実は、これもsomething to write withと同じ構造になっているのです。pull off a fraudulent town-lot scheme in Western Illinois with (just) two thousand dollars (more)という「元の文」があり、(just) two thousand dollars (more)を前に出し、それを後からto pull off a fraudulent town-lot scheme in Western Illinois with「それを使ってイリノイ州の西部で不動産詐欺をやるための」というto不定詞が修飾しているのです。ですから、このto不定詞は**形容詞的用法**ということになります。

「そして、私たちは、それを使ってイリノイ州の西部で不動産詐欺をやるための、ちょうどあと2,000ドルが必要だった」と直訳すると、さすがに「まどろっこしい」ので、訳すときには「…をやるために」としてしまっていいでしょう。

なお、ここに出てくるa fraudulent town-lot scheme「不動産詐欺」とは、具体的にはどんな詐欺だったのでしょうか？ この物語の舞台である19世紀後半の開拓時代には、各地で街が開発されていく際に、**town-lot**「区画」ごとに分けて土地が売り出されていました。彼らは、「架空のtown-lot」をでっち上げて売りつけ、ひと儲けしようと企んでいたわけです。

→ p. 255

⑤ respectable and tightは、どの名詞を修飾しているのでしょうか？

The father was <u>respectable and tight</u>, a mortgage fancier and a stern, upright collection-plate passer and forecloser.

▶ ▶ ▶ 主語の **The father** です。

解説 形容詞が名詞を修飾する際には、「限定用法」と「叙述用法」の2つのパターンがあります。まず、限定用法はa <u>bigoted</u> manager「偏

屈な部長」のように、名詞の前に置かれ、対象となる名詞の性質を限定する
ものです（something cold to drink「何か冷たい飲み物」などのように、名
詞の後に置かれる場合もあります）。例えば「気前のいい部長ではなく、偏屈
な部長」のように、その名詞の永続的な性質を示すことで、その名詞が指す対
象・範囲を限定しているからです。これに対して叙述用法は、主格補語（Our
manager is bigoted.「うちの部長は偏屈です」）や、目的格補語（What made
our manger bigoted?「どうしてうちの部長は偏屈なんだろう」）として使われ
る場合を指します。こちらは、「主語や補語の性質を説明する」用法です。

　この文のrespectable and tightは、文法的に考えると、**限定用法にはなりえ
ないのです**。限定用法の形容詞は必ず**〈冠詞＋形容詞＋名詞〉**という語順を
とるので、仮にすぐ後のmortgage fancierを修飾しているなら、<u>a respectable
and tight mortgage fancier and a stern</u>でなければならないからです。

　したがって、このrespectable and tightは、**叙述用法の形容詞として主語の
The fatherを修飾している**とわかります。このように、冠詞の「位置」は、単
語同士の文法関係を見抜く大きな手掛かりになりますので、くれぐれも軽く扱
わないようにしましょう。

→ *p. 255*

⑥ a boy of tenは、a ten-year-old boyと、どのようにニュアンスが異なる
　でしょうか？

The kid was <u>a boy of ten</u>, with bas-relief freckles, and hair
the colour of the cover of the magazine you buy at the news-
stand when you want to catch a train.

▶ ▶ ▶ **a boy of ten** には「男の子で、ついでに言うと 10 歳」というニュア
　ンスがあります。

解説　　a boy of tenは、ある英語母語話者の指摘によると、「**少し昔風の言い
　　方**」に聞こえるそうです。a ten-year-old boyのほうが一般的な言い

方で、a boy of tenという表現からは**「男の子で、ついでに言うと10歳」**という響きを感じるとのことでした（ちなみに、a boy of tenは、a boy ten years oldと表現することもできますが、a boy of ten years oldという言い方はあまりしません）。

　a boy of tenとa ten-year-old boyの区別は、⑤で見た「限定用法と叙述用法の違い」に少し通じるものがあります。a ten-year-old boyは「9歳でも11歳でもなく、10歳の少年」といったニュアンスで、「10歳の」という情報にそれなりの「重み」があります。これに対してa boy of tenのほうはa boy, who was 10 years old, ...のように、継続用法の関係代名詞節を用いて書き換えられるイメージです。追加情報として、つまり「ついで」に「10歳だった」と述べているような感じになります。

→ p. 257

⑦ hairとthe colourの間に省略されている語句はなんでしょうか？

The kid was a boy of ten, with bas-relief freckles, and <u>hair the colour</u> of the cover of the magazine you buy at the newsstand when you want to catch a train.

▶ ▶ ▶ **which was あるいは being です。**

解説　with以下は、すべて「少年の姿かたち」に関する説明になっています。with句の中は、**bas-relief freckles と hair が and によって並立**されています。そして、the colour of ...は「どのようなhairだったのか」を補足していると考えると、以下のように、the colourの前に**which was が省略されている**と考えることができます。

The kid was a boy of ten, with bas-relief freckles, and hair <u>which was</u> the colour of the cover of the magazine ...

あるいは、the colour 以下が分詞として直前の hair を後置修飾していると考えるなら、**being が省略されている**と考えることもできそうです。

The kid was a boy of ten, with bas-relief freckles, and hair <u>being</u> the colour of the cover of the magazine ...

な お、... the colour of the cover of the magazine you buy at the news-stand when you want to catch a train. は、magazine と you の間に関係代名詞が省略されていると考えてみましょう。「列車に乗りたいとき（列車を待っているとき）に売店で買うような雑誌のカバーの色」ということですね。当時の雑誌などに関する資料がないのでわかりませんが、これより少し後に ... in his <u>red</u> hair. という表現がありますので、**「赤っぽい色」**だろうと想像できます。なお、髪の毛の色を形容する場合、red は reddish-brown「赤茶色」を指すので、「真っ赤」ではないと思われます。

→ p. 257

⑧ この past の品詞はなんでしょうか？

One evening after sundown, we drove in a buggy <u>past</u> old Dorset's house.

▶ ▶ ▶ 前置詞です。

解説 この past は **前置詞**で、past old Dorset's house という前置詞句は drove を修飾する **副詞句**の役割を果たしています。

past は、ここでは「…を通り過ぎて」という意味を表しているわけですが、以下の文ではどのような意味を表しているでしょうか？

She went <u>past</u> the bridge.

実は、この文は「彼女は橋を渡りました」「彼女は橋のそばを通り過ぎました」という2つの意味に解釈が可能です。それぞれを英語でパラフレーズすると、She went across the bridge. / She went by the bridge. となります。

もう1つ興味深い例を挙げておきましょう。

She went past the gate.

この場合は3つの解釈が可能なのですが、すべてのパターンを思いつくことができますか？「彼女は門を通り抜けました（≒ She went through the gate.）」と「彼女は門のところを通り過ぎました（≒ She went by the gate.）」という2つの解釈はすぐに思いつくと思います。もう1つの解釈は、A地点からB地点に向かう場合に、途中に門を経由するルートと、門を通らない「迂回路」があったとして、迂回路を使ったという場合です。すなわち、「彼女は門の脇を通りました」という解釈です。「橋」の場合に同じことをしようとすると、ジャンプするか泳ぐかしかありませんが、そのようなややこしい動作をさすがにgo past the bridge というシンプルな言い方では表現しきれないのです（jump over the brook や swim across the river などのように表現できます）。

→ p. 257

⑨ なぜ現在形が用いられているのでしょうか？

"Hey, little boy!" says Bill, "would you like to have a bag of candy and a nice ride?"

▶▶▶「ライブ感」「リズム感」のようなものを出すためです。

 解説 この物語では、本来は過去形であるべきなのに現在形が使われている場所がたくさんあります。このすぐ後にも、同じパターンがありますね。

The boy catches Bill neatly in the eye with a piece of brick.

"That will cost the old man an extra five hundred dollars," says Bill, climbing over the wheel.

また、以下の場面では現在と過去形が「混ざって」います。

"What you getting up so soon for, Sam?" asked Bill.
"Me?" says I. "Oh, I got a kind of a pain in my shoulder. I thought sitting up would rest it."
"You're a liar!" says Bill. ...

... says I. となっていることからもわかるように（1人称なのに-sがついています）、この現在形は、比較的カジュアルな文体で、**「ライブ感」** や **「リズム感」** を生み出す効果があります。

→ p.257

⑩ この文に用いられている修辞技法はなんでしょうか?

... would you like to have a bag of candy and a nice ride?

▶ ▶ ▶ zeugma **「くびき語法」** と呼ばれるものが使われています。

解説 ここで使われているのは **「くびき語法」** という修辞技法です。くびき語法とは、広義には複数の文を、1つの共通した動詞（あるいは名詞）でつなぐことを言います。つまり、「彼はタコを、彼女はイカを食べた」（「食べた」という共通した動詞が省略されています）のようなものも「くびき語法」なのですが、興味深いのは **「兼用法」** (syllepsis) とも言われるタイプの「くびき語法」です。

兼用法の好例としてよく取り上げられるのは、*Star Trek: The Next Generation* で使われていた、以下のセリフです。これは、宇宙船U.S.S.エンタープライズDのウィリアム・T・ライカー副長が、死刑を執行しようとしている統治者を

諫めようとして言い放った言葉です（この後で、彼は統治者に「死刑になった
ものは殉教者として敬われることになるから、解決にならない」などと説いて
います）。

As the governing body of Angel One, you're entitled to
<u>execute your laws or your citizens</u> as you see fit.
（あなたはエンジェル・ワンという星の統治者なのだから、あなたには好きなよう
に法を執行し、市民を処刑する権限があります）

　下線部を読んで、何か違和感を感じませんか？ executeという他動詞に
は「…を実行する」という意味と「…を処刑する」という意味があります。
execute your lawsとexecute your citizensという2つの動詞句では、**「異なる意
味」**のexecuteが使われているわけです。それなのに、共通した動詞として片
方が省略されているので、違和感が生じるのです。
　くびき語法の兼用法を用いると、このような違和感が生じるので、**読み手・
聞き手に強く印象づける効果**をもたらすことができるのです。本文に出てき
た... would you like to have a bag of candy and a nice ride? も兼用法が用い
られています。have a bag of candyのhaveは「**…をもらう**」、そしてhave a
nice rideのhaveは「**…をする**」(have a rideで「乗り物に乗る」) ですから、異
なる意味のhaveが強引に「まとめられている」ことがわかりますね。
　最後に、兼用法の例文をいくつか挙げておきます。

例 He <u>opened his mind and his wallet</u> every time he went out
with her.
（彼女とデートするたびに、彼は自分の心と財布を開いた）
　…▶これもとても有名な例文です。「心を開く」という精神的な意味と、
　　「財布を開く」という物理的な意味をわざとミックスすることで、ユー
　　モアのある表現になっています。

例 Mr. Pickwick <u>took his hat and his leave.</u>
（ピクウィック氏は、帽子を取って、いとまごいをした）

　…▶ チャールズ・ディケンズの *The Pickwick Papers* に登場する文です。
　　leaveは動詞ではなく名詞で、take *one's* leaveは「いとまを告げる」
　　という意味の句動詞です。

例 All over Ireland the farmers <u>grew potatoes, barley, and</u>
<u>bored.</u>
（アイルランド中で、農民はイモと大麦を育てて、退屈していた）

　…▶ これも兼用法の例文です。grew potatoes, barleyまでは問題ないので
　　すが、最後にboredが出てきたところで違和感が生まれます。grow
　　boredは「退屈する」という意味で、growは「（ますます）…になる」
　　という意味の動詞です。この文では文型すら「ミックス」されている
　　ことに注目しましょう。potatoesとbarleyはgrow「…を育てる」と
　　いう意味の他動詞なので、ここだけを見ると第3文型（SVO）です。
　　しかし、the farmers grew boredは第2文型（SVC）です。

→ p. 257

⑪ このcatchesはどのような意味を表しているでしょうか？

The boy <u>catches</u> Bill neatly in the eye with a piece of brick.

▶▶▶「…をとらえる」という意味です。

解説　このcatchは「…をとらえる」という意味の他動詞です。ここでは、
　　全体としては「少年が石を投げて、ビルの目に当てた」という意味に
なっています。

　この物語には、後のほうで以下のような文も出てきます。

A niggerhead rock the size of an egg had <u>caught</u> Bill just behind his left ear.

　どちらもcatchを使っていますし、「ビルに何かを投げつけている」という共通点もありますが、2つの文には大きな違いが1つあります。それは、The boy catches Bill neatly in the eye with a piece of brick.は**「人」が主語**なのに対し、A niggerhead rock the size of an egg had caught Bill just behind his left ear.は**「もの」が主語になっていること**です。

　The boy <u>catches</u> Bill ...は、「初対面の少年が、いきなりレンガのかけらを投げつけてきた」という場面なので、「少年（の行為)」に注目してもらうために、主語をthe boyにしたのでしょう。こうすることで「少年のやんちゃぶり」が伝わってきます。

　これに対して、A niggerhead rock the size of an egg ...という文が使われている場面では、読者には「やんちゃぶり」は既に十分すぎるほど伝わっています。ここでは「投げた石の大きさ」を強調して読者にインパクトを与えるために、「石」が主語になっていると考えられます。

→ *p. 257*

⑫ この three miles away は、文中でどのような役割を果たしていますか？

After dark I drove the buggy to the little village, <u>three miles away</u>, where we had hired it, and walked back to the mountain.

▶ ▶ ▶ 直前の **the little village** を修飾しています。

解説　いきなりthree miles awayという言葉が挿入されているので、ちょっと と戸惑ってしまいますが、これは**直前にある the little village を修飾している**と考えられます。

　以下のように言葉を補ってみると、わかりやすくなるでしょう。

After dark I drove the buggy to the little village, <u>which was</u> three miles away <u>from here</u>, where we had hired it, and walked back to the mountain.

　全体としては、「暗くなってから、小さな村まで馬車で運んで行ったが、<u>そこはここから3マイル離れたところにあった</u>。そこで馬車を借りたのだ。そして、山まで歩いて戻った」という意味を表しています。

→ p. 257

⑬ この stuck は過去形・過去分詞のどちらでしょうか?

… the boy was watching a pot of boiling coffee, with two buzzard tail-feathers <u>stuck</u> in his red hair.

▶ ▶ ▶ 過去分詞です。

解説　with two buzzard tail-feathers stuck in his red hair という部分は、the boy was watching a pot of boiling coffee という文を修飾する「付帯状況」を表しています。すなわち、少年が「どのような状態でコーヒーポットを見ていたのか」が示されています。

　with ...から始まっているのですから、これは「節」ではなく「前置詞句」です。two buzzard tail-feathers は stuck の主語ではなく、「two buzzard tail-feathers が髪の毛に<u>刺さった状態で</u>」という意味を表しているので、この stuck は**過去分詞**です。

→ p. 259

⑭ この名詞句は、文中でどのような役割を果たしているでしょうか?

"Ha! cursed paleface, do you dare to enter the camp of Red Chief, <u>the terror of the plains?</u>"

▶ ▶ ▶ 直前の **Red Chief** と「同格関係」になっています。

解説 the terror of the plains「平原の恐怖」という名詞句は、直前のRed Chiefの「言い換え」あるいは「説明」になっています。つまり、the terror of the plainsはRed Chiefと**「同格関係」**になっています。

同じことが、下に出てくるI'm <u>Old Hank</u>, <u>the Trapper</u>, <u>Red Chief's captive</u>, and I'm to be scalped at daybreak. という文にも言えます。Old Hank / the Trapper / Red Chief's captiveは、すべて「同一のもの」を指しており、この文は「俺はハンク爺さん、罠猟師で、赤い酋長の捕虜なんだ」のような意味になっています。

→ p. 259

⑮ この現在分詞句は、文中でどのような役割を果たしているでしょうか?

"He's all right now," says Bill, <u>rolling up his trousers and examining some bruises on his shins.</u>

▶ ▶ ▶ 分詞構文で、「付帯状況」を表しています。

解説 「ズボンをまくって、すねの傷を調べる」という動作は、この場合は「理由」や「結果」ではなさそうですよね。この現在分詞句は、**「付帯状況」**を表しています。

その上で、この動作を、「彼ならもう大丈夫だ」という発言に**続いて行われたもの**と考えるか、それとも同時に行われたものかを考えてみます。つまり、以下のどちらが自然なのかを検討してみるということです。

A 「彼ならもう大丈夫だ」とビルは言って、ズボンをまくって、すねの傷を調べた。

B 「彼ならもう大丈夫だ」と、ビルはズボンをまくってすねの傷を調べながら言った。

どちらも特に問題はなさそうですが、どちらかと言えばBのほうが、流れとしては自然な感じがします。かと言って、Aが間違いというわけではないのです。第2章の「ワンポイント文法講義」で、いわゆる「3用法」の分類には「限界」があることを述べていますが、付帯状況の解釈にも通じるところがあります。分詞構文は、明確かつ一意に「特定の用法」に分類できるものではありません。訳してみて、「これが一番自然なので、おそらくこれだろう」と考えるしかないのです。

→ p. 259

⑯ この文の文型はなんでしょうか？

He immediately christened me Snake-eye, the Spy, ...

▶ ▶ ▶ 第5文型（SVOC）です。

解説 このchristenは「…を～と名づける」という意味の動詞です（「…に～という洗礼名をつける」というのが本来の意味）。この場合、文型は**第5文型**になります。Snake-eyeとthe Spyは同格関係になっています。

nameやdubも、同じような使われ方をする動詞ですので、例文を見ておきましょう。

例 The baby was <u>named</u> Paul after his grandfather.
（その赤ちゃんは、祖父にちなんでポールと名づけられました）

⊡ From now on, I <u>dub</u> thee Miami Beach.

（これから、汝の名はマイアミ・ビーチである）

…▶ 映画 *Bohemian Rhapsody* で、有頂天になったフレディ・マーキュリーが、弁護士のジム・ビーチの名前が退屈であるとして、勝手に改名するときのセリフです（dubは「…は〜と命名する」、theeはyouの古い形）。

→ p. 259

⑰ 2つのatは、それぞれどのような意味を表しているでしょうか？

… I was to be broiled <u>at</u> the stake <u>at</u> the rising of the sun.

▶ ▶ ▶ **at the stake の at は「場所」を、at the rising of the sun は「時」を表しています。**

解説 atは「時」と「場所」、両方に対して用いられる前置詞です。at the stakeは「杭のところで」という**「場所」**を、そしてat the rising of the sunは「日の出とともに」という**「時間」**を表しています。at work「仕事中で」／at ease「くつろいで」／at school「授業中で」などのように、atにはいろいろな「状態」を表す用法もあります。

なお、この文では**〈be ＋ to不定詞〉**が使われています。〈be ＋ to不定詞〉には「予定」「可能」「意図」「義務」「運命」という用法がありますが、ここでは「夜明けとともに火あぶりになる<u>ことになっている</u>」という意味で、**「予定」**の用法になっています。ただ、He … announced that … I was to be broiled at the stake at the rising of the sun. となっていますので、「夜明けとともに<u>火あぶりにしてやるぞと宣告した</u>」のように、「義務」と「予定」をブレンドしたような解釈をするのがいいでしょう。

→ p.259

⑱ 3つのandは、それぞれ何と何を並列しているのでしょうか？

... he filled his mouth full of bacon <u>and</u> bread <u>and</u> gravy, <u>and</u> began to talk.

▶ ▶ ▶ **bacon and bread and gravy** で「1つのかたまり」を成しており、最後の **and** は、**filled ...** と **began ...** を並列しています。

解説 3つ目のandは、He filled his mouth full of bacon and bread and gravy. と (He) began to talk. という**2つの文を結ぶ**ことによって「重文」をつくっています。

bacon and bread and gravyは、本来であればbacon, bread(,) and gravyのようにするのが正しいのですが、なぜこのようなイレギュラーな形を用いているのでしょうか？ 実は、あえてandを連続して用いることで、「ベーコンも、パンも、グレービーソースも」というように、「**すべてを一気に詰め込んでいる**」感じを出しているのです。

以下の文のandはどうでしょうか？

I had coffee <u>and</u> bread <u>and</u> butter for breakfast.

朝食に食べた（飲んだ）ものが並んでいるのですから、I had coffee, bread(,) and butter for breakfast. が正しいようにも思えます。となると、この文は「コーヒーとパンとバターを、一気に口の中に詰め込んだ」という意味なのかと思ってしまいますが、そうではありません。bread and butterは「バターつきのパン」という「**ひとかたまり**」で捉える必要があります。この文は3つのものを列挙しているのではなく、coffee と bread and butter という2つを並べているので、このような形になっているわけです。

→ p. 259

⑲ この was は、どのような意味でしょうか?

... I <u>was</u> nine last birthday.

▶ ▶ ▶ 「…になった」という意味です。

解説 「私はこの前の誕生日で9歳<u>だった</u>」という日本語は無理があるので、この文は「私はこの前の誕生日で9歳に<u>なった</u>」と訳すしかありません。

　もちろん、これは「理論的にはおかしい」表現ですが、ある英語母語話者に言わせると、**あえて「子供っぽい言い方」にしている**ということです。標準的な言い方であれば、was の代わりに turned などを使うのが自然です。

→ p. 259

⑳ 動名詞を使った I hate going to school. と、どのようなニュアンスの違いがあるでしょうか?

I hate to go to school.

▶ ▶ ▶ **I hate going to school.** のほうが「普通」の言い方です。

解説 動名詞を使った I hate going to school. のほうが**「普通」の言い方**です。hate to *do* を自然に使えるのは、以下のような場合になります。

例 I <u>hate to</u> be so blunt, but you should work harder.
（あんまり愛想のないことは言いたくないけど、君はもっと頑張らないとだめだよ）

　hate to *do* は、このように**「これからすること」**に関して**「本当はしたくないんだけど…」**のように含みを持たせる響きがあります。ここではこのような含みを持たせる必要などなく、単に「学校なんて嫌いだよ」と言っているわけですから、I hate going to school. のほうが本当は**普通の言い方**になります。

ある英語母語話者によると、このような言い方を「あえて」させているのは、「子供っぽさ」を出すためということでした。⑲のwasと同じく、少年による長くてとりとめのない「晩餐のスピーチ」を、子供っぽい話し方を用いて描き出すことで、「わけのわからない話」であることをさらに強調しているわけですね。

→ p. 261

㉑ このonの品詞はなんでしょうか？

Have you got beds to sleep <u>on</u> in this cave?

▶ ▶ ▶ 前置詞です。

解説　onとinが連続しているので、一瞬「おや？」と思ってしまうかもしれません。文法的に正しく理解しておいてください。

　文末のin this caveは「この洞穴には」という意味で、副詞句になっています。そして、Have you got ...?はイギリス英語の表現で、アメリカ英語のDo you have ...?に相当します（この作品では、イギリス英語の表現形式が多用されています）。

　beds to sleep onはsleep on beds「ベッドの上で眠る」という形が「元」になっており、それを「眠るためのベッド」という形にしたものです。to sleep onは、**形容詞的用法のto不定詞**で、直前のbedsを後から修飾しています。onは「元」の形にあった**前置詞**がそのまま残されたもので、「その上で」という意味を表しています。

→ p. 261

㉒ なぜ単数形（A parrot / a monkey / a fish）が用いられているのでしょうか？

<u>A parrot</u> can talk, but <u>a monkey</u> or <u>a fish</u> can't.

▶ ▶ ▶ 「総称用法」だからです。

解説 「…というものは〜である」のように、何かに対する一般的な定義を する場合に使われる名詞の用法を**「総称用法」**といいます。総称用法 は、一般的には無冠詞複数形を用いて表現します。

例 In general, <u>editors </u>work late into the evening.
（一般的に言って、<u>編集者</u>というものは、夜遅くまで働きます）

　　…▶ このeditorsは「特定の編集者」ではなく、「編集者というもの」とい
　　　　う意味で、編集者全般を総称しています。

例 <u>A whale</u> is no more a fish than <u>a horse</u> is.
（クジラが魚でないのは、馬が魚でないのと同様です）

　　…▶ おなじみの「クジラ構文」というやつですが、この文のa whaleと
　　　　a horseは、それぞれ「クジラというもの」「馬というもの」という
　　　　意味です。このaはanyに近いニュアンスがあり、例えばa whaleは
　　　　「whalesという集団から<u>任意</u>に取り出した1匹のwhale」ということ。
　　　　「任意の1匹によって全体を代表させている」というイメージで、こち
　　　　らも総称用法の一種になります。

　これらの例に示したように、**「無冠詞複数形」「不定冠詞＋単数形」**の名詞が
総称用法になります（文脈によっては、〈the＋単数形〉や〈the＋複数形〉が
総称用法になることもあります）。つまり、少年は**「総称用法」として単数形を
用いた**ということですね。

　ただし、複数ある総称用法中で、最も「普通」の言い方は「無冠詞複数形」
です。先ほど、「whalesという集団から任意に取り出した1匹のwhaleだから、
a whaleが総称扱いになる」と説明しましたが、逆に言うと**「どれを取り出し
ても、必ずそうでなければならない」**という「強い縛り」が存在することにな
ります。そのため、**「不定冠詞＋単数形」を総称用法で使うのはそれほど一般
的ではない**のですが、少年は、単数形を使っています。これも、ある英語母語

話者に言わせると、「わざと非論理的」な感じの言い方にして、子供っぽさを出している」ということです。

→ p. 261

㉓ このwouldはどのような用法でしょうか？

Every few minutes he <u>would</u> remember that he was a pesky redskin, ...

▶ ▶ ▶ 「過去の不規則的習慣」を表しています。

解 説　このwouldは「…したものだった」という意味の助動詞で、**「過去の習慣的動作」**を表しています。ここでは「数分おきに自分がインディアン役を務めていたことを思い出しては…するのだった」といった感じの意味を表しています。次の文にある、Now and then he would let out ...のwouldも同様です。

これらの文で使われているevery few minutes「数分おきに」やnow and then「ときおり」もそうですが、このwouldはよく**「頻度を表す副詞」**（alwaysやoccasionallyなど）と共に使われます。

→ p. 261

㉔ このrubberの品詞はなんでしょうか？

... and tiptoe to the mouth of the cave to <u>rubber</u> for the scouts of the hated paleface.

▶ ▶ ▶ 自動詞です。

解 説　このrubberは古めの口語で、**rubberneck「じろじろ見る」**と同じ意味を表す**自動詞**です。小さめの辞書ではrubberを引いても動詞用法は載っていないかもしれません。

rubberneckは、**「首をゴムのように伸ばしてじろじろ見る」**ということから生

まれた言葉です。もともとは「観光する」という意味で使われていた言葉で、rubberneck bus「観光バス」やrubberneck tour「観光旅行」という単語もありますが、現代の英語では、ほとんどの場合は「じろじろ見る」という意味を表します。

ちなみにrubbernecking delayは、「事故などが起きたときに、他の車がそれを見るためにゆっくり走ることで生じる渋滞」のこと。日本語でいうところの**「見物渋滞」**にあたる英語表現です。

→ p. 261

㉕ この文の文型はなんでしょうか？

That boy had Bill terrorized from the start.

▶ ▶ ▶ **第5文型（SVOC）です。**

解説 〈have＋目的語＋分詞〉で「…を〜という状態にする」という意味になります。分詞は目的格補語の役割を果たすので、**第5文型**（SVOC）です。

terrorizeは「…を怖がらせる」という意味の他動詞なので、That boy had Bill terrorized ...は「あの子供は、ビルを怖がらせた状態にしていた」というのが直訳になります。

→ p. 261

㉖ 省略されている語句を補って「フルセンテンス」に書き換えてください。

"Not right away," says I.

▶ ▶ ▶ **We won't take you back home again right away. などに書き換えられます。**

解説 You won't take me back home again, Snake-eye, will you?という質問に対して、「今すぐというわけではない」と答えているのですから、

We won't take you back home again right away.（私たちは、今すぐもう一度家まで連れて行くつもりはない）などに書き換えられますね。

　このNot ...で答えるタイプは**「部分否定」的なニュアンス**が込められることがあります。このNot right away.も「今すぐではないが、いつかは家に帰すつもりだ」ということを伝えており、「家に帰すつもりはまったくない」という意味ではありません。

例 "Need some help?" "No, <u>not right now.</u>"
（何か手伝う？／今は大丈夫）

…▶「今は大丈夫だが、あとでお願いするかもしれない」という「含み」を持たせています。

例 "Why don't we go for a drink after work?" "Sorry, <u>not today.</u>"
（仕事の後で飲みに行かない？／ごめん、今日はちょっと…）

…▶こちらも「今日は無理だけど、別の日だったら大丈夫」といったニュアンスになります。

例 "Let's start eating!" "<u>Not so fast.</u> Michelle and the kids still aren't here yet."
（さあ、食べよう！／ちょっと待って。ミシェルと子供たちがまだ来てないから）

…▶このNot so fast.は「早まらないで」「ちょっと待って」という意味です。これも「食べ始めてはだめです」という「全否定」ではなく、「落ち着いてからならいいけど、そんなにことを急いではダメですよ」という感じで、やはり部分否定的な響きになります。

→ *p. 261*

㉗ この現在分詞句は文中でどのような役割を果たしているでしょうか？

He kept us awake for three hours, <u>jumping up and reaching for his rifle and screeching</u> ...

▶ ▶ ▶ **付帯状況**です。

解説 この現在分詞句に関しては、He kept us awake for three hours, and jumped up and reached for his rifle and screeching ... のような「連続した動作」という解釈をするのは無理がありますね。**「同時に行われていた」**ので「私たちは眠れなかった」と考えるのが自然ですから、この現在分詞句は、**「同時に行われていた動作」を表す付帯状況**を表しています。

なお、訳すときには「飛んだり跳ねたりしていた<u>ので</u>、眠れなかった」という具合に、「理由」として表現してもかまいません。

→ *p. 261*

㉘ この mine は何を指しているでしょうか？

"Hist! pard," in <u>mine</u> and Bill's ears, ...

▶ ▶ ▶ **「自分（サム）の耳」**を指しています。

解説 直後に Bill's ears がありますので、この mine は my ears、つまり**「自分（サム）の耳」**を指しています。このような表現を用いることで、**ears の繰り返しを避けている**わけですが、少し違和感があると思います。この mine は「私のもの」、つまり my ones のことです。ones は後にある、Bill's ears の ears を後方照応しているわけです。

このように、代名詞が後にあるものを指すパターンが、英語では比較的よく見られます。

例 When <u>he</u> entered the room, <u>Rocky</u> found a bible on the table.

（部屋に入ると、ロッキーはテーブルの上に聖書が置かれているのを見つけました）

日本語の「彼が部屋に入ると、ロッキーは…」という文では、〈彼≠ロッキー〉と考えるのが一般的だと思います。しかし、上の文では〈he＝Rocky〉という関係が成立しています。つまり、heは後ろのRockyを指しているわけですね。

代名詞が何を指すのか（照応関係）はとても奥が深い問題で、例えば「英語と日本語との違い」や「再帰代名詞（-self）が使われる条件」などは特に面白いテーマです。先行研究もたくさんありますので、みなさんもぜひ調べてみてください。

→ p. 261

㉙ この文の文型はなんでしょうか？

... the fancied crackle of a twig or the rustle of a leaf revealed to his young imagination the stealthy approach of the outlaw band.

▶ ▶ ▶ 第2文型（SVO）です。

解説

まずは、あわてずに主語と動詞の特定から始めてみましょう。この文の主語はthe fancied crackle of a twig or the rustle of a leaf、そして動詞はrevealedです。

続いて、動詞の直後に前置詞のtoがありますので、toの目的語は何か、つまりどこまでがひとかたまりの前置詞句になっているのかを考えてみましょう。そうすると、所有格のhisがあり、his young imaginationという名詞句が成立しますので、to his young imaginationが前置詞句としてまとまっていることがわかります。

　ここまでわかれば、後は「余った要素」であるthe stealthy approach of the outlaw bandが文中で果たしている役割を考えるだけです。revealは他動詞で、「…をさらけ出す、…を見せる」という意味です。さらに、「…を～に見せる」と言う場合には、reveal ... to ～という形をとります。

　これでもうおわかりですね。この文の本来の形はthe fancied crackle of a twig or the rustle of a leaf revealed <u>the stealthy approach of the outlaw band to his young imagination.</u> で、revealの目的語が長いために意味の切れ目がわかりにくくなってしまうので、目的語であるthe stealthy approach of the outlaw bandを**後ろに回して**いるのです。そうすると、この文は〈主語＋動詞＋目的語（＋前置詞句）〉であるということになり、**第2文型**だと判断できます。

→ p. 263

㉚ この**as**の品詞はなんでしょうか？

They weren't yells, or howls, or shouts, or whoops, or yawps, such <u>as</u> you'd expect from a manly set of vocal organs ...

▶ ▶ ▶ 関係代名詞です。

解説　suchは**「そのような」**という意味で、「どのような」という具体的な内容が**as ...**によって示されています。

　そこで、as節（as you'd expect from a manly set of vocal organs ...）を見てみると、**expectの目的語がない**ことがわかります。つまり、asは**関係代名詞**で、**such**を先行詞としているのです。

　as節より前は「それらは、叫び声・怒声・怒鳴り声・喚声・雄叫びといった、…なものではなかった」となっており、「…なもの」の具体的内容が、「男の声帯をそなえた者の口から飛び出すような」と、後から説明されているわけですね。

→ p. 263

㉛ この manly の品詞はなんでしょうか？

They weren't yells, or howls, or shouts, or whoops, or yawps,
such as you'd expect from a <u>manly</u> set of vocal organs ...

▶ ▶ ▶ 形容詞です。

解説　beautifully「美しく」やproudly「誇りをもって」など、**-ly で終わる単語の多くは副詞**です。しかし、例外もあるので注意が必要です。ポイントは、〈形容詞＋ly〉が副詞になるのに対し、**〈名詞＋ly〉は形容詞**になるということです。

例 I subscribe to several <u>weekly</u> magazines.
（私は複数の週刊誌を定期購読しています）

　…▶ このweeklyは「週間の」「毎週の」という形容詞ですね（ただし、weeklyには「毎週」という意味の副詞用法もあります）。

例 We need to come up with the least <u>costly</u> and most effective
method.
（最も低コストで、最も効率のよいやりかたを考え出さなければなりません）

他にもhomely「地味な、器量の悪い」、friendly「好意的な」、lovely「素敵な」などの例がありますね。この文で使われているmanlyも**「男らしい」「勇ましい」**という意味の形容詞です。

→ p. 263

㉜ この terrifying は、文中でどのような役割を果たしていますか？

... they were simply indecent, <u>terrifying</u>, humiliating screams, such as women emit when they see ghosts or caterpillars.

▶ ▶ ▶ **現在分詞で、screams を修飾する形容詞の働きをしています。**

解 説 indecent, terrifying, humiliating screams は、they were ... という〈S ＋ V〉の補語になっています。

　つまり、they were simply indecent, they were terrifying, (and) they were humiliating screams のように3つの補語が並んでいるのではなく、indecent, terrifying, humiliating screams が1つの補語で、screams という名詞の前に indecent / terrifying / humiliating という、**3つの修飾要素が並んでいる**構造です。よって、この terrifying は**現在分詞**で、screams を修飾する**形容詞**の役割を果たしています。

→ p. 263

㉝ この It は何を指しているでしょうか？

<u>It</u>'s an awful thing to hear a strong, desperate, fat man scream incontinently in a cave at daybreak.

▶ ▶ ▶ **to hear a strong, desperate, fat man scream incontinently in a cave at daybreak です。**

解 説 この it は、後ろの **to 不定詞句を指している**「後方照応」の代名詞です。つまり、本来の形は以下のようなものです。

To hear a strong, desperate, fat man scream incontinently in a cave at daybreak is an awful thing.

この「頭でっかちな」（主語が長すぎる）文を、意味の切れ目がわかりやすいものにするため、仮主語の it が使われているわけです。

→ p.263

㉞ この the other は何を指しているでしょうか?

In <u>the other</u> he had the sharp case-knife we used for slicing bacon; and he was industriously and realistically trying to take Bill's scalp, according to the sentence that had been pronounced upon him the evening before.

▶ ▶ ▶「もう一方の手」です。

解説 この1つ前の文が、Red Chief was sitting on Bill's chest, with <u>one hand</u> twined in Bill's hair. なので、the other は one hand と呼応した「もう一方の手」（= the other hand）を指しています。

with one hand twined in Bill's hair は「一方の手をビルの髪にぐっとからめて」ということなので、少年はビルの髪の毛を片手で思いっきりつかんで、もう片方の手には鋭いナイフを構えていたわけです。なんとも恐ろしい光景ですね。

なお、一部のアメリカ先住民には、「敵の頭の皮をはぎ取って、戦利品として持ち帰る」という風習がありました（scalp「頭皮」には「戦利品」という意味もあります）。少年、いや「赤い酋長」はその風習にのっとって、刑を執行しようとしていたわけですね。

→ p.263

㉟ この使役動詞 made（make）はどのような意味でしょうか?

I got the knife away from the kid and <u>made</u> him lie down again.

▶ ▶ ▶「…に、無理やり～させる」という意味です。

解説 使役動詞のmake「…に～させる」は、強制性を伴う場合と伴わない場合の両方に対して用いられます。「刑を執行しようとしている少年からナイフを奪い取って、無理やり床に就かせた」という状況なので、このmakeは「**…に、無理やり～させる**」という意味を表しています。

Longman Dictionary of Contemporary English では、「…に～させる」というmakeの用法を2つに分けています。1つはto cause something to happen, or cause a particular state or condition「何かが起こるようにしむける、あるいはある特定の状態を引き起こす」という定義です。そして、もう1つはto force someone to do something「誰かに何かを強制して行わせる」という定義です。つまり、「**強制性のないmake**」と「**強制性のあるmake**」は「**別物**」と考えることもできるわけですね。

例文を通じて、この「2つのmake」を確認してみましょう。

例 The movie <u>made</u> Rami Malek a movie star.

（その映画はラミ・マレックを映画スターにしました）

⋯▶「その映画<u>によって</u>、ラミ・マレックは映画スターになりました」のように訳すこともできます。あるいは「その映画の<u>おかげで</u>…」という訳もできそうです。このmakeには強制性はなく、上で見た辞書の定義の1つ目の用法です。

例 Don't <u>make</u> me laugh.

（笑わせるなよ）

⋯▶このmakeにも、強制性があるとは言えなそうです。〈make＋人＋laugh〉という表現は、それこそ「銃を突き付けて、笑わないと撃つぞ！」とでも言われている状況でもないかぎり、強制性は持たないと思われます（「笑い」は「自然」に起こるものですので）。

例 Paul <u>made</u> Freddie sign the contract.
（ポールはフレディーに、契約書にサインさせました）

　…▶ この make には強制性があり、「意に反して」「無理やり」というニュアンスを感じさせます。実際、この文を Paul made Freddie sign the contract <u>against his will</u>. と書き換えても意味はそれほど変わりません。

例 Freddie was <u>made</u> to sign the contract.
（フレディーは契約書にサインさせられました）

　…▶ 使役動詞の make を受動態にすると、*be* made to *do* という形になります。

「強制性がある」ということは、相手に **「被害者意識」** があるということですよね。そのため、「被害者」（文法的には「被行為者」）を主語にした、**受動態の *be* made to *do* は、多くの場合、強制性を伴う**のです。

ただし、こんな場合もあるので気をつけてください。

例 Holes <u>were made to achieve</u> adequate ventilation.
（換気を十分に行うために、穴が開けられました）

　…▶ 「穴は換気をよくすることを強制させられた」ではありません。to achieve ... は「…するために」という意味で、副詞句の役割を果たしています。

例 I <u>was made to love</u> her.
（私は彼女を愛するために生まれたんです）

　…▶ スティービー・ワンダーの名曲のタイトルです。「彼女を愛することを強いられた」ではありません。「彼女を愛するために、私は作られた（生まれた）」という意味で、「そのような運命である」ということを言っているわけです。I <u>was born to love</u> her. もほぼ同じ意味です。

→ p. 263

㊱ このlaid（原形はlay）は自動詞・他動詞のどちらでしょうか？

He <u>laid</u> down on his side of the bed, but he never closed an eye again in sleep as long as that boy was with us.

▶ ▶ ▶ **自動詞です。**

解説 このlaidには目的語がないので**自動詞**です。「あれ？」と思った人は正しい感覚の持ち主です。laidの原形はlayですが、基本的には**他動詞**として使われます。

例 The king <u>laid</u> a heavy burden of taxation on his people.
（その王は、領民に重税を課しました）

⋯▶ このlayは「…を負わせる、…を科する（課する）」という意味です。

例 The hen <u>laid</u> three eggs this morning.
（そのめんどりは、今朝、卵を3つ産みました）

⋯▶ layには「（卵を）産む」という意味もあり、この場合も他動詞です。

例 She <u>laid</u> her hand on my shoulder reassuringly.
（私を安心させるかのように、彼女は私の肩に手を置きました）

例 If you want to get laid, go to college. If you want an education, go to the library.
（ヤリたかったら、大学に行けばいい。勉強したけりゃ、図書館に行きな）

⋯▶ 数々の名言を残した天才ギタリスト、フランク・ザッパの言葉。layには「…を寝かす」ということから「…とセックスする」という意味があります。これを受け身にしたget laidは、まるで「相手に手籠めにされる」という意味のようにも思えますが、被害のニュアンスなし

に、単に「（主語が）セックスする」という意味で使います。

　lay は他動詞であり、「…を横たえる」という意味を表します。「横になる」という場合は、再帰代名詞を使って lay *oneself* という言い方にしなければなりません。ですから、この文も、本来は He <u>lay</u> down on his side of the bed ... が正しいのですが、実は、**口語では lie の代わりに lay を使ってしまうことがある**のです。みなさんが自分で英語を話したり書いたりする際に、lie を lay で代用する必要はまったくありませんが、「こういう用法もある」ということだけは知っておいたほうがいいでしょう。

→ p.263

㊲ この -ing 形は動名詞・現在分詞のどちらでしょうか？

I thought <u>sitting</u> up would rest it.

▶ ▶ ▶ **動名詞**です。

解説
　I thought ... の後に that を入れて、I thought that sitting up would rest it. にすると、文の構造がわかりやすくなります。この thought は他動詞で、**that 節がその目的語になっている**わけです。

　that 節の中にあるので、... sitting up would rest it. は完全な「文」として成立していなければなりません。動詞は would rest で、sitting up がそれに対応する主語、つまり「名詞」になるので、この sitting は**「動名詞」**です。文全体の意味は、「上半身を起こすことが、それ（＝肩の痛み）を落ち着かせるだろうと思った」というのが直訳で、「上半身を起こせば、肩の痛みが楽になるだろうと思った」のように「ほぐして」理解するといいでしょう。

→ p. 263

㊳ このgetの目的語はなんでしょうか?

Do you think anybody will pay out money to <u>get</u> a little imp like that back home?

▶ ▶ ▶ **a little imp like that** です。

解説 get ... back homeで「…を家に戻す」という意味になります。この...に当たる部分、つまり**a little imp like that**が**get**の**目的語**です。like that「あんな」が後ろについているので、少し意味の切れ目がわかりにくくなっていますね。

　ついでながら、このto不定詞の前にあるpay out moneyという表現を見てください。このoutは、無くても意味はほとんど変わりませんよね。ある英語母語話者の指摘によると、こんなふうに**「無くてもいい言葉を入れてしまう」**というのは、「田舎っぽい」響きを感じさせるのだそうです。①で<u>down</u> in New Orleansや<u>up</u> in New Yorkといった表現を紹介しましたが、このdown / upも文の意味にはほとんど影響しない「余計な」言葉です。これも、pay outのoutと同じようなニュアンスを感じさせます。

→ p. 265

㊴ この文は平叙文・命令文のどちらでしょうか?

Now, you and the Chief get up and cook breakfast, ...

▶ ▶ ▶ **命令文**です。

解説 この文は、**「ビルと酋長」に対して発せられた命令文**です。通常、命令文では主語は省略されますが、ここではyou and the Chiefという「行為者」(誰がget upしてcook breakfastするのか)が明示されています。

　you and the Chiefは「呼びかけ」の表現と考えられないこともないのですが、もし呼びかけであればBill and the Chiefにするか、あるいは2人を「まと

めて」扱って「2人称複数」のyouを使うはずです。そのため、このyou and the Chiefは、呼びかけではなく、「明示された主語」と考えるのが妥当です。

例えば、この洞窟の中に、他にも人がいたとします（『アニーよ銃をとれ』にちなんで、仮にAnnieとLoftyとしましょう）。そして、2つのグループに、異なった命令をする状況を考えてみましょう。

You and the Chief get up and cook breakfast. <u>Annie and Lofty get your guns.</u>
（お前と酋長は起きて朝食を作りなさい。アニーとロフティーは銃をとりなさい）

これは、以下のように表現することもできます。

You and the Chief get up and cook breakfast. <u>Annie and Lofty get their guns.</u>

命令文は「2人称の主語が省略されたもの」であるはずなのに、なぜtheirが使えるのでしょうか？ それは、Annie and Lofty（つまり <u>they</u>）が主語になっているからですよね。

「呼びかけ」ではないので、直接的に命令をしているというよりも、「こうあって然るべきだ」という状況を、叙想法現在を使って少し客観的に述べる感じになっています。なお、命令文における主語の省略に関しては、『謎解きの英文法 省略と倒置』（くろしお出版）でかなりくわしく扱われていますので、ぜひ読んでみてください。

→ *p. 265*

㊵ この文の主語はなんでしょうか？

But what I saw was a peaceful landscape dotted with one man ploughing with a dun mule.

▶ ▶ ▶ **what I saw** です。

解説 この文は、**what I saw** が**主語**、was が動詞、そして、a peaceful landscape dotted with one man ploughing with a dun mule が補語になっています。つまり、第2文型（SVC）の文です。what I saw was ...「私が見たものは…だった」という形にすることによって、「…」の部分、つまり**「見たもの」を強調**しています。

　このように、what節を主語に置いて、新情報をbe動詞の後に回して**強調する**タイプの構文を**「疑似分裂文」**（pseudo-cleft sentence）と呼びます。

例 What changed his taste in music was "Highway Star" by Deep Purple.
（彼の音楽の好みを変えたのは、ディープ・パープルの「ハイウェイ・スター」という曲でした）

　⋯▶ What changed his taste in music が主語になっています。強調しない形は、"Highway Star" by Deep Purple changed his taste in music. です。

例 What his profession is is not clear.
（彼の職業がなんであるかは、よくわかっていない）

　⋯▶ His profession is not clear. を強調した文です。what his profession is が主語で、結果として ... is is ... という奇妙な形になっています。これだとさすがにわかりにくいので、What his profession is, is not clear. のようにコンマを置く場合もあります。

例 When I saw her at the bar was at 12:00 midnight.
（私がバーで彼女を見かけたのは、真夜中の12時でした）

…▶疑似分裂文では通常what節のみが用いられますが、人によっては when / where / why / who / how を使う場合もあります。この文を強調しない形に直すと、I saw her at the bar at 12:00 midnight. となります。

これらの疑似分裂文を普通の分裂文（強調構文）に書き換えると、以下のようになります。

例 It was "Highway Star" by Deep Purple that changed his tastes in music.

例 It is not clear what his profession is.

例 It was at 12:00 midnight when I saw her at the bar .

こちらの強調構文のほうを訳してみるとわかると思いますが、**日本語にすると「同じ」文になります**。つまり、日本語には分裂文と疑似分裂文の区別が存在しないのです。

→ p.265

㊶ このdashは自動詞・他動詞のどちらでしょうか？

... no couriers <u>dashed</u> hither and yon, bringing tidings of no news to the distracted parents.

▶ ▶ ▶ **自動詞です。**

解説 dashが他動詞だとすると、このno couriers dashed hither and yonは過去分詞句ということになり、「あちこちに<u>dash</u>させられた使いの者はおらず…」のような意味を表しそうですが、これは無理筋です。

　dashには他動詞の用法もありますが、「人」を目的語にとることはあまりありません。例えば、He <u>dashed</u> the galley proof against the wall in anger.（彼は怒りのために、ゲラ刷りを壁にたたきつけました）のように、「**…を投げつける**」という意味で使います。日本語でも「ダッシュする」と言いますが、このdashも「**(短い距離を) 走る**」という意味の**自動詞**です。

→ p.265

㊷ このitは何を指しているでしょうか?

... <u>it</u> has not yet been discovered that the wolves have borne away the tender lambkin from the fold.

▶ ▶ ▶ **that the wolves have borne away the tender lambkin from the fold です**

解説 itを見たら、それが**何を指しているのか**を考える**習慣**をつけましょう。このitが、仮に前方照応であるとします。そうすると、... it has not yet been discovered ...まで読んだ時点で「それはまだ発見されていなかった」となり、that節の役割がわからなくなってしまいます。

　この文は、that the wolves have borne away the tender lambkin from the fold has not yet been discovered.という形が元になっており、これでは主語があまりに長すぎるので、仮主語のitを使って「後ろに回した」構造になっています。

㊸ なぜ「3人称単数現在」の-sがついていないのでしょうか?

Heaven <u>help</u> the wolves!

▶ ▶ ▶ 祈願文だからです。

解説 この文は「**祈願文**」と呼ばれるものです。祈願文とは、文字通り「神にお願いをする」ときに使われる「お決まりのパターン」です。仮定法現在を使うので、**主語の単数・複数に関係なく動詞は「原形」**になります。

例 God <u>help</u> us all.
（神よ、私たちを助け給え）

⋯▶ Godが呼びかけで、help us allが命令になっているようにも思えますが、これも祈願文です。

例 Heaven <u>helps</u> those who help themselves.
（天は自ら助くる者を助く）

⋯▶ 有名なことわざですが、これは祈願文ではなく平叙文です。形はそっくりですが、helpに-sがついていることに注意しましょう。

例 May your days <u>be</u> merry and bright.
（楽しく明るい日々を過ごされますことを）

⋯▶ このようにmayを先頭に出すタイプの祈願文もあります。

㊹ このbreakfastの品詞はなんでしょうか?

... I went down the mountain to <u>breakfast</u>.

▶ ▶ ▶ 名詞です。

解説 I went down the mountain ...（私は山を下りた）のところで、文としては完結しているため、to breakfastをto不定詞だと考えた人も多いのではないでしょうか？ たしかに、そんなふうに読みたくなってしまいますが、このbreakfastは「朝食」という意味の**名詞**です。I went <u>to</u> the station.（私は駅へ行った）などのtoと同じく、この文のtoも「方向」を表す前置詞ですね。「朝食」を「目的地」のようなイメージで捉えているわけです。

なお、breakfastを「朝食を食べる」という意味の動詞だと捉えた方も、あながちまったくの見当違いとも言い切れません。実は**breakfastにも動詞用法**があるからです。

例 Early as it was, every one had <u>breakfasted</u>, and my basin of bread and milk was put on the oven-top to await my coming down.

（まだ朝早いのに、みんな朝食を済ませていた。そして、私が下りてくるのに備えて、私の分のパンとミルクが入った容器がかまどの上に置かれていた）

…▶ エリザベス・ギャスケルの*Cousin Phyllis*という作品に登場する文です。

→ p.265

㊺ このfoundの目的語はなんでしょうか？

When I got to the cave I <u>found</u> Bill backed up against the side of it, breathing hard, and the boy threatening to smash him with a rock half as big as a cocoanut.

▶ ▶ ▶ **Bill** と **the boy** です。

解説 〈find＋O＋C〉で「…が〜であることに気づく」という意味になります。ここでは、Bill backed up against the side of it, breathing hardという〈O＋C〉と、the boy threatening to smash him with a rock half as big as a cocoanutという〈O＋C〉が、**and**によって**並立**されています。

Bill backed up against the side of it(, breathing hard)は「ビルが、（はあは
あ息をしながら）洞窟の壁に背をつけている」、the boy threatening to smash
him with a rock half as big as a cocoanutは「少年が、ココナッツの半分もあ
ろうかという岩のかけらを持って、どやしつけるぞと息巻いている」という意
味です。**目的語はBillとthe boy**で、それぞれに続く補語は「目的語がどのよ
うな状態だったか」を示しているわけですね。

→ p. 267

㊻ このbutの品詞はなんでしょうか？

No man ever yet struck the Red Chief <u>but</u> he got paid for it.

▶ ▶ ▶ 接続詞です。

解 説　字面の通りに「誰も赤い酋長を殴ったことはない<u>が</u>、彼はそのことに
よって褒章を得た」などと解釈してしまってはいけません。

　この文を考える際に重要なのは、butとgot paid for itの意味です。No man
ever yet struck the Red Chief ...と ... he got paid for itは、どちらも「完全な
文」ですから、butは文と文をつなげる接続詞の働きを果たしているとわかり
ます。ただし、一般的な**「しかし」という意味ではない**ことに注意してくださ
い。

　このbutは、否定表現と呼応して、**「…せずには～（ない）」**という意味を表し
ます。

　　例 It never rains <u>but</u> it pours.
　　（降れば土砂降り）

　　…▶「決して雨は降らない<u>が</u>、土砂降りである」ではありません。「土砂降
　　　りにならずに、雨が降らない」→「降ればいつも土砂降りになる」と
　　　いう意味で、日本語の「二度あることは三度ある」に近いニュアンス
　　　のことわざです。

例 You have no choice <u>but</u> to surrender. Resistance is futile.
（あなたには降伏する以外の選択肢はない。抵抗は無意味だ）

⋯▶ こちらのbutは接続詞ではなく前置詞です。こちらは「…以外の」という意味を表しています（≒except）。

例 There is no mother <u>but</u> loves her child.
（自分の子供を愛さない母親はいません）

⋯▶ このbutは（疑似）関係代名詞で、「…でない～」という意味を表します。There is no mother <u>who</u>[that] doesn't love her child. と書き換えられます。

→ p. 267

㊼ この現在分詞句はどのような用法でしょうか？

After breakfast the kid takes a piece of leather with strings wrapped around it out of his pocket and goes outside the cave <u>unwinding it</u>.

▶ ▶ ▶ 「…しながら」という意味で、付帯状況を表しています。

解説 「外に出る」と「スリングのひもをほどく」という、2つの動作の関係について考えてみましょう。この現在分詞句は「付帯状況」ですが、「連続した動作」と「同時の動作」のどちらなのでしょうか？

仮にこの文が「外に出て、それからほどいた」ということを**「伝えたい」**のであれば、以下のような形にしたほうが「素直」でわかりやすいと思いませんか？

After breakfast the kid takes a piece of leather with strings wrapped around it out of his pocket, goes outside the cave, and <u>unwinds it</u>.

そして、このような書き方をすると、「外に出てほどいた」という**「結果」**が示されることになります。換言すると、**「外に出て行った後の様子」**も描かれていることになります。これでは、次に続くビルの What's he up to now? という発言がちょっと不自然になってしまうのです。

「ひもを<u>ほどきながら</u>外に出て行った」という描写のみに留めて、「出て行った後どうしたのか」を書かないことによって、ビルの不安そうな「外で何をやってるんだろう？」という発言が活きてくるわけですね。

→ p. 267

㊽ この現在分詞句は文中でどのような役割を果たしていますか？

To-night we must get a message to his father <u>demanding the two thousand dollars for his return.</u>

▶ ▶ ▶ **a message を後置修飾する形容詞句の役割を果たしています。**

解説 demanding ... より前の部分は、「今夜、やつの父親にメッセージを届けなければならない」となっています。そして、demanding ... 以下は、**「どのようなメッセージなのか」**を具体的に説明しています。つまり、**a message を修飾する形容詞句**になっているわけです。

ところで、なぜ<u>the</u> two thousand dollars for his return のように、定冠詞がついているのでしょうか？ それは、最初のほうで Bill and me figured that Ebenezer would melt down for <u>a ransom of two thousand dollars</u> to a cent. という表現が描かれていたように、彼らの頭の中では「身代金は2,000 ドルである」と**決まっていた**からです。つまり、the は「例の」「以前から決まっていたとおりの」のようなニュアンスを表しているのです。

→ p. 267

㊾ この文の主語はなんでしょうか?

A niggerhead rock the size of an egg had caught Bill just behind his left ear.

▶ ▶ ▶ **A niggerhead rock the size of an egg** です。

解説 この文の動詞は had caught で、その目的語は Bill、just behind his left ear は「場所」を表す副詞句ですね。つまり、「…がビルの左耳のすぐ後ろに当たった」という意味です。そして、**主語は A niggerhead rock the size of an egg** という部分です。

A niggerhead rock the size of an egg は少し構造がわかりにくいですが、rock と the size の間に、以下のように語句を補うとすっきりわかるでしょう。

A niggerhead rock <u>which was</u> the size of an egg ...

つまり、the size of an egg「卵の大きさ(の)」は、直前の a niggerhead rock を後から修飾する働きをしているわけです。

→ p. 267

㊿ この all over はどのような意味を表しているでしょうか?

He loosened himself <u>all over</u> ...

▶ ▶ ▶ 「全体を」という意味の副詞句です。

解説 loosen は「緊張状態から…を解放する」という意味の他動詞で、all over は**「全体を」**という意味の副詞句です。したがって、He loosened himself all over ... は「彼は**全身を**緊張状態から解放した」→「全身から力が抜けて、ぐにゃりとなった」という意味になります。

→ p. 267

(51) このoutはどのような意味を表しているでしょうか？

I dragged him out and poured cold water on his head for half an hour.

▶▶▶**「火の中から外に」という意味です。**

解説 少し前に… fell in the fire across the frying pan of hot water for washing the dishes.とあるので、ビルは「焚火の中に倒れ込んだ」状態になっていたわけです。そのため、このoutは**「火の中から外に」**という意味を表しています。

なお、少し後にI went out and caught that boy and shook him until his freckles rattled.という表現がありますが、このoutは**「洞窟の外に」**という意味ですね。このように、単に「外に」あるいは「中に」などと書かれていた場合には、「なんの外に」「なんの中に」なのかを文脈から補って考えるようにしましょう。

→ p. 269

(52) このwon't（will）はどのような用法でしょうか？

You won't go away and leave me here alone, will you, Sam?

▶▶▶**「予測」を表す用法です。**

解説 willは、1人称のときに「主語の意志」を表します。2人称・3人称が主語の場合は、基本的に**「予測」「予言」**などを意味します。

例 I won't let you down.
（失望はさせませんよ）
…▶「させるつもりはない」という「意志」を表しています。

例 He <u>will</u> be here in five minutes.

（彼は、あと5分で到着するでしょう）

⋯▶「彼は到着するつもりです」のような「主語の意志」ではなく、「到着
するでしょう」という話し手の「予測」を示しています。

ただし、疑問文やif節の中では、**2人称主語の意志**を表すこともできます。

例 <u>Will</u> you call an ambulance for me?

（救急車を呼んでもらえますか？）

⋯▶相手の意図を確認することによって、「…してもらえますか？」とい
う依頼の意味になります。

例 If you <u>will</u> do that for me, I'll do the same for you some day.

（もし私にそれをしてもらえるなら、いつか、私が同じことをあなたにしてあげ
ますよ）

⋯▶if節中のwillは、主語の意志を表します。

本文のYou won't ...は、2人称主語ですので、基本的には**「予定」**を表し
ていると考えられます。つまり、「お前がどこかに行ってしまって、俺をひと
りぼっちにする。<u>そういうことにはならないよな？</u>」と確認しているわけで
す。ただし、この文は**付加疑問文**ですので、「そんなことをする<u>つもり</u>はないよ
な？」という「主語の意志」の用法のニュアンスも入っているかもしれません。

→ p. 269

㊄ この文の主語はなんでしょうか？

Now, you come in and make friends with him and say you are sorry for hurting him, or <u>home you go, at once</u>.

▶▶▶ **you** です。

解説　home you goはyou go homeの**語順を変えたもの**ですから、主語は youということになります。orより前にあるNow, you come in ...を 命令文と解釈すれば、Hurry up, or you'll be late.（急ぎなさい。<u>さもないと遅 刻しますよ</u>）と同じようなタイプだと考えられないこともないのですが、英語 母語話者に確認したところ、もう少し違った捉え方をしたほうがよさそうです。

　その人によると、この文は、Either A or B.のような構造だと捉えるのが自然 とのことです。つまり、「**中に入って仲直りして謝るか、すぐに家に帰るかのど ちらかだ**」のような意味を表しているわけですね。

　さて、問題はなぜhome you goという語順になっているかですが、「普通」の 平叙文の語順でないことにはもちろん理由があります。副詞要素が前置された パターンが用いられている例をいくつか見てみましょう。

例 <u>Off we go</u> to the park.
　（さあ、公園に行くよ）
　　⋯▶ この文はWe are leaving now and go to the park.のようにパラフレー ズできそうです。off「離れて」を文頭に置いて強調することで、「さ あ出発するんだ！」という興奮めいた気持ちを込める効果が生まれま す。

例 And <u>away we go</u>!
　（さあ、始めましょう！）
　　⋯▶ ジャッキー・グリーソンという俳優・コメディアンの決めゼリフとし

て広まったもので、番組のイントロ部分であいさつをした後、本編に
移る際に使われていました。ラジオのDJが曲紹介をしてから、その
曲を流し始める前に使われることもよくあります。なお、F1レースの
アナウンサーの決まり文句に、It's lights out and away we go!（ライ
トが消えて、さあレースのスタートです！）があります。(And) away
we go!は、語順を変えることによって、聞き手に強い印象を与え、「い
よいよスタートだ！」と気分を盛り上げる役割があります。

作品で使われていたhome you goに関しては、**「聞き手の意思に関係なく、家
に帰ることが『決定事項』である」**といったニュアンスがあります。言い換え
ると「仲直りしなさい、さもないと家に帰すよ」ではなく、「仲直りするか、家
に帰るか。<u>2つに1つだ</u>」のように強く迫っている感じがあります。

home you goタイプの文は単純に言えば「強調」ということになります。し
かし、単にそれだけでなく、そこにどのようなニュアンスが込められているの
かを語用論的に吟味してみることが大切です。

なお、ある英語母語話者によると、Home you go.という言い方は比較的「古
くさい」イメージがあるそうです。コーパスより、以下の例は見つけられまし
たが、確かに最近の使用例はそれほどないようです。

例 But I can't have liars and tricksters aboard. They are a
danger. So <u>home you go</u>, Maritial E. Cayce Jones. You've
failed me.

（嘘つきや詐欺師と一緒にいるわけにはいかない。危険だからね。だから、君は
帰るんだ、マーシャル・E・ケーシー・ジョーンズ。君には失望させられたよ）

…▶ メアリー・トゥルジロの*Mars Girls* (2004) というSF小説に出てくる
セリフです。

→ p. 269

(54) このandは何と何を並列させていますか？

... I was going to Poplar Grove, a little village three miles from the cave, and find out what I could about how the kidnapping had been regarded in Summit.

▶▶▶ **Poplar Grove ... と find out ... を並列させています。**

解説 内容は「ポプラ・グローブという村まで行くつもりだ。そして、『てっぺん町』で誘拐事件がどのように噂されているかを探るつもりだ」となっていることはわかります。つまり、I was going to ... を含む2つの文がandによって並列されているので、andは**Poplar Grove ... と find out ... を結び付けている**ということになります。

しかし、この文を読んだときに「ん？ おかしいぞ？」と感じたと思います。それは当然で、I was going to Poplar Grove ...のI was going to ...は「…に行くつもりだ」という意味の現在進行形の文、これに対して、I was going to find out ...のほうはbe going to *do*なのですから、2つは**まったくの別物**です。I was going to ...という形式だけは共通していますが、一方は名詞、もう一方は動詞の原形が続くので、このような形の省略構文は**「破格」**と言っていいでしょう。

実際、この文について複数の英語母語話者に確認したところ、やはり「破格」であるとの意見で一致しました。「勢いで言ってしまっている」か、あるいは「わざと無教養な感じで書いているのでは？」などのコメントがありました。

破格文は、フォーマルな文でも意外と出会うものですが、やはり会話で用いられてしまうことが多い印象があります。また、SNSなどのカジュアルなコミュニケーションの場でもよく見かけます。つい先日も、ツイッターでこんなツイートを見かけました。

Are you contagious or just a carrier, until your tested you

don't know.

yourがyou'reの間違い（非常によく見かけます）なのはいいとして、文全体の構造はどうでしょうか？ Are you contagious or just a carrierという「疑問文の語順」なのに、最終的にはこのAre you ... a carrierが、you don't knowの目的語みたいになっていますね。これを、文法的に正しい形に無理に書き換えると、こんな感じになりそうです。

You don't know if you are contagious or just a carrier, until you're tested.
（あなたに他者への感染可能性があるのか、それともただの保菌者なのかは、検査を受けるまではわかりません）

「あなたには感染可能性があるのでしょうか？ それともただの保菌者なのでしょうか？ 検査を受けるまではわかりません」のような感じで文を書いた結果、文法関係がおかしくなってしまったのでしょう。

→ p. 269

(55) このitは何を指しているでしょうか？

Also, I thought it best to send a peremptory letter to old man Dorset that day, demanding the ransom and dictating how it should be paid.

▶▶▶ **to send a peremptory letter to old man Dorset that day, demanding the ransom and dictating how it should be paid を指しています。**

解説

このitは**「仮目的語」**と言われるものです。thinkは〈think＋O＋C〉で「…を～だと考える」という意味を表します。そして、「…」の

部分が長い場合に、仮目的語を置いて「後ろに回す」ことがあります。ここでは、it は**to 以下すべて**を指しています。

なお、demanding ...およびdictatingは、a peremptory letter の具体的な内容の説明になっています。

→ p. 269

㊏ この文中に含まれる２つのin は、どのような用法でしょうか？

I've stood by you without batting an eye <u>in</u> earthquakes, fire and flood——<u>in</u> poker games, dynamite outrages, police raids, train robberies, and cyclones.

▶ ▶ ▶ 「…のときに」という意味を表しています。

解説 これらのin は「…のときに」という意味を表していると考えられます。この文は「地震などの天災が起きた<u>とき</u>だって、ポーカーの勝負やダイナマイトの爆破強盗など<u>のとき</u>だって…」、つまり、「**どんなときだって一緒だった**」ということを訴えています。

「どんなときだって…」というと、「結婚式の誓いの言葉」（marriage vows）が思い浮かびます。宗派などによってもさまざまなバリエーションがあるようですが、例えば以下のような言い方が用いられています。

I promise to be true to you <u>in</u> good times and <u>in</u> bad, <u>in</u> sickness and <u>in</u> health. I will love you and honor you all the days of my life.

（よいときも悪いときも、病めるよきも健やかなるときも、あなたに誠を尽くすことを誓います。生涯あなたを愛し、あなたを敬います）

この「誓いの言葉」で使われれているin も、「…のときに」という意味ですね。なお、in good times and in bad ではなく、for better or for worse「よいと

きも悪いときも」などを使うパターンもあります。

→ p. 271

㊗ この文の文型はなんでしょうか？

He's got me going.

▶ ▶ ▶ **第5文型（SVOC）**です。

解説 この文は**第5文型**です。〈get ＋ 人 ＋ going〉で「…をgoingな状態にする」、つまりは**「…を刺激する」**ということですが、文脈によっていろいろな意味を表します。

㋹ She really <u>got me going</u>!
（彼女って、最高だよ！）

⋯▶ 多くの場合は、このように「ポジティブ」な意味で使われます。

㋹ Her loud laugh always <u>gets me going</u>.
（彼女って大声で笑うんだけど、それがいつも癪に障るんだよ）

⋯▶ 「悪い意味での刺激」として、このように「ネガティブ」なニュアンスになる場合もあります。

㋹ Don't <u>get him going</u>.
（やつを調子に乗せるな）

⋯▶ 例えば、お酒が入るといつも同じ話を始めてしまう人がいたとして、その人が「いつものパターン」に入ってしまった場合などに使えるひとことです。

㋹ Tom's still upstairs. Let's <u>get him going</u> so we can get there on time.

（トムはまだ2階にいるんだ。時間通りに着けるように、トムを急がせないと）

…▸ この〈get＋人＋going〉は、「行動している状態にする」という、ほぼ「文字通り」の意味を表しています。

→ p. 271

(58) このlongの品詞はなんでしょうか？

You won't leave me long with him, will you, Sam?

▸▸▸ **副詞です。**

解説 このlongは**「長い間」**（for longあるいはfor a long timeとほぼ同じです）という意味の**副詞**で、この文を直訳すれば「君は、私を長い間、あいつと2人だけの状態にしたりはしないだろ、サム？」となります。

副詞のlongの例をいくつか見ておきましょう。

例 She's long dead.

（彼女が亡くなってから久しい）

…▸「長い間死んだ状態でいる」→「死んでから長い時間が経っている」ということ。

例 The philosopher passed away long, long ago.

（その哲学者はずっと昔に亡くなりました）

…▸ このlongも副詞で、agoという副詞を修飾しています。

例 It won't be long before he gives up the idea of setting up a new department.

（そろそろ彼は新しい部署の立ち上げという考えをあきらめるでしょう）

…▸ It won't be long before ... は「…するまで長くかからないだろう」→「まもなく…するだろう」という意味になります。

→ p. 271

⑤⑨ この human の品詞はなんでしょうか？

... it ain't <u>human</u> for anybody to give up two thousand dollars for that forty-pound chunk of freckled wildcat.

▶ ▶ ▶「人間らしい」という意味の形容詞です。

解説 この文の it は後方照応で、後の to 不定詞句を指しています。つまり、「どんな人であっても、あんな 40 ポンドの、雀斑だらけのヤマネコに対して 2,000 ドルも払うのは human ではない」という意味になっています。

human には名詞用法もありますが、**可算名詞**なので、その場合は a human や humans という形で使われます。冠詞がついていないので、この human は**「人間らしい」という意味の形容詞**だとわかります。「あんなどうしようもないガキに 2,000 ドルも払うというのは、人間らしい行為ではない」、つまり**「普通の人間だったら 2,000 ドルも払ったりしない」**と言っているわけです。

→ p. 271

⑥⑩ この It は何を指しているでしょうか？

<u>It</u> is useless for you or the most skillful detectives to attempt to find him.

▶ ▶ ▶ **to attempt to find him** を指しています。

解説 この it は仮主語で、後ろの **to attempt to find him** を指しています。そして、「誰が attempt するのか」、つまり「意味上の主語」が for you or the most skillful detectives という前置詞句によって示されています。

「あなたあるいは最も有能な刑事にとって、彼のことを探そうとしても無駄である」と直訳できますが、<u>the most skillful</u> detectives という最上級を活かして、「あなた自身は言うまでもなく、<u>たとえ最も優秀な刑事をもってしても</u>、彼を見つけることはできない」といった感じで理解しておくといいでしょう。

→ p. 271

⑥ この文の主動詞はどれでしょうか？

Absolutely, the only terms on which you can have him restored to you are these ...

▶ ▶ ▶ **are** です。

解説 　この文は少し構造がわかりにくいかもしれません。ポイントは**関係代名詞節**をきちんと見抜くことにあります。the only terms on which you can have him restored to you という部分に着目すると、on which ... to you という部分が関係代名詞になっており、先行詞は直前にある the only terms 「唯一の条件」です。

　ここは関係代名詞によって「どのような条件なのか」が示されているわけですが、元の形は you can have him restored to you on the only terms 「あなたは、その唯一の条件のもと、彼を取り戻すことができる」です。the only terms を先頭に出せば、「彼を取り戻すための唯一の条件」となります。この長い主語を受けている動詞が、直後にある **are** です。この文は全体としてはシンプルな**第2文型**（SVC）になっています。

→ p. 271

⑥ この **in large bills** とは、どういう意味でしょうか？

We demand fifteen hundred dollars in large bills for his return; the money to be left at midnight to-night at the same spot and in the same box as your reply—as hereinafter described.

▶ ▶ ▶ 「高額紙幣で」という意味です。

解説 　「大きなお札で」、つまり**「高額紙幣で」**という意味です。なお、ある試算によれば、1900年〜 1910年ごろの1ドルは、現在の25ドル程

度とのことです。ということは、2人組が当初かすめ取ることを目論んでいた2,000ドルは、現在の50,000ドル。1ドル＝105円で換算すれば5,250,000円ということになります。

　ちなみに、日本のドラマなどで、銀行強盗が「使用済みの札で1,000万円用意しろ！」なんて言うシーンがありますよね。これを英語で言う場合は、例えば "No new bills!" のように表現するようです。ただし、このように指定しても結局は捕まってしまう可能性が大です。アメリカの銀行では、bait money（あるいはbait bills）「おとりのお金」というものを用意しています。これは、「銀行で番号を控えているお札」のこと。これを強盗に渡す現金に混ぜることで、犯人の追跡を容易にしているのだそうです。

→ p.273

㊳ このtoの品詞はなんでしょうか？

If you agree <u>to</u> these terms, send your answer in writing by a solitary messenger to-night at half-past eight o'clock.

▶ ▶ ▶ 前置詞です。

解説　The president agreed <u>to give</u> the editor a salary increase of 10%.（社長はその編集者の給料を10％引き上げることに同意しました）のように、agreeには後にto不定詞が続く用法もありますが、ここではtoの後に名詞（these terms）が続いています。よって、このtoは「to不定詞のto」ではなく、**前置詞**です。

　〈agree to ＋名詞〉のパターンは、**「（意見や計画など）に同意する」**という意味になります。例文で確認しておきましょう。

例　The two countries <u>agreed to</u> a ceasefire.
（その2カ国は停戦に合意しました）

例 ABC has <u>agreed to</u> a 10-year contract with DEF.
（ABC社はDEF社との10年契約に同意しました）

→ *p.273*

⑭ このa hundred yardsとは、なんの距離を表しているでしょうか？

... there are three large trees about <u>a hundred yards</u> apart, ...

▶ ▶ ▶ 3本の木の「間隔」です。

解説 並木道のように3本の木（A/B/C）が並んでいて、**A-Bの距離とB-C の距離がそれぞれ「100ヤード」**という状況です。

数学的に厳密に考えれば、3本の木が「1辺100ヤ ドの正三角形」の形に並んでいなければならないとも思えてしまいますが、その場合は以下のように表現する必要があります。

There are three large trees, each standing about a hundred yards apart <u>from the others</u>.

（3本の木が、<u>それぞれが他の2本から</u>100ヤードほど離れた状態で立っています）

→ *p.273*

⑮ この文の主語はなんでしょうか？

At the bottom of the fence-post, opposite the third tree, will be found a small pasteboard box.

▶ ▶ ▶ **a small pasteboard box** です。

解説 冒頭の At the bottom of the fence-post, opposite the third tree, ... という部分は**「場所を表す副詞句」**であって、主語ではありません。

実は、この文の主語は、will be foundの後にある **a small pasteboard box** です。つまり、主語が文の最後に置かれているわけですね。文法的には少し変

わった形に思えるかもしれませんが、「3番目の木の向かいの位置にあるフェンスの支柱の根元に、小さな段ボール箱がある」という具合に、**「場所」という重要な情報を前置している**わけです。

→ p. 273

⑥⑥ この will はどのような用法でしょうか？

The messenger <u>will</u> place the answer in this box and return immediately to Summit.

▶ ▶ ▶ **「命令」** です。

解説 「使者はこの箱に回答を入れて、直ちに『てっぺん町』に帰る<u>だろう</u>」と訳しても意味は通じません。

　このwillは、「…ということになるだろう」と**断定する**ことによって、「絶対にそうなるはずだ。そうでなくてはいけない」→「ぜひとも実行されなければならない」という強い気持ちから**「命令」**のニュアンスがあります。このタイプのwillを訳す際には、「…すること」「…するように」のような言い切り口調にしたり、「…せよ」「…しなさい」という命令文の形にするといいでしょう。

→ p. 273

⑥⑦ この stated は、過去形・過去分詞のどちらでしょうか？

If you attempt any treachery or fail to comply with our demand as <u>stated</u>, you will never see your boy again.

▶ ▶ ▶ **過去分詞**です。

解説 「statedは**過去分詞**で、as statedで「述べられているように」という意味を表します。statedの他、as mentioned / as remarked / as describedなども同様です。これはもともと **as is[was] stated**「述べられているように」（この形もよく用いられます）という「節」だったものが、as being

statedという「接続詞がついた分詞」になって、これからbeingが省略されて
as statedになったと考えられます。

　ややこしいことに、ほぼ同じ意味をas I stated「私が述べたとおり」で表す
こともできます。このstatedは、主語が前についていることからもわかるよう
に、「動詞の過去形」です。

　なお、この少し後に、以下の文が出てきます。

If you pay the money as <u>demanded</u>, he will be returned to you
safe and well within three hours.

　このdemandedも、as statedのstatedと同じく過去分詞ですね。

→ p. 273

㊅ このaddressed（address）は、どのような意味の動詞でしょうか？
I <u>addressed</u> this letter to Dorset, and put it in my pocket.
▶ ▶ ▶「…に宛名を書く」という意味の他動詞です。

解説　This letter <u>is addressed to</u> Mary Jane.（この手紙はメアリー・ジェー
ン<u>宛て</u>です）のように、addressには「（郵便物を人に）宛てる」、ある
いは「…に手紙を書く」という意味があります。

　しかし、ここでは少し違った意味になっていることがわかりますか？ I
addressed this letter to Dorset ... を「私はドーセットに宛てて手紙を書いた」
と訳しても通じないことはないのですが、もう上に「手紙の現物」が示されて
いるわけで、その上でわざわざ「手紙を書いた」と書くのは冗長すぎます。こ
のaddressは「宛名を書く」という意味の自動詞と考えるのが適切です。手紙
を書き上げたので、「ドーセットという宛名を書いて、ポケットにしまった」と
いうことを言っているわけです。

→ p. 275

⑥⑨ このrideは、どのような意味の動詞でしょうか？

... I have to <u>ride</u> to the stockade to warn the settlers that the Indians are coming.

▶ ▶ ▶ 「馬に乗る」という意味の自動詞です。

> **解説** このrideは**「馬に乗る」**という意味で、自動詞用法になっています。「インディアンがやってくることを開拓民に警告をするために、柵のところまで<u>馬で行かなければならない</u>」ということを言っているわけですね。

ところで、ここでは少年が実際に乗るのは「馬」ではなく「ビル」なわけですが、「馬に乗るのと同じような格好をする乗り物」に対してもrideを使います。

例 He's teaching her daughter how to <u>ride a bicycle</u>.
（彼は娘に自転車の乗り方を教えています）

例 <u>Riding a motorbike</u> in the snow can be dangerous.
（雪の中でバイクに乗ることは危険を伴います）

また、特にアメリカ英語では**「またがって乗らない」**場合でも、「自分で運転しない乗り物」に対してはrideを使ったりします。

例 She always <u>rides a bus</u> to school.
（彼女はいつも、バスで通学しています）

例 He <u>rode the elevator</u> up to the 8th floor.
（彼はエレベーターで8階に上りました）

→ p. 275

⑦⓪ なぜ定冠詞がついているのでしょうか?

"You are the hoss," says Black Scout.

▶▶▶「馬の役」というニュアンスがあるからです。

解説　このhossはhorseのことを指しています。特に、アメリカ南部で見かける「くだけた」綴りで、hawssという形が用いられることもあります。

ここでは、ブラックスカウトによってビルがご指名を受けているわけですが、このthe hossは、単に「馬」ではなく、**「馬の役」**という意味になっています。theをつけることによって、「対象物それ自体」だけではなく、それが果たす**「役割」**も含んだ内容を表すことができるのです。

例えば、You're the boss.(あなたがボスです)という表現がありますが、これは**「あなたの言うとおりにします」「あなたには逆らえません」**のような感じで、「上司の典型的な役割」をハイライトしたニュアンスを帯びます(実際の「上司」ではない人に対して使うことが大半です)。

You're the cook.やYou're the doctor.も似たような意味の表現で、これも「文字通り」の意味では使われません。cookは「料理の味などの最終決定権を持っている人」、doctorは「病気の診断などに関して最も権限のある人」ですから、文字通りの「あなたが料理人[医者]だ」ではなく、どちらも**「あなたに任せます」「言うとおりにします」**という意味で使われる表現です。

→ p. 275

⑦① なぜa look like a rabbit's comes in his eyeになっていないのでしょうか?

... a look comes in his eye like a rabbit's when you catch it in a trap.

▶▶▶「頭でっかち」を回避するためです。

解説　この文の本来の形はa look like a rabbit's when you catch it in a trap comes in his eyeですが、これでは主語（a look like a rabbit's when you catch it in a trap）が長すぎるため、「頭でっかち」の回避のために、like以下が後置されています。

実際は、A look comes in *one's* eye like ...は「決まり文句」的な言い方になっています。また、There is a look in *one's* eye like ...やhave a look in *one's* eye like ...のような言い方もあり、いずれもa look in *one's* eyeを「ひとかたまり」の名詞句として扱うのが慣習化されています。

例 He has <u>a look in his eye</u> like he wants to kill me.
（彼は、「お前を殺してやる」とでもいうような目つきをしていた）

例 There was <u>a look in her eye</u> like the world was coming to an end.
（彼女は、まるでこの世の終わりであるかのような目をしていた）

なお、a look comes in his eye like a rabbit's when you catch it in a trap「罠にはまったウサギのような目つきになった」のように、「動物」を使った表現が本作品にはいくつも登場しています（a fight like a welter-weight cinnamon bear / like a horse gives out when you take his saddle off / that forty-pound chunk of freckled wildcatなど）。ある英語母語話者によれば、このような表現の多様も**「田舎っぽい」**感じがするそうです。都会よりも動物が「身近な存在」であるために、自然とこのような言い方を頻繁に用いるのだと思います。

→ p. 275

⑫ このAndは、どのような意味を表しているでしょうか？

And you have to hump yourself to get there on time.

▶ ▶ ▶ 「だから」という意味です。

解説　このandは「そして」よりも、「だから」（≒so）という意味で理解しておいたほうがいいでしょう。この直前にNinety miles.（柵までは90マイルもある）という発言があります（ちなみに、90マイルは144.8キロメートルに相当します）。それを受けてandが用いられているので、「90マイルもあるのだから、頑張らないと間に合わないぞ」と声をかけているわけです。

→ p. 275

⑬ なぜ過去完了が用いられているのでしょうか？

I wish we hadn't made the ransom more than a thousand.

▶ ▶ ▶ 「既にしてしまったこと」に対する後悔を表すためです。

解説　このhadn't madeは「仮定法過去完了」になっています。この文は「身代金を1,000ドル以上になんてしなければよかったのに」という意味で、「既にしてしまったこと」に対する後悔が表されています。

　「…するべきではなかったのに（してしまった）」という意味の〈shouldn't ＋have＋過去分詞〉を用いて、I shouldn't have made the ransom more than a thousand. のようにしても、ほぼ同じ意味を伝えることができます。

→ *p. 275*

㉔ このsat aroundはどのような動作を表しているでしょうか？

I walked over to Poplar Grove and <u>sat around</u> the post-office and store, talking with the chaw-bacons that came in to trade.

▶ ▶ ▶「ぶらぶらする」という動作を表しています。

解説

sit aroundの基本の意味は「座ってダラダラする」です。

例 He just <u>sat around</u> watching TV.

（彼はぼーっとテレビを見ながら座っていた）

また、「座っているかどうか」に関わらず、単に「何もせずに過ごす」「ぶらぶらする」といったニュアンスでも使われます。

例 Don't just <u>sit around</u>. You need to do something about it.

（ただ手をこまねいていてもしかたありません。なんらかの手を打たないとだめですよ）

ただし、上の例でも、「座っている」というニュアンスは多少残っていることに注意しましょう。例えば、「ぼーっと突っ立っている人」に対してDon't just sit around.と言うのは少し不自然です。この場合は、Don't just <u>stand</u> around.を使ったほうが自然な感じになります。逆に、「何もしないでただ座っている人」にDon't just stand around.と声をかけるのも、やっぱりちょっと不自然です。

本文で使われているsat around the post-office and storeも同様で、**「郵便局兼雑貨屋の中でぶらぶらしていた」**という意味を表しています。「椅子に座っていた」可能性もありますが、そうでないとも考えられます。

なお、talking with the chaw-bacons that <u>came in</u> to trade「買い物をするた

めに中に入ってきた田吾作どもと話しながら」という表現があるため、「ぶらぶらしていた（あるいは、座っていた）場所」は**「店の中」**と考えるのが自然でしょう。

→ p. 277

⑦ これは動名詞・分詞（完了受動分詞）のどちらでしょうか？

One whiskerando says that he hears Summit is all upset on account of Elder Ebenezer Dorset's boy <u>having been lost</u> or stolen.

▶ ▶ ▶ **動名詞**です。

解説 on account of ... という**「群前置詞」**（2語以上の単語がつながって、1つの前置詞のようになっている表現）の目的語になっているので、Elder Ebenezer Dorset's boy having been lost or stolen は「名詞」（名詞句・名詞節を含む）であるはずです。

そのように考えると、having been lost は**「動名詞」**で、「迷子になってしまった」という意味だということがわかります。なお、Elder Ebenezer Dorset's boy は、この動名詞の「意味上の主語」であり、Elder Ebenezer Dorset's boy having been lost or stolen は「エベネザー・ドーセットの息子が迷子になったか攫われたこと」という意味を表しています。

→ p. 277

⑦ この by の品詞はなんでしょうか？

The postmaster said the mail-carrier would come <u>by</u> in an hour to take the mail to Summit.

▶ ▶ ▶ **副詞**です。

解説 byとinが連続しているので、少しとまどってしまった人もいるかもしれません。inは、in an hour「1時間後に」という前置詞句を形成しています。そして、byは「そばを」「立ち寄って」という意味の**副詞**で、come by「やって来る」「立ち寄る」という句動詞の一部になっています。

　なお、come byには目的語をとる用法もあり、その場合は「…を入手する」という意味になります。

→ p.277

⑦ この〈*be*＋to不定詞〉は、どのような用法でしょうか？

When I got back to the cave Bill and the boy were not to be found.

▶ ▶ ▶「可能」を表しています。

解説 この〈*be*＋to不定詞〉は「可能」の意味を表しています。つまり、この文はWhen I got back to the cave Bill and the boy could not be found.に書き換えることが可能です。

　意味としては「見つからなかった」でもいいのですが、日本語としてやや不自然なので、「**どこにもいなかった**」のように訳して理解するのがいいでしょう。

→ p.277

⑦ この前置詞句は、文中でどのような役割を果たしているでしょうか？

Behind him was the kid, stepping softly like a scout, with a broad grin on his face.

▶ ▶ ▶「少年がどのような様子だったのか」を表しています。

解説 with a broad grin on his faceは「a broad grinをhis faceに浮かべた状態で」、つまり「**満面の笑みをたたえた表情で**」という意味で、**付帯状況の副詞句**の役割を果たしています。言い換えると、「**少年がどのような様子**

だったのか」の描写です。

　なお、文頭の Behind him was the kid ... は、behind him という「場所句」が前置されています。これによって、「ビルの後ろから…」あるいは「ふとビルの後ろを見ると…」と言った具合に、自然な形で**「視点」が誘導**されています。

→ p.277

⑦⑨ この 'em（＝them）は、誰のことを指しているでしょうか？

None of 'em ever was subjugated to such supernatural tortures as I have been.

▶ ▶ ▶ martyrs「殉教者たち」です。

解説

　'em は them のカジュアルな表記です。この文の直前を見ると、以下のようになっています。

"... There was martyrs in old times," goes on Bill, "that suffered death rather than give up the particular graft they enjoyed. ..."
（「昔の殉教者は」とビルは続けた。「自分に課せられた重荷を捨てるよりは、死ぬことを選んだんだ」）

　このビルの発言では martyrs ＝ they となっており、それに続けて None of 'em ... と言っているのですから、**'em は martyrs を指している**と考えるのが適切ですね。

→ p.279

⑧⓪ この so much はどのような意味を表しているでしょうか？

I tell you, Sam, a human can only stand so much.

▶ ▶ ▶「それだけのこと」「その程度のこと」という意味です。

解説 Thanks <u>so much</u>.（どうもありがとう）などのように、so muchは「と
ても」「非常に」という意味で使われるのが一般的です。しかし、a
human can only stand so muchを「<u>それほどまで</u>我慢できるのは、人間だけ
だ」と訳しても、ピントがずれている感じが否めません。つまり、ここで使わ
れているso muchは、「とても」や「それほどまで」のような**「強調」の表現で
はない**のです。

ビルは「砂を食べさせられた」「くだらない質問に1時間もつきあわされた」
と「どれほどひどい目に遭わされたのか」を訴えているわけですから、**「もう我
慢の限界だった」**という内容であることが予想できますね。

実は、このso muchは**「それだけのこと」「その程度のこと」**という代名詞で
す。ですから、この文は「いいかい、サム、人間には<u>その程度のこと</u>しか我慢
ができないんだ」、つまり**「人間には我慢の限界っていうものがある」**という意
味なのです。

⟶ *p. 279*

⑧ この the knees は、「誰の膝」のことを指しているでしょうか？

On the way he kicks my legs black and blue from <u>the knees</u>
down ...

▶ ▶ ▶ ビルの膝です。

解説 he kicks my legs black and blueは、「私の足を蹴って、その結果、足が
黒や青になった」→「私の足を蹴って、<u>あざだらけ</u>にしてしまった」
という意味です。なお、「…した結果、〜になる」という意味を〈他動詞＋目
的語＋補語〉や〈他動詞＋目的語＋前置詞句〉などのシンプルな形で表す構
文を**「結果構文」**と呼びます。結果構文については、Chapter 1の「ワンポイ
ント文法講義」でくわしく扱っています。

from the knees downは「膝から下」という意味です。he kicks my legs
black and blue from the knees downは「私の足を蹴るものだから、（私の足の）

膝から下はあざだらけになってしまった」ということですから、この the knees は必然的に「**ビルの膝**」ということになりますね。

→ p. 279

⑧ Bill Driscoll と to the madhouse の間に省略されている語句を補ってみましょう。

I'm sorry we lose the ransom; but it was either that or <u>Bill Driscoll to the madhouse</u>."

▶ ▶ ▶ **sending** Bill Driscoll to the madhouse または Bill Driscoll **being sent** to the madhouse のように補って考えることができます。

解説 either that の that は前の文の we lose the ransom、つまり「身代金を失うこと」を指しています。ですから、全体としては、「身代金を失うことはすまない。しかし、そのようにするか、Bill Driscoll to the madhouse のどちらかだったのだ」という意味になっています。

Bill Driscoll to the madhouse という表現は、「**動詞的なもの**」が省略されています。それを補うと、**sending** Bill Driscoll to the madhouse「ビル・ドリスコルを精神病院に送ること」あるいは Bill Driscoll **being sent** to the madhouse「ビル・ドリスコルが精神病院に送られること」となります。

日本語でも、例えば「節制しなさい。さもないと病院に<u>行くこと</u>になるぞ」や「節制しなさい。さもないと病院に送られることになるぞ」などの表現を、「さもないと<u>病院行きだ</u>」のように簡易的に表現することが可能ですよね。これと同じような感覚で、動詞的な表現を省いた形になっていると考えられます。

なお、<u>自分から望んで</u>病院に入るわけではなく、「頭がおかしくなったので、<u>無理やり精神病院に入れられる</u>」というニュアンスですから、Bill Driscoll <u>going</u> to the madhouse ではなく、send を用いて「（誰かが）送る」あるいは「（誰かによって）送られる」のように表現するのが自然です。

→ p.279

㊳ この might はどのような意味でしょうか？

"Then you <u>might</u> turn around," says I, "and have a look behind you."

▶ ▶ ▶ **軽い命令、あるいは提案のようなニュアンスがあります。**

解説 「じゃあ、あなたは振り向く<u>かもしれない</u>」という「推測」の意味では、話の流れがおかしくなってしまいます。この might は「…してみたらどうかな」「…してごらんよ」といった感じで、**「軽い命令・提案」**のニュアンスを表しています。

この発言全体は、「(心臓病で倒れる心配がないなら) 回れ右をして、後ろを<u>見てごらんよ</u>」という意味になっています。

→ p.281

㊴ この文の補語はどの部分でしょうか？

... my scheme was to put the whole job through immediately and that we would get the ransom and be off with it by midnight if old Dorset fell in with our proposition.

▶ ▶ ▶ **to put the whole job through immediately** と、**that we would ... with our proposition** です。

解説 この文の補語は、**my scheme was** <u>to put the whole job through immediately</u> と **my scheme was** <u>that we would ... with our proposition</u> の2つです。言い換えると、この文は、2つのSVCの文を合わせたものなのです。

直訳すれば「私の計画は直ちに仕事を終わらせることと、ドーセットのオヤジが申し出に同意したら、身代金を受け取って真夜中までにずらかることだ」となります。

→ p. 281

㊺ この that 節は文中でどのような役割を果たしているでしょうか？

I had a scheme for collecting that ransom without danger of being caught by counterplots <u>that ought to commend itself to professional kidnappers</u>.

▶ ▶ ▶ **a scheme を先行詞とする関係代名詞節になっています。**

解説 that 節について考える前に、まず for collecting that ransom と without danger of being caught by counterplots という、2つの前置詞句について検討してみましょう。for collecting that ransom は a scheme を修飾し、「<u>身代金を手に入れるための</u>計画」という意味を表します。また、without danger of being caught by counterplots は、collecting を修飾し、「どのようにして手に入れるのか」を表しています。つまり、for collecting that ransom without danger of being caught by counterplots は、**「ひとかたまり」の前置詞句**として a scheme を修飾しているわけです。

続いて that 節を見てみましょう。直感的には counterplots を修飾する関係代名詞のように思えますが、それはありえません！ その理由は、that 節中に **itself という再帰代名詞**が使われているからです。itself は単数形の名詞に対して用いられますから、**counterplots を先行詞にすることはできない**のです。この that 節は**関係代名詞節**で、**a scheme が先行詞**になっています。つまり、この文全体は、a scheme という名詞を、前置詞句（for Collecting ...）と関係代名詞節（that ought to ...）が二重に修飾する構造になっています。

commend itself to ... は「（主語が）…のことを認める」といった意味です。「私には、<u>プロの誘拐犯も（その出来栄えを）認めざるを得ないような対抗策によって捕られてしまう恐れなしに身代金を受け取る計画があった</u>」と読んでも、**一応意味が通ってしまう**ことが恐ろしいですね。でも、これでは完全な誤りです。正しくは、「私には、<u>相手の対応策によって捕まってしまう危険なしに身代金を受け取るための、プロの誘拐犯も顔負けの素晴らしい計画があった</u>」とな

ります。

→ *p. 281*

⑧ この was に対応する主語はなんでしょうか？

The tree under which the answer was to be left—and the money later on—<u>was</u> close to the road fence with big, bare fields on all sides.

▶ ▶ ▶ **The tree（under which the answer was to be left）です。**

 解説 挿入部（——and the money later on——）を省略し、さらに関係代名詞節をカッコに入れて The tree (under which the answer was to be left) was close to the road fence with big, bare fields on all sides. とすると、文全体の構造がはっきりわかりますね。

　この文は、The tree was close to ...（その木は…のそばにあった）という構造で、**The tree が主語**、was が動詞、close 以下は補語になっています。つまり、**第2文型（SVC）**の文です。

→ *p. 281*

⑧ この should はどのような意味を表しているでしょうか？

If a gang of constables <u>should</u> be watching for any one to come for the note, they could see him a long way off crossing the fields or in the road.

▶ ▶ ▶ **if と組み合わせて、「仮に…ならば」「万が一…だった場合は」という意味を表しています。**

解説 if 節は「仮に、誰かが手紙を受け取りに来ないかと警察の連中が見張っていたならば…」という意味になります。

　この should は if と組み合わせて、「あまり起こりそうにないこと」について、

「仮に…ならば」「万が一…だった場合は」のように仮定して言及する場合に用いられます。

→ p.281

⑧⑧ このhimは誰を指しているでしょうか？

If a gang of constables should be watching for any one to come for the note, they could see <u>him</u> a long way off crossing the fields or in the road.

▶ ▶ ▶ **any one** です。

解説　このhimは、if節にある **any one** を指しています。また、主節のthey はif節のa gang of constablesを指す代名詞です。

　全体を訳すと「仮に、誰かが手紙を受け取りに来ないかと警察の連中が見張っていたならば、警察は、その『受取人』が野原を横切るか、あるいは道路を進んでくる様子を、遠くから見ることができる」となります。

→ p.281

⑧⑨ このwell hiddenをhidden wellという語順にすることはできるでしょうか？

At half-past eight I was up in that tree as <u>well hidden</u> as a tree toad, waiting for the messenger to arrive.

▶ ▶ ▶ **できますが、少し不自然な感じになります。**

解説　I was <u>hidden well</u>.（私はうまく隠された状態でした）という受動態の文があり、それをwell hiddenという語順にすることによって、「うまく隠された」という **「1つの形容詞」のように機能している** ものがwell hiddenです。「1つの形容詞」という感覚があることの証拠として、well-hiddenというハイフンがついた形も使われています（一部の辞書にも記載されています）。

　as … asのパターンは、…の部分に形容詞あるいは副詞を入れて2つのものを

360

比較するために用いられます。この例ではhidden「隠された」という形容詞が比較の基準になるはずなのに、hidden wellのように〈過去分詞＋well〉（つまり〈形容詞＋副詞〉）という語順にすると、**〈as＋形容詞＋as〉という本来の構造が少しわかりにくくなってしまう**のです。そのため、この例では、as well hidden asのほうが「自然」な語順と言えます。

well hiddenのように〈**well＋過去分詞**〉のパターンは、かなり幅広く用いられています。なお、Googleで検索すると、"well hidden"は約10,300,000件、"hidden well"は約1,990,000件ヒットしました（" "をつけて検索すると、「その語順のままで完全一致する例があるページ」のみが対象になります）。また、"well written"と"written well"を検索してみると、前者が約51,900,000件、後者が約6,270,000件ヒットしました。かなりの「偏り」が見られますね。しかし、"well said"は約34,500,000件、"said well"は約30,500,000件で、これはあまり有意な差とは言えません（ただし、He said, "Well, ..."のようなパターンを相当数含んでいます）。

なお、〈過去分詞＋well〉と〈well＋過去分詞〉は常に「相互交換可能」(interchangeable) というわけではありません。

例 It's <u>well said</u> that "Fortune favors the bold." Who would have thought that weird quasi-operatic song would become a huge hit?
（「運は勇敢なものの味方だ」とは、よく言ったものだ。あんなオペラみたいな妙な曲が大ヒットになるなんて、誰が考えただろうか）

上の例文のwell saidをsaid wellにすることはできません（意味が変わってしまいます）。このwell saidは**定型表現**であり、「よく言ったものだ」のように「表現のうまさ」について言及する場合は、義務的にこちらが使われます。It's said well ...とすると、「…ということが、<u>よく言われる</u>」（≒It's often said ...）という意味になってしまいます。

→ p. 281

⑨ この another はどのような意味を表しているでしょうか？

I slid down the tree, got the note, slipped along the fence till I struck the woods, and was back at the cave in <u>another</u> half an hour.

▶ ▶ ▶ 「あと…」「さらに…」という意味です。

解説 another は「もう1つの」という意味ですが、**「既にあるものに加えて」**というニュアンスがあります。少し前にある I waited an hour and …（1時間待ったあとで…）を受けて、**「さらに30分かけて」**のような意味になっています。

another を使った例文をいくつか見ておきましょう。

例 It's just <u>another</u> ordinary day, but I'm going to call her and say "I love you."

（今日はいつもと同じ普通の日だけど、彼女に電話して「愛してるよ」って言うつもりです）

⋯▶「既にある、普通の日の積み重なったもの（つまり日常）」に「もう1つの同じもの」が加わる、というイメージですね。この just another ordinary day は「クリスマスや誕生日などのような特別な日ではなく、普通の日」を表しています。

例 <u>Another</u> day, <u>another</u> dollar.

（今日も、やっと終わったな）

⋯▶ 直訳は「また1日が終わり、また1ドルを得る」。1日の仕事が終わったときなどに、「いつもと変わらない1日が終わり、また同じように賃金を得た」という「つかの間の安心感」や、「いつも同じことの繰り返しで、単調な日々だ」といった「空虚な気持ち」を表しています。

上の2つは「同じものがどんどん積み重なっていく」イメージですが、以下の例はどうでしょう？

例 Tomorrow is <u>another</u> day.
（明日は明日の風が吹く）

…▶ 映画『風と共に去りぬ』のラストシーンに出てくる有名なセリフです。「いろいろな辛いことがあったが、故郷に帰って、またやり直そう」という決意が込められています。

この Tomorrow is another day. は、「明日も、<u>これまでと同じ</u>日になるだろう」という意味ではありません。「『1日という区切り』が積み重なっていくことで人生は成り立っており、『ある1日』のあとには『<u>もう1つの1日</u>』がやってくる」と考えると、「今日と明日は<u>別の日</u>」ということになりますから、この Tomorrow is another day. は「明日は、<u>これまでとは違った</u>日になるだろう」と訳すことができます。

このように、同じanotherでも、**文脈によって「同じ」になったり「別の」になったりする**ことがあります。何を伝えようとしているのかをよく考えた上で、訳語を検討することが大切ですね。

→ p. 283

⑨ このherebyは、具体的にはどのような意味を表しているでしょうか？

I think you are a little high in your demands, and I <u>hereby</u> make you a counter-proposition, which I am inclined to believe you will accept.

▶ ▶ ▶ 「この手紙によって」という意味です。

 解説 herebyは副詞句ですが、これを前置詞句の形にすると **by this** となります。thisは「この手紙」を指しているので、herebyは**「この手紙に**

よって」という意味になります。

　herebyはフォーマルな表現で、特に契約書などで多用されます。似たような表現にhereunderやhereinなどがあります。hereunderはunder thisということですから、「以下にあるとおりに」という意味です。また、hereinはin this、つまり「この中で」という意味ですね。ちなみに、hereafterは「これ以降」（≒after this）という意味です。

→ p. 283

⑨ このforの品詞はなんでしょうか？

You had better come at night, <u>for</u> the neighbours believe he is lost, and I couldn't be responsible for what they would do to anybody they saw bringing him back.

▶ ▶ ▶ 接続詞です。

解説　forには前置詞だけでなく、**接続詞**としての用法もあることを知っておきましょう。ここでも、forの後に「完全な文」が続いていますので、このforは**「理由」を表す接続詞**です。

　becauseとは異なり、for節は文頭に置くことはできません。「…というのは」のようなニュアンスで、理由を付け足して述べるイメージです。一番伝えたい内容であるYou had better come at night, ...（夜に来たほうが身のためだぞ）という「脅し」「警告」を文頭に置いた上で、「というのは、以下のような事情だからだ」のように、補足しているわけです。

→ p. 283

⑨ この文の主語はなんでしょうか？

One more night of this kid will send me to a bed in Bedlam.

▶ ▶ ▶ **One more night of this kid** です。

解説 構文的には特に問題ないと思います。**One more night of this kid** が主語、そし will send が動詞、me は目的語で、〈S＋V＋O（＋前置詞句）〉という構文です。

one more night ... は「もうひと晩」ということですから、「もうひと晩、この少年と過ごすことは、私をベドラムのベッドに送るだろう」と直訳できます。ここまでわかれば、あともうひと息です。つまり、「…することは」を**条件節的に捉える**ことがポイントです。「もうひと晩、この少年と過ごしたら、俺はベドラムのベッドに送られることに**なるだろう**」のように理解できれば完璧です。無生物主語の文の多くは、このように「条件節」的な解釈をすると、とてもわかりやすい訳文を作ることができます。

→ *p. 283*

⑨④ この being は動名詞・現在分詞のどちらでしょうか？

Besides <u>being</u> a thorough gentleman, I think Mr. Dorset is a spendthrift for making us such a liberal offer.

▶ ▶ ▶ 現在分詞です。

解説 この being は**現在分詞**で、besides は「さらに」「…の他に」という意味の**副詞**だと考えられます。Besides being a thorough gentleman という現在分詞句は付帯状況に解釈できますが、全体としては「**紳士的であるだけでなく**、こんな寛大な申し出をしてくれるなんて、なんて気前がいい人なんだ」という内容を表しています。

besides には前置詞用法もありますので、being は前置詞の目的語なのだから、動名詞ではないのかと思われた方も多いと思います。例えば、（少し苦しいですが）以下のような文であれば「動名詞」になるでしょう。

Besides <u>being</u> a thorough gentleman, there are several more reasons for people to like Mr. Dorset.

「紳士的であることの他にも、人々がドーセット氏のことを好きになる理由はあといくつかあります」と訳せます。several more reasonsがあるために、being a thorough gentlemanが「理由の１つ」、つまり動名詞だということになります。このように、besidesを「…に加えて」という前置詞（≒ in addition to ...）として使う際には、「何が足されるのか」が明示されている必要があるのです。

→ p. 285

⑨⑤ この〈get ＋人＋ to do〉は、どのようなニュアンスでしょうか？

We got him to go by telling him that his father had bought a silver-mounted rifle and a pair of moccasins for him, ...

▶ ▶ ▶ 「なんとかして…に〜させる」「…を説得して〜させる」というニュアンスです。

解説 〈get ＋人＋ to do〉は「なんとかして…に〜させる」「…を説得して〜させる」という意味を表し、多くの場合、なんらかの「苦労が伴う」ことを表します。ここでは、「いろいろな口実をでっちあげるなどの苦労を経て、なんとか説得できた」ということが示されています。

なお、このgetの使役構文についてはChapter 2のワンポイント文法講義でも触れられていますので、そちらも読んでみてください。

→ p. 285

⑨⑥ このweは誰のことを指しているでしょうか？

... and we were to hunt bears the next day.

▶ ▶ ▶ サム、ビル、少年の「３人」を指しています。

解説 「みんなでクマ狩りに行こう」と提案しているのですから、このweは「サム・ビル・少年」の３人を指しています。

他の場面でweがどう使われていたのかも見ておきましょう。

We were down South, in Alabama —— Bill Driscoll and myself —— when this kidnapping idea struck us.

…▶ Bill Driscoll and myselfと書いてあることからもわかるように、このweは「サムとビル」ですね。

We're playing Indian. We're making Buffalo Bill's show look like magic-lantern views of Palestine in the town hall.

…▶ 2人で遊んで（？）いる場面ですから、このweは「ビルと少年」です。

We went to bed about eleven o'clock. We spread down some wide blankets and quilts and put Red Chief between us. We weren't afraid he'd run away.

…▶ 最初のweは「サム・ビル・少年」を指していると言えますが、後のwe / usは「サムとビル」のみを指していると考えないと辻褄が合いません。

物語の会話文ではないところ（地の文）では、「1人称単数」のIが指している人物は一貫しています（この物語では「サム」ですね）。しかし、weに関しては、**「誰を含めてweと呼んでいるか」**をその都度考えてみる必要があるのです。

→ p. 285

(97) このItは何を指しているでしょうか？

It was just twelve o'clock when we knocked at Ebenezer's front door.

▶▶▶ **「時間」を漠然と指しています。**

文頭にitが置かれていると、それが後ろのto不定詞やthat節などを指していると考えてしまいがちです。そのような「予測」を立てておくことは、もちろんとても大切です。しかし、その予測が外れた場合に、**柔軟に「読み」を修正**できるようにしておきたいですね。

この文を見たときに、一瞬「文頭のitが、後ろのwhen節を指している」と考えてしまった人も多いかもしれません。しかし、このitは**「時間」を指している**と考えるのが妥当です。その理由は、以下のように**when節を省いても**、成立するからです。

<u>It</u> was just twelve o'clock.
（時刻はちょうど夜中の12時でした）

したがって、この場合、when節は**副詞節**ということになります。しかし、ご存知のとおり、whenには関係詞の用法もあります。

囫 May I live to see the day <u>when</u> I long for the agony I feel now.
（この先もっと長く生きて、今感じている苦しみを恋しく思い出す日が来るといいなあ）

　…▶ 百人一首にも入っている、藤原清輔朝臣の「永らへばまたこの頃やしのばれむ 憂しと見し世ぞ今は恋しき」の英訳として、一般に流布しているものを引用してみました。このwhen節は、直前のthe dayを先行詞とする関係副詞節です。

囫 The time will come <u>when</u> Winter will ask you what you were doing all Summer.
（冬が訪れると、「夏の間、おまえは何をやっていたんだ？」と問われることになるでしょう）

⋯▶ 19世紀のアメリカの政治家、ヘンリー・クレイの言葉です。whenを副詞節に解釈して、「『夏の間、何をやっていたんだ？』と問われるときに、そのときがやって来るでしょう」と訳しても意味は通じませんよね。このwhenも関係副詞で、文の主語のthe timeが先行詞になっています。

このように、多くの場合、関係副詞のwhenが「指す」のは、the day / the time / the yearなどといった**「時」**を表す名詞です。この用法のwhenは、本文の、すぐ次の文で使われています。

Just at the moment <u>when</u> I should have been abstracting the fifteen hundred dollars ...

このwhenは、the momentを先行詞とする関係副詞節になっていますね。

ところで、次の例はpinterest.comで見つけたちょっとおもしろい英文なのですが、このitは何を指しているでしょうか？

🔲 例 As a female who wears plus size clothing, <u>it</u> irritates me when "plus size" models aren't plus size.
（クイーンサイズを着ている私のような女性は、「クイーンサイズ」の服のモデルたちが実際にはクイーンサイズでないのを見るとイライラしちゃうのよね）

本文に登場した、It was just twelve o'clock when we knocked at Ebenezer's front door. のIt was just twelve o'clock. とは異なり、**It irritates me. を単独で用いるのは不自然**です。もしこんなことを言ったら、相手からはWhat irritates you?（何があなたをイライラさせるの？）と聞かれてしまうでしょう。この文では、「イライラさせるもの」の具体的な内容をwhen "plus size" models aren't plus sizeが表しています。つまり、itはいわゆる**「仮主語」**であって、

（名詞節の）**when 節を後方照応している**と考えられます。

　以下のように並べてみるとわかりやすいのですが、..., it irritates me when ... の when は that と同じような働きをしています。

A It irritates me <u>when</u> "plus size" models aren't plus size.

B It irritates me <u>that</u> "plus size" models aren't plus size.

　しかし、これら2つには大きな違いがあります。次の2つの文を比較してみてください。

C <u>When</u> "plus size" models aren't plus size irritates me.

D <u>That</u> "plus size" models aren't plus size irritates me.

　D はやや「頭でっかち」ではありますが、英文として成立しています。これに対して、**C** のような言い方には少し抵抗感があります。これはどういうことなのでしょうか？

　これはあくまで仮説ですが、when を用いた It irritates me when "plus size" models aren't plus size. の場合は、〈it ＝ when 節〉という構図は一応成り立つものの、**when に「副詞節」としての性格も残されている**と言えるのではないでしょうか？ つまり、「純粋な名詞節」とは少し働きが異なるとも言えます。

　when と that の違いについて、もうちょっと考えてみましょう。

E I like it <u>when</u> you give me that pretty little pout.
　（君が僕に例のかわいいふくれっ面を見せるのが好きなんだ）

　この when 節は、直前の it を指しています。it はいわゆる「仮目的語」ですね。〈it ＝ when 節〉が成り立っているわけですが、I like it <u>that</u> you give me that pretty little pout. のように、that 節を使うことはできません。

I like it when you give me that pretty little pout. は「君が例のかわいいふくれっ面を見せてくれる<u>とき</u>。そんな瞬間が好きなんだよね」というニュアンスだと解すれば、やはり「副詞節」としての性格も保持されていると言えるのではないでしょうか?

さっきの「クイーンサイズ」の話に戻れば、It irritates me when "plus size" models aren't plus size. は「クイーンサイズのモデルなのに、体のサイズはクイーンじゃないっていう<u>とき</u>。そんなのを見ると、イライラしちゃうんだよね」と考えると、when の「本来」の「…なとき」という意味が残されていることがわかると思います。

it / that / when といったごく簡単な機能語は、文法の根幹部分を担っているため、ひと筋縄ではいかない難しさがあります。**「簡単だから難しい」**とも言えましょう。ここで説明してきたように、例えば「it を指す that 節と when 節って、どう違うんだろう?」のような疑問についてあれこれと考察してみると、学校英文法では達することのできなかった文法の「面白さ」や「奥深さ」を存分に味わえるはずです!

→ p. 285

㉘ この should have been *doing* は、どのようなニュアンスでしょうか?

Just at the moment when <u>I should have been abstracting</u> the fifteen hundred dollars from the box under the tree, ...

▶ ▶ ▶ 「(本来なら) …していたはずなのに」というニュアンスです。

解説　〈should have + 過去分詞〉は「…するべきだったのに(しなかった)」「…しておけばよかった」という意味を表します。

例　It's raining? I <u>should have brought</u> an umbrella with me.
(雨が降っているの? 傘を持ってくるべきだったなあ)

例 I <u>should have started</u> writing earlier. If I did, I would have more time for revising the manuscript before submission now.

（もっと早く書き始めればよかった。そうしておけば、提出前に原稿の手直しをする時間がもっとあっただろうに）

また、〈should + be *doing*〉は、以下のように**「（本当は）…しているべきです」**という意味になります。

例 I really <u>should be going</u> now.

（もうおいとましませんと…）

…▶「本当だったら、もう行っていなければならないのですが…」→「もう帰らないといけないんです」という意味です。I should go now. よりも、もっと「切羽詰まった感じ」を出せる表現です。

例 You really <u>shouldn't be doing</u> such a thing.

（そんなことをしていてはだめですよ）

そして、これらを組み合わせた、〈should + have been *doing*〉は「…していたはずなのに（…していなかった）」「…しているべきだったのに（…していなかった）」といった意味を表す表現です。

例 I failed my final exam in biology. I <u>should have been doing</u> my homework this past semester, instead of just fooling around.

（生物の最終試験を落としてしまった。今学期は、遊びまわったりしないで、ちゃんと宿題をやっておくべきだったなあ）

本文で使われていた I should have been abstracting ... は、「本来であれば、今ごろ…を失敬していたはずだったのに」というニュアンスで、**当初の目論見が外れた**ことをぼやいています。

→ p. 285

⑲ この文の文型はなんでしょうか？

..., he was a good mile and a half out of Summit before I could catch up with him.

▶ ▶ ▶ **第2文型（SVC）です。**

解説　文末の before 節を取り除いて考えると、He was a good mile and a half out of Summit. となり、he が主語、was が動詞、そして a good mile and a half out of Summit は補語という構造になっています。したがって、この文は**第2文型**です。

「彼は a good mile and a half out of Summit という状態になっていた」ということですが、この good は「よい」という意味ではもちろんなく、**「ゆうに」「まるまる」**といった意味の形容詞です。

例 This report will take me <u>a good five hours</u>.
（このレポートを仕上げるのに、たっぷり5時間はかかるでしょう）

…▶ このように、複数形（hours）であっても a をつけます。

例 The operators all put in a <u>good day's</u> work and went home late at night.
（オペレーターたちは1日働いて、夜遅くに帰宅しました）

例 I met him in the street <u>in a good hour</u>.
（ちょうどいいときに、彼に通りでばったり出くわしました）

⋯▶ これは「たっぷり1時間かけて」という意味ではなく、「ちょうどい
いときに」「幸運にも」「運よく」という意味の慣用表現です。in a
happy hour とも言います。

❶ どのように訳すのが適切でしょうか?

It was, as Bill afterward expressed it, "during a moment of
temporary mental apparition"; but we didn't find that out till
later.

→ 直訳的な「しかし、そのことは後になるまでわからなかった」でもそれほど
問題はないのですが、いまいち物足りない感じがあります。

as Bill afterward expressed it「後になって、ビルが言っていたように」とい
う言い方が前に使われていることから、**「振り返っている感じ」**を出すような訳
をつけると、雰囲気が出ると思います。「今となっては後の祭りだがね」「あのと
きはそうは思わなかった」など、少し工夫をしてみたいところです。「字面どお
りの意味」ではなく、「原文で伝えようとしている内容」をうまく日本語として
形にする訓練を積むと、英文をより深く理解できるようになるはずです。

❷ なぜ、of course「もちろん」が用いられているのでしょうか?

There was a town down there, as flat as a flannel-cake, and
called Summit, of course.

→ as flat as a flannel-cake「パンケーキのように平べったい」のですから、そ

れがSummitと呼ばれているのは「当然」のことではありません。

英語では、あえて**「逆」のニックネーム**をつけることがよくあります（例え
ば、大柄の人をtiny「ちびすけ」と呼んだりします）。そのために、of courseが
用いられているのだと思われます。あるいは、**「田舎だとよくある話だが…」**の
ような、少し皮肉めいた意味合いも込められていそうです。

なお、as flat as a flannel-cakeは、[fl]という音で**「頭韻」**を踏んでいます
（頭韻については、Chapter 2の「解釈のポイント❿」参照してください）。

❸ **このdo betterは、どのような意味でしょうか？**

..., a kidnapping project ought to <u>do better</u> there than in the
radius of newspapers that send reporters out in plain clothes
to stir up talk about such things.

→ do betterという**これ以上ないくらいシンプルな表現**を、どのように日本語
化するのがいいか検討してみましょう。

まず、比較級になっているので、「何と何が比較されているか」を考えます。
比較されているのは、2つの場所です。1つはthere、もう1つがin the radius
of newspapers ...です。後のほうは、「私服のレポーターを送り込んできて、
色々と噂をたてさせるような新聞社の縄張り」ですね。そしてthereのほうは、
文脈から「てっぺん町」のことだとわかります。

ここは、「新聞社の縄張りのような都会、あるいはその近辺では、騒ぎが大き
くなりすぎるが、『てっぺん町』のような田舎はそこまでにはならない」といっ
たことが表現されているので、do betterは**「てっぺん町のほうが、誘拐がうま
くいく」**という内容を表しているわけです。

❹ 子供は「道のどこ」にいたと考えられるでしょうか？

The kid was in the street, throwing rocks at a kitten on the opposite fence.

→ この文だけから判断しようとすると、実はこの問題は非常に複雑です。in the streetは単に「通りに」ということですから、「道のどのあたりに立っていたのか」についての情報は何も提供してくれません。on the opposite fenceという表現が問題なのです。**何をもってopposite「反対の」という言い方が成立するのか**を考えてみると、かなり難しいことがわかると思います。

ある英語母語話者と話し合って、「どうすればoppositeが成立するのか」について考えてみました。

まず、**「真ん中より少し反対側に寄ったところにいた」**と考えると、「少年のいるところから、より遠いほうの側にある家のフェンス」ということで、一応oppositeが成立します。ただ、これは少々強引であると言わざるを得ません。

streetという言葉は、文脈によっては「歩道」も含みます。そのため、少年は**「片方の側の歩道」**にいて、道の反対側の歩道のさらに先にある家のフェンスに向けて石を投げていた、と考えることは不可能ではありません。これが2つ目の解釈です。これもちょっと強引と言えば強引です。

さらにものすごく頭を捻って考え出した3つ目の解釈は、ここが**「T字路だった」**というものです。Tの「縦棒」の部分にいて、「横棒」（つまり、これがthe street）部分に向かって石を投げていたとしたら、めでたくoppositeが成立します。ただ、これもあんまり現実的ではありませんよね。

と、ここまで考えてみて、ふと1つ前の文を見ると、One evening after sundown, we drove in a buggy past old Dorset's house. となっています。ここには「ドーセット家の前を通り過ぎた」としか書いてありません。しかし、「ドーセット家」は**少年の自宅**なのですから、**「自宅の向かいの家」**に向かって石を投げていたとすれば、oppositeがすんなり理解できます。そして、おそらくはこれが正解です。

　oppositeを使うには、「何に対してoppositeなのか」が明示されている必要
があります。

　例えばHe was standing in front of his house.（彼は自分の家の前に立ってい
た）という1文でもあればいいのですが、ここでは**「文脈的にしか」**示されて
いませんので、文法的にマジメに考えすぎてしまうと、こんなふうに頭が痛く
なってしまいますね…。

　この場面については、章末の「翻訳のポイント①」でも取り上げていますの
で、そちらもご覧になってみてください。

❺ これは、どのような動作を表しているでしょうか？

　…, climbing over the wheel.

→ mountain climbing「登山」という言い方があることからも、climbは「上
る」というイメージの強い動詞です。

　しかし、ここでは「上る」という意味で考えてしまうと、**話のつじつまが合
わなくなる**のです。ここは、以下のような話の流れになっています。

「誘拐のためにやってくる」 → 「石を目にぶつけられる」 → 「なんとか誘拐す
る」

　そのため、もし「車輪に足をかけて上りながら」だと、**「馬車に乗り込む」**こ
とになってしまいます。少年に襲いかかるのはもう少し後の話なので、まだ
「馬車に戻って」はまずいですよね（本当はそうしたほうがよかったのかもし
れませんが…）。もう少しくわしく言うと、「馬車でここまでやってきて、少年
に声をかけたら、石をいきなりぶつけられた。そして、『こんなことをされたん
だから、もっと身代金をとってやる』と言いながら馬車を降りて、少年に襲い
かかった」という話の流れなのですから、climbing over the wheelは**「馬車か**

ら降りる」という動作を表しているのです。

　ここで、みなさんは「climbが『降りる』という意味を表すことがあるのだろうか」と疑問に思うことでしょう。もちろん、他動詞のclimbは、基本的に「…を上る」という意味を表します。しかし、自動詞の場合はそうではありません。*Longman Dictionary of Contemporary English* による自動詞のclimbの定義をご覧ください。

　　to move up, down, or across something using your feet and
　　hands, especially when this is difficult to do

「（特に、苦労しながら）手足を使って、何かを上ったり、下ったり、横切ったりすること」と書いてありますね。このように、climb自体には「上に」という意味は込められていないのです。**後に続く前置詞や副詞によって動く「方向」が決まる**のです。

　例　The higher we <u>climb up</u> the mountains, the colder it gets;
　　　the lower we <u>climb down</u>, the warmer it becomes.
　　　（山を上に登れば、それだけ寒くなります。下れば、それだけ暖かくなります）

　上の辞書の定義を見ると、He <u>climbed</u> to the foot of the hill from the top.（彼は山の頂上から麓まで下りました）と言えそうですが、英語母語話者に確認したところ、これはNGでした（He climbed down to ...のようにする必要があるとのことです）。定義にあるespecially when this is difficult to doということとのズレがあるからかもしれません。

　なお、その英語母語話者にとっては、**「階段を上る（下りる）」**と言う場合にclimbを使うことにも違和感があるそうです。「じゃあ、どういう場合ならclimb up[down] the stairsが使えるの？」と聞いたところ、その人が見せてきたのは、『エクソシスト』（*The Exorcist*）という映画のあるシーンでした。悪魔にと

りつかれた少女が、「ブリッジ」の体勢で、手足を使って階段を下りてくる、あの有名なシーンです（クモみたいに見えるので、一部のマニアはspider walkと呼ぶそうです）。「これなら、climb down the stairsと呼ぶのが正しい」と言われました。また、「小さな子供が階段に手を掛けながら、必死な様子で階段を上ったり、下りたりする」場合も、climb up [down] the stairsを用いることができるとのことでした。辞書の定義にもusing your feet and hands「手足を使って」と書かれていましたが、その英語母語話者にとっては、climbは「手と足の両方を使って上る（降りる）」場合に使うのが自然とのことでした。

本文に話を戻しましょう。climbing over the wheelは、馬車の上から「手と足の両方を使って、『よっこいしょ』という感じで車輪の上に乗り、そこから下に（飛び）降りた」ということを意味しています。overに関しては様々な考察の余地がありますが、ここでは「馬車の内部から、車輪を越えて馬車の外へ」という意味に捉えておきましょう。

この部分の訳し方については、章末の「翻訳のポイント⑤」もぜひ参照してください。

❻ 具体的にはどのようなことを言っているのでしょうか？

We're making Buffalo Bill's show look like magic-lantern views of Palestine in the town hall.

→ Buffalo Bill's showとmagic-lantern views of Palestine in the town hallが、それぞれ何を指しているのかを考えてみる必要があります。

バッファロー・ビルとは、西部開拓時代のガンマン・興行主で、19世紀の終わりから20世紀初頭に、Wild West showsというショーを興行し、大成功を収めました。このショーは、インディアンや本物のガンマンなどを出演させて、駅馬車強盗などを再現したもので、そのリアルさから大人気を博していました。

magic-lantern views of Palestine in the town hallとは、「街の公民館で、幻

灯機を使って見せるパレスチナの風景」ということ。動画を上映できる「キネトスコープ」は1891年に発明されましたが、まだスクリーンに投影させるのではなく、「箱の中をのぞいて動画を見る」というものでした。1895年に「シネマトグラフ」が発明されると、スクリーンに投影できるようになりますが、この物語の中では、田舎であることもあり、**数少ないささやかな娯楽**として、「異国の風景を公民館の幻灯機で見る」というものがあったようです。

当然ながら「幻灯機」は、バッファロー・ビルのショーよりも「つまらないもの」です。ですから、このWe're making Buffalo Bill's show look like magic-lantern views of Palestine in the town hall.は「我々は、バッファロー・ビルのショーを、公民館の幻灯機上映会のようなつまらないものにしてしまっている」という意味になります。

つまり、少年の要求する「インディアン遊び」があまりに本格的なので、**「あのバッファロー・ビルのショーが、公民館レベルに霞んでしまうぐらいだ」**ということを言っているわけです。少なくとも「リアルさ」という点では、少年の「遊び」は超本格派と言えそうです。本気で蹴り飛ばしたり、本当に頭皮を剥ごうとしたりするわけですからね。

❼ **この発言には、ビルのどのような気持ちが込められているでしょうか？**

By Geronimo! that kid can kick hard.

→ By Geronimo!は感嘆表現の一種で、「**まったく！**」のような意味を表しています。一般的にはBy God!やBy George!（Godを使うのが「不敬」なので、婉曲的にしたもの）などが使われますが、ここはアパッチ族の戦士の名前を使って、By God!を「もじった」表現が用いられています。

... that kid can kick hard.は「あの子供は強く蹴ることができる」ということですが、要するに**「あのガキは、なんてキック力なんだ！」**という**驚き**を表しています。

　この… can kick hard.のような「シンプル」な言い方は、驚きの気持ちを表す時によく使われます。こういうパターンの場合、sureが併用されることがよくあります。例えばHe sure can pitch.と言えば、「あいつはたいしたピッチャーだ」という意味になりますし、She sure can dance.は「あの子、最高にダンスがうまいな」という意味になります。こういう表現の場合、**あまり長い文にしないのが特徴**です。例えば、He sure can pitch, and he's making Cy Young look like a rank amateur.（あいつはたいしたピッチャーだ。あいつにかかれば、あのサイ・ヤングすらずぶの素人に見えちまうよ）みたいに長ったらしい言い方は少し不自然です。

　短い文で、canを使ってストレートに表現することによって、強い驚きを効果的に表せるわけですね。

❽ この質問は何を聞いているのでしょうか？

How many does it take to make twelve?

→ このmakeは、Two plus two make four.（2足す2は4）のmakeに近い用法です。つまり、**「何と何を足すと12になるの？」**と聞いているわけです。これもやや子供っぽい言い方になっていると言えます。

　ただし、How many …?は「2つ以上の項目」も含まれていますから、本来は「何と何と何を…」や「何と何と何と何を…」などの意味も含まれています。しかし、これらをすべて含んだ訳にすると「くどい」ので**「いくつといくつで12になるの？」**のように訳しておくといいでしょう。

❾ これはどのような一連の動作を表しているでしょうか？

… I sat up and lit my pipe and leaned against a rock.

→ sit up という句動詞を *Longman Dictionary of Contemporary English* で調べると、以下の定義が載っています。

to be in a sitting position or get into a sitting position after you have been lying down

つまり、「横になっていた後で、座っている状態になる」ということですね。ベッドで寝ていた状態から sit up したのであれば、「ベッドの上で体を起こす」という意味になります。

I sat up and lit my pipe ... は、「横になっていた状態から半身を起こして、パイプに火をつけた」ということです。そして、そのまま leaned against a rock「岩にもたれて座った」のですから、「立ち上がらずに、お尻をずらすようにして移動して、岩にもたれかかった」という動きを表していることになります。

❿ beating the country side とは、どのようなことを表しているでしょうか？

... <u>beating the countryside</u> for the dastardly kidnappers.

→ a police officer on the beat という表現は「巡回中の警察官」という意味で、英語の beat には「**巡回すること**」「**巡回区域**」「**持ち場**」という意味があります。

ここでは、同じ beat が「**…を巡回する**」「**…を見回る**」という意味で使われています。countryside は「町はずれ」「町の境界のあたり」などをイメージするといいでしょう。

⓫ drag the creek とは、どのような作業なのでしょうか？

Nobody was <u>dragging the creek</u> ...

→ あまり見かけない表現ですが、*Longman Dictionary of Contemporary English*はdrag a lake/riverという表現を取り上げており、以下のように定義しています。

to look for something in a lake, river etc by pulling a heavy net along the bottom

つまり、「**湖や川などの底を、重たい網でさらって何かを探す**」ということですね。みなさんはアニメ映画の『となりのトトロ』をご覧になったことはありませんか？ この映画の中では、行方不明になった小さな女の子をみんなで探す際に、溜池の底をさらっている様子が描かれています。このdrag the creekも、もしかしたら少年が転落してしまったのではないかと「**用水路の底をさらって探す**」ことを意味しています。

❷ a home bodyとはどのような人のことを指しているでしょうか？

He don't seem to be much of <u>a home body</u>.

→ このhomeを「家庭的な」と捉えても、「掃除や洗濯などの家事を手伝ったりするようなやつじゃない」となり、文自体の意味はそれなりに通ってしまいますが、少し**文脈にそぐわない**感じがあります。

ちなみに、オスカー・ワイルドの「幸福な王子」には以下のような場面があります。このdomesticは、どのような意味だと思いますか？

"I admit that she is <u>domestic</u>," he continued, "but I love travelling, and my wife, consequently, should love travelling also.

ツバメは「葦」に恋をします。しかし、風が吹く度に「おじぎ」をする様子を見て、「風といちゃいちゃしている」などとして、ツバメは嫉妬します。そして、上の引用のように「たしかに彼女はdomesticだけど、僕は旅が好きだから、私の妻も、旅好きでなければ困るんだ」と言います。「家庭的である」ことと「旅をすること」の間にはなんら関係はありません。実は、このdomesticは**「家にいるのが好きな」**という意味なのです。ツバメは、「葦は家にいるのが好きだけど、僕の妻になるなら、一緒に旅に出てもらわなくっちゃ」と、手前勝手なことを言っているわけですね。

　a home bodyのhomeも、「幸福な王子」に出てきたdomesticと同じ意味で、「家にいるのを好む」という意味です。「家にいるのが好きなのに、家に帰れない」という状況なのですから、ここではa home bodyを**「家を恋しがるような人」**などと訳すこともできますね。

⓭ この文はどのように訳すのが適切でしょうか？

　Anyhow, he'll be missed to-day.

→ missには**「（ものが）がないことに気がつく」「（人が）いないことを気がつく」**という意味があります。そのため、この文は「とにかく、今日、彼はいないことに気がつかれるだろう」のように一応訳すことができます。しかし、これではまともな日本語とは言い難いですね。

　こんなときは、思い切って**「受動態を能動態に変えて」**訳してみましょう。この文を能動態にすると、Anyhow, they will miss him to-day. となりますね。このtheyは、前の文にもあるhis folks「彼の家族」を指しています。ということで、この文は**「とにかく、このガキがいなくなったことに、家族も今日には気づくだろう」**のように訳せますね。

⓮ なぜ「一番好きな聖書の登場人物」として King Herod を挙げているのでしょうか？

"King Herod," says he..

→ ヘロデ王は、新訳聖書に登場する人物で、キリストが誕生したという知らせを受けて、自分の立場が危うくなることを恐れるあまり、幼児の大量虐殺を行ったとされています。

　もうおわかりですね。ビルは、少年のことを「殺してしまいたいぐらい憎らしいと思っていた」のです。

⓯ この部分の「こっけいさ」について説明してください。

"If you don't behave," says I, "I'll take you straight home. Now, are you going to be good, or not?"

→ まずは、そのまま訳してみましょう。behave は「行儀よくする」という意味の自動詞です。そのため、If you don't behave, ... は「行儀よくしていないと…」「いい子にしていないと…」という意味になります。また、Now, are you going to be good, or not? は「さあ、いい子にするか？ それともしないのか？」ということで、「行儀よくしなさい」と諭しているわけです。

　一般的な「誘拐」では、「行儀よくしていれば家に帰れるぞ」となるはずなのに、この話では... I'll take you straight home.（家に帰すぞ）と言っているのが、とても「こっけい」です。桂米朝の「地獄八景亡者戯（じごくばっけいもうじゃのたわむれ）」で、亡者が三途の川を渡る際に、船頭の鬼が「船端から乗り出すなよ。落ちたら生きるぞ」と声をかけるシーンを思い出させます。さて、この奇妙な誘拐劇は、最終的にどのような結末（オチ）を迎えるのでしょうか？

⓰ この instead of はどのように訳すのが適切でしょうか?

... make the ransom fifteen hundred dollars <u>instead of</u> two thousand.

→ instead of ... は「…の代わりに」という訳語が当てられることが多いですが、この訳語が常にベストな選択とは言えません。

以下のように、明らかに**「代用」**している場合には、「…の代わりに」と訳すのが適切です。

例 You can make do with margarine <u>instead of</u> butter.
（バターの代わりに、マーガリンでなんとかなるよ）

例 Someone has to attend the meeting <u>instead of</u> Bob.
（ボブの代わりに、誰かが会議に出席しなければなりません）

しかし、以下のような場合には「…の代わりに」ではしっくりこない感じがしてしまいます。

例 <u>Instead of</u> condemning people, let's try to understand them.
（非難ばかりするのはやめて、相手を理解しようと努めましょう）
⋯▶ デール・カーネギーの *How to Win Friends and Influence People* という本に出てくる1文です。

例 Instead of wondering when your next vacation is, maybe you should set up a life you don't need to escape from."
（「今度の休みはいつだろう」なんて考えるのはもうやめて、「逃げたい」なんて思わずに済む人生を作り上げたらどうですか?）
⋯▶ アメリカの作家、セス・ゴーディンの言葉。

上の2つの引用文のように、instead of ... を**準否定語**（「…をやめて」「…では
なく」）のように捉えて理解すると自然な訳語になります。本文の ... make the
ransom fifteen hundred dollars instead of two thousand. も、「**2,000 ドルでは
なく 1,500 ドルに**…」と訳して理解するのが自然です。

⓱ この the difference は何を指しているでしょうか？

You can charge the difference up to me.

→ differenceはdifferent「異なる」の名詞形ですから、基本的には**「違い」**と
いう意味を表します。しかし、ここでは「違い」だと、いまひとつピンとこな
い感じがします。本来もらえるはずだった2,000ドルと、新しく決めた金額で
ある1,500ドルのdifferenceなのですから「違い」というよりも「差」「差額」
と訳す必要があります。つまり、「損する500ドルは俺がかぶってもいいから」
ということですね。

　なお、difference「違い」「差」という表現はやや**抽象的**なので、ある程度
「ほぐして」訳してみることが大切です。以下に例を挙げておきますが、2番目
と3番目の例文では、「…を変える」「…を分ける」のように、日本語の実情に合
わせた訳を適用してみました。

例 You should keep the time difference in mind when you
make overseas calls.
（国際電話をかけるときは、時差を念頭に置くべきです）
⋯▶ time difference は「時差」という意味ですね。

例 One man can make a difference, and you are going to be
that man.
（1人の男が世界を変えることができる。そして、おまえがその男になるんだ）

…▶ 日本でも大いに人気を博した、アメリカの特撮ドラマ『ナイトライ
ダー』(Knight Rider) に登場する名セリフの1つ。「たった1人の男が
いるだけで、世界を確実に変えることができる」「たとえたった1人で
も、世界を変えようと思えば変えられるはずだ」のようなニュアンス
で、主人公マイケル・ナイトを勇気づけようと、ある登場人物が今際
の際に述べた言葉です。「差（違い）を生む」でもいいのですが、もっ
と自然なのは「世界を変える」という訳だと思います。

例 Just a few seconds can mean the <u>difference</u> between life and
death for emergency medical evacuation.
（救急搬送においては、わずか数秒が生と死を分けることもあります）
…▶ これはやはり「<u>生死を分ける</u>」という訳がピッタリですね。

❸ このfinalとは、具体的にはどのようなことを意味しているのでしょうか?

These terms are <u>final</u> ...

→「最終的なもの」ということなのですが、finalを *Longman Contemporary
Dictionary of English* で調べると、こんな定義が載っています。

if a decision, offer, answer etc is final, it cannot or will not be
changed

「決定・申し出・回答などがfinalであるという場合、それはもう変更できな
い、あるいは変更されない」ということですね。「もう変更できない」というこ
とは、「変えて欲しいという要望は一切受けつけない」、つまり**「交渉の余地は
ない」**という意味と考えていいでしょう。

⓳ これは、どのような動作を表しているでしょうか？

Get down on your hands and knees.

→ hands / knees は複数形になっていますので、ここでは**「両手・両膝」**のことを指しています。「自分の両手と両膝を地面につく」、つまり**「四つんばいになる」**という動作を示しています。

ちなみに、down on *one's* knees は**「両膝をついて」「跪いて」**という意味で、I'm down on my knees asking for forgiveness. （頼むから許してください）のように「懇願する」という意味でも用います。

⓴ なぜ risk という動詞が用いられているのでしょうか？

... risked a yodel or two, but there was no response.

→ risk は**「危険を冒して…する」**という意味の動詞です。つまり、この文を直訳すると「危険を冒して裏声を出して呼んでみたが、返事が無かった」となります。

子供に振り回されている描写ばかりが続いているのでつい忘れてしまいますが、この洞窟は託児所や遊び場ではなく、「監禁場所」です。そのため、本来は**「見つかってはまずい」**のです。そのために、risk という動詞が使われているわけですね。

㉑ この such supernatural tortures は、具体的には何を指しているでしょうか？

... was subjugated to such supernatural tortures as I have been.

→ None of 'em ever was subjugated to such supernatural tortures as I have been. という文を直訳すると、「殉教者たちの中には、俺が負わされているような、信じられないほどの拷問を受けたものなどいなかった」となります。つまり、「殉教者は、たしかに重い苦しみを味わって、それを捨て去らずにそのまま死を選んだ者もいる。でも、今自分が味わっているのは、彼らの苦しみよりもさらに重い苦しみだ」ということです。

ここまで話を読んでわかるように、ビルにとっての「信じられないほどの拷問」「苦しみ」とは、もちろん**「（少年によって）ひどい目にあわされたこと」**です。ですから、この文は「たしかに、昔の殉教者は、苦しみを負ったまま、それを投げ捨てることなく死を選んでいたかもしれない。でも、少年の相手をするという苦しみは、そんなレベルをはるかに超えている」と言っているわけですね。ずいぶん大げさで「芝居じみた」言い方ですが、少年の相手をし続けることは、ビルにとってそれほどまでに辛いことだったわけです。

㉒ この文は、具体的にはどういうことを表しているでしょうか？

Sand ain't a palatable substitute.

→ palatableは「味のよい」「おいしい」という意味の形容詞です。つまり、この文は**「砂は、おいしい代用品ではない」**という意味ですね。

この直前に、I was given oats.（オーツ麦を与えられた）とあります。しかし、実際には**「オーツ麦ではなく、代用品として砂を与えられた」**わけです。palatableは「味」を表す形容詞ですから、食べる真似ではなく、**「実際に口の中に入れることを強要された」**ということがわかります。ビルは、ずいぶんひどい目にあったわけですね…。

㉓ このa Japanese warは、具体的にはどの戦争のことを指しているでしょうか？

... play the Russian in a <u>Japanese war</u> with him as soon as he felt a little better.

→「赤い酋長の身代金」の初出は、*The Saturday Evening Post*という雑誌の1907年7月6日号です。その少し前の1904年2月から1905年9月に「**日露戦争**」が起きていますから、オー・ヘンリーはそのことを意識してa Japanese warという言葉を入れたのだと思われます。

　なお、the Japanese warではなくa Japanese warとなっているのはなぜでしょうか？　日露戦争の10年前の1894年にa Japanese war against Korea、つまり「朝鮮出兵」がありました。同年8月には、a Japanese war against China「日清戦争」（＝First Sino-Japanese War）が勃発しています。英語母語話者とも話し合ってみたところ、「そのような19世紀末〜20世紀初頭のJapanese warsの1つである日露戦争」という意味で、a Japanese warという表現が使われたのではないかという結論に至りました。

❷❹ **このa bed in Bedlamとは、なんのことを指しているのでしょうか？**

One more night of this kid will send me to a bed in Bedlam.

→「精神科病院のベッド」ということなのですが、このBedlam「ベドラム」とは、かつてイギリスに存在していた精神病院のことです。ヨーロッパで最初に作られた精神科病院で、かなり荒っぽい「治療」が行われていたようです。また、入院患者の奇妙な行動を、客からお金を取って見物させていたそうです。この、かつてのベドラムでの「劣悪な環境での精神科治療」というイメージは、ホラー小説や映画の題材としてもよく使われています。例えば1946年には*Bedlam*という、そのままズバリのタイトルのホラー映画が世に出ていますが、この映画の邦題は『恐怖の精神病院』というものです。

　なお、Bedlamは一般名詞化して小文字扱い（bedlam）にもなっており、「精神科病院」（ただし、かつてのイメージが伴うので、psychiatric hospitalなどを

使うのが無難です）や、「混乱」「混乱した場所」という意味でも使われるように
なっています。

㉕ この this little he ewe lamb とは、何（誰）を指しているでしょうか？

... <u>this little he ewe lamb</u> has somewhat got on my nerves too.

→ heが入っているので、一瞬何かの間違いなのかと思ってしまいますが、特に
問題のない文です。heは**接頭辞**で「雄の、男の」という意味を表します。例え
ばhe-goatは「雄山羊」という意味になります。

　そして、ewe lambは「（雌の）子羊」です。これにhe「雄の」がついている
のですから、this little he ewe lambは**「この小さな雄の子羊」**という意味にな
ります。小さな子供のことをmy lambのように呼ぶことがありますが、this
little he ewe lambも、ここでは**「少年」**のことを指しています。

　eweは「成長した雌羊」、lambは「（1歳までの）子羊」のことを本来は指す
ので、he ewe lambは「雄の、成長した雌羊の子羊」ということになります。
なんだか大変回りくどい感じがしますね。実は、英語には**「雄の子羊」**を指す
単語がありません（lambは性別に関係なく使われます）。ramは「成長した雄
羊」なので、「雄の子羊」という場合はram lambという言い方を用いるのだそ
うです。

　ですから、ビルはhe ewe lambではなく、このram lambを使うこともできた
のですが、もしかしたら「わざと回りくどい言い方をしてふざけた」のかもし
れません。しかし、実は旧約聖書『サムエル記下』12:3には、以下のような一
節があります（英文はKing James Bible、訳は『口語訳聖書』より引用）。

But the poor man had nothing, save <u>one little ewe lamb</u>,
which he had bought and nourished up: and it grew up
together with him, and with his children; it did eat of his own

meat, and drank of his own cup, and lay in his bosom, and was unto him as a daughter.

（貧しい人は自分が買った<u>一頭の小さい雌</u>の小羊のほかは何も持っていなかった。彼がそれを育てたので、その小羊は彼および彼の子供たちと共に成長し、彼の食物を食べ、彼のわんから飲み、彼のふところで寝て、彼にとっては娘のようであった）

この作品ではKing Herodについても言及されていますし、聖書を意識して（あるいは聖書になじみがあったので）、この little ewe lamb という表現が用いられたのかもしれませんね。

❷⑥ この I can promise you ten minutes. は、どのように訳すのが適切でしょうか？

... I think <u>I can promise you ten minutes</u>.

→ 直訳は「10分なら約束できると思います」ですが、もう少し**文脈に沿った訳文**にしておきたいですね。ここでは、How long can you hold him?（彼のことをどのくらい押さえておけますか？）という質問に対する答えになっているので、**「10分ぐらいなら押さえておけると思う」**という訳がピッタリです。

このように「時間」が目的語になる文は、それが「何の時間」なのかを吟味して訳出する必要があります。『英語力を鍛えたいなら、あえて訳す！』（日本経済新聞出版社）という本は、give を使った以下の例文を載せています。

I can <u>give</u> him a week at the most.

「せいぜい1週間ぐらいしか与えられません」という意味ですが、この言い方は、実は医者の決まり文句で「せいぜい、あと1週間<u>の命です</u>」のような意味で使われます。本当は違う意味での発言だったのを、患者が勘違いしてショックを受けてしまうというお話なのですが――これ以上はネタバレになってしまいますので、ぜひ同書をご覧ください。

「赤い酋長の身代金」には、原級比較〈as＋原級＋as〉の表現が多数用いられています。典型的には「…と同じぐらい〜」と訳されるこの表現は、「まるで…のように」という一種の「喩え」でもあるため、創意工夫に組んだ様々なバリエーションが存在します。今回は、作品に登場する実例を混じえつつ、原級比較の諸相を紹介し、それらの表現をどのように理解したらよいかを語法研究的な立場から考察してみます。

原級比較の基本用法

　原級比較は「同等比較（comparison of equality）」と呼ばれることからもわかるように、〈as＋原級＋as〉という形式によって、2つのものを比較して「同じぐらい…」という意味を表すための表現です。例えば、Tom is as naughty as Huck. は「トムはハックと同じぐらい腕白です」という意味であり、Tom is naughty. と Huck is naughty. という2つの文が融合したものです。naughty の前の as は「同じぐらい」という意味の副詞であり、「何と同じなのか」を後の as によって具体的に示しているわけです。こちらの as は、「…に比べて」という意味の前置詞または接続詞です。

　具体例を見てみましょう。

(1) When I got to the cave I found Bill backed up against the side of it, breathing hard, and the boy threatening to smash him with a rock half <u>as big as</u> a cocoanut.

　(1) は本文に登場する文ですが、少年がビルにぶつけようとして構えていた石の大きさを half as big as a cocoanut「ココナッツの半分ほどの大きさもある」

のように具体的に示しています。この文では**「大きさ」が強調されている**わけですが、以下の文はどうでしょうか？

 (2) John is <u>as old as</u> Jim.

 文脈によっては「ジョンはジムと同じぐらい年をとっている」と解することも可能ですが、通常は**「ジョンとジムの年齢は同じだ」**という意味で使われます。つまり、この文は「年をとっていること」の強調しているのではなく、**「同じである」ことを示している**わけです。

 このように、使われる形容詞・副詞の種類、そして文脈によって、「強調」の意味になる場合と、「同一性」を示す場合があります。

▌ 原級比較の定型（化された）表現 ▌

 原級比較の表現の中には、慣習化（conventionalize）されて定着し、「…と同じぐらい〜」という原義がもはやイメージされにくいものも存在します。

 (3) He laid down on his side of the bed, but he never closed an eye again in sleep <u>as long as</u> that boy was with us.

 「赤い酋長」に登場する文ですが、一応、「例の少年が我々と一緒にいるのと同じ長さだけ、彼は目を二度とは閉じなかった」と理解することもできますが、一般にas long as …は「…な限りは」のように「条件」を表す表現として定着しています。英英辞典では、このas long as …の定義としてprovided that …などを載せています。「同じぐらいの長さ」という原義はもはや意識されず、**接続（副）詞的**なものとして文法に取り組まれていると言ってもいいでしょう。

 (4) So Bill braced up enough to give the kid a weak sort of a

smile and a promise to play the Russian in a Japanese war
with him <u>as soon as</u> he felt a little better.

(4) も「赤い酋長」からの引用ですが、このas soon as ... も定型化の典型例
と言っていいでしょう。「彼が少しよくなるのと<u>同じぐらい早く</u>、日中戦争ごっ
こをする」という回りくどい訳ではなく、「…するとすぐに」あるいは「…する
やいなや」という訳が定着しています。

このような定型化表現には、他にもas far as ... / as much as ... / as well as
...などがあり、これらは**原級比較であることをほとんど意識されずに**用いられ
ていると思われます。

原級比較の「創造性」

人は「何か面白いこと」を言って、読み手・聞き手に強い印象を与えたいも
のです。そのような欲求を満たす手段として、原級比較はとても使いやすい**テ
ンプレート**であると言えます。「受けを狙うため」の工夫は、①「韻律的な工夫」
と②「喩える対象の工夫」に大別できそうです（もちろん、この2つを組み合
わせることもよくあります）。

■ 韻律的な工夫

asの間に挟む形容詞・副詞と後に来る名詞に韻を踏ませることで、語調がよ
くなり、印象的なフレーズになります。以下のように、「赤い酋長」でも使われ
ています。

(5) There was a town down there, <u>as flat as a flannel-cake</u>, and
called Summit, of course.

(5) では<u>f</u>latと<u>f</u>lannel-cakeが頭韻を踏んでいます。as flat as a pancakeとい

う標準的な表現もありますが、ここではさらに頭韻を踏んで、アレンジを加え
ているわけです。

　もう1つ、頭韻が使われている例を紹介しておきます。

(6) His feet were <u>as big as a barge</u>.

　bargeは「はしけ」のことですが、共通音の [b] によって頭韻が踏まれていま
す。類似表現として、as <u>b</u>ig as a <u>b</u>arnやas <u>b</u>ig as a <u>b</u>attleshipなどの例があり
ます。もちろん実際にはそんなに大きな足をした人はいませんから、これは
「誇張表現」（hyperbole）と考えられます。このように、原級比較においては、
その表現が**「直喩」**（simile）なのか「誇張」なのかも検討することが必要です。

　以下の例はどうでしょうか？

(7) He came home at 12:00 midnight, <u>drunk as skunk</u>.

　「彼は夜中の12時に、ぐでんぐでんになって帰宅した」ということですが、
この (as) drunk as skunkは「泥酔して」という意味の面白い表現です。こちら
は頭韻ではなく、共通の [-ʌŋk] という音によって**脚韻**が踏まれています。

❷ 喩える対象の工夫

　(7)のdrunk as skunkもその1例ですが、身近な存在である**「動物」**を使っ
た原級比較はかなりのバリエーションがあります。それぞれの動物のイメージ
を活かした、愉快な表現がよく使われています（*e.g. as hungry as a bear*、*as
brave as a lion*、*as timid as a rabbit*、*as weak as a kitten*）。

　本作品では、以下の2つの「動物」の例が使われています。

(8) When the kid found out we were going to leave him at
　　home he started up a howl like a calliope and fastened

himself <u>as tight as a leech to Bill's leg</u>.

(9) At half-past eight I was up in that tree <u>as well hidden as a tree toad</u>, waiting for the messenger to arrive.

(10) You are still <u>as young as a spring chicken</u>.

(11) He is <u>as smart as a fox</u>.

それぞれ「（春に生まれた）若鶏のように若々しい」、「きつねのように狡猾だ」という意味を表しています。いずれも母語話者であればすぐにピンとくる表現です。

「母語話者であれば」という但し書きをつけましたが、原級比較の表現（だけに限りませんが）の中には、母語話者以外にはわかりにくいものも数多くあります。また、イギリス英語とアメリカ英語でも、微妙な違いがあったりします。言語の使用者にとって「何が身近であるか」は、国・文化・時代によって変わってきます。言い換えると、原級比較の表現には流行り廃りがあるということです。我々のような非母語話者は、もう使われていない表現を使ってしまっていることが住々にしてあるようです。このような意味での「ネイティブの感覚」は、かなり英語を勉強したり、日々英語に触れていたりしてもなかなか身につかないものです。

as welcome as ...は「…と同じぐらいありがたい」という意味で、as welcome as the month of May「過ごしやすい5月の陽気と同じぐらいありがたい」などの定番表現は残っていますが、現代の英語では主に**「…と同じぐらい迷惑で」**という意味で使われるようになっています。少々下品なものが多いですが、以下に例を挙げておきます。

(12) as welcome as a skunk at a garden party

(13) as welcome as a fart in a space suit

(14) as welcome as a rabid dog

他にもたくさんの例がありますが、**(13)** の as welcome as a fart in a space suit は、少なくとも「宇宙服」がなかった時代には存在しえなかった表現です (as welcome as a fart in <u>an elevator</u> という表現を基にしたものだと思われます)。このように、日々新しい表現が生まれては消えていきます。

なお、**面白いことを言うためのテンプレート**としては、以下のようなパターンもよく使われています。as ... as もそうですが、**「大げさなこと」**や**「突拍子もないこと」**を言って笑いを取るというのが、英語のジョークの典型です。

(15) <u>It's so hot that</u> chickens are laying hard boiled eggs.

「あまりの暑さに、鶏が固茹で卵を生んでいるよ」ということですが、これは "It's so hot ..." jokes と呼ばれるテンプレートで、that 以下の部分には豊富なバリエーションがあります。

(16) It's so hot that I saw a bird pull a worm out of the ground with an oven mitt.

(17) It's so hot that polar bears are wearing sunscreen.

(18) It's so hot that Siri asked to be dipped in a glass of ice water.

それぞれ「あまりに暑いので、鳥が『鍋つかみ』を使って虫を土から出していた」「シロクマが日焼け止めを塗るぐらい暑い」「(iPhone の AI アシスタントの) Siri が『私を氷水につけてください』と言い出したぐらい暑い」ということですね。また、「寒さ」を強調する場合は It's so cold that ... というパターンになります。こちらも様々なバリエーションがあり、It's so cold that cops are tazing themselves.（あまりに寒いので、警官が自分に向かってテーザー銃を討っている」や It's so cold that even Elsa is bothered by it.（「アナと雪の女王」のエルサですら、寒さに悩まれるほど寒い」などの例があります。

▌「譲歩」の意味を表す原級比較 ▌

原級比較には、「…だけれども」という「譲歩」の意味を表すパターンもあります。この用法を知らないと、文意を完全に取り違えてしまうことも珍しくありません

> (19) Young as he is, he is a talented lexicographer.
> (20) Though he is young, he is a talented lexicographer.

一般に (19) と (20) は同じ意味を表しているとされます。つまり、(19) は「まだ若いのに（若いのにもかかわらず）、彼は有能な辞書学者です」という意味を表しています。このyoung as he isはas he is youngの倒置ではなく、**as young as he isから文頭のasが省略された**ものだと考えられます。つまり、元々は (21) の形をしていたわけです。

> (21) <u>Being as young as he is</u>, he is a talented lexicographer.

このような分詞構文から、beingとasが省略された結果が (19) です。分詞構文なのでさまざまな解釈の余地が生まれ、結果として「譲歩」の意味になっているわけです。分詞構文なので、(22) の例文のように「理由」を表すことも可能です。

> (22) Tired as he was, he couldn't get out of his bed.
> (23) As he was tired, he couldn't get out of his bed.

しかし、英語母語話者に確認すると、(22) に関しては「言えないことはないが、普通は言わない」として、(23) のような言い方をするのが一般的であるとの見解でした。これは、as ... as ～が「～ほどまでに…」という**強調**のための表現であるために、通常はTired as he was, ...が「これほどまでに疲れている<u>の</u>

に」と解釈されるからだと思われます。**(22)** の例で言えば、「疲れていたから起きられなかった」というのは至極**「当たり前」**の話なので、わざわざ「これほどまでに…」という言い方にする積極的理由はないのです。

as much as ...「…だけれども」のように定型化されたパターンはよく知られていますが、asが省略されていないas ... as 〜が「譲歩」を表す場合があります。以下の例文で確認してみましょう（どちらも母語話者に作ってもらった例です）。

(24) As good a guitarist as he is, he can't read music <u>to save his life</u>.

(25) As hot as she is, she has <u>absolutely</u> no fashion sense.

(24) は「彼はギターがうまいのに、まったく楽譜が読めません」、**(25)** は「彼女はあんなにセクシーなのに、ファッションのセンスが皆無です」という意味です。下線を引いてあるto save *one's* life「どうしても（…ない）」とabsolutelyは、どちらも否定を強調する表現です。例文を作ってくれた英語母語話者によれば、as ... asで「譲歩」を表す場合は、後に**強い否定の表現**が来ることが望ましいとのことでした。これは、「これほど…なのに」という表現との「はっきりした落差」がないと「落ち着かない」ということなのだと思われます。

最後に、「ラッパの響き」の最後の文を引用しておきます。ここでは原級比較が「譲歩」の例で使われています。

(26) And, <u>as dark as</u> it was, and <u>as fat as</u> Bill was, and <u>as good a runner as</u> I am, he was a good mile and a half out of Summit before I could catch up with him.

それぞれ「暗かったのに」「ビルは太っているのに」「私は相当足が速かったのに」という意味を表しています。否定語は使われていませんが、意味的には

「相当な距離を走るまで追いつけなかった」という強い否定が合まれていますので、上で述べた「はっきりした落差」が生じています。

Chapter 3　翻訳のポイント⑤ ──「車輪に登山する」？

　物語がはじまったあと、まず状況の説明があり、それが終わって、いよいよ話が展開し始めます。「ある日の夕方、日が落ちてから馬車にのって、ドーセット邸の前を通りすぎた」はよいとして、次のセンテンスでThe kid was in the street, throwing rocks at a kitten on the opposite fence. と描かれている情景を、あなたの頭の中に再現してみてください。

　道があり、両側が広々とした敷地に区切られ、道沿いにフェンスがあり、庭のむこうに家があります。10歳くらいの子どもが自分の家の前に立っていて、向かいの家のフェンスにのっかっている子猫を狙って石を投げている、という風景です。どうです？ このように想像できましたか？

　では次に、この頭の中に描いた風景を、自分で書ける最高の、自然な日本語で描いてみてください。えっ、「子どもが通りにいて、向かいのフェンスの上の子猫に岩のかけらをぶつけていた」ですって？

　うーん、これでは授業であてられた大学生の、苦し紛れの訳です。まず、the kidは子ども一般ではなく、誘拐しようと狙っている子どもなので、「**例の子ども**」などとはっきり表現しなければなりません。また、rocksは「岩」という言葉にこだわってはいけません。いくらかけらだって、子どもが岩を投げますか？ 相撲部の小学生じゃあるまいし。

　「向かいのフェンス」もいまいちですね。ふつう「向いの<u>家の</u>フェンス」と言いませんか？「猫にぶつけていた」っていうけど、岩をぶつけられた子猫が、フェンスの上にのっていられますか？『不思議の国のアリス』に出てくる「チェシャ猫」でもあるまいし。というわけで、私なら「例のガキが道にいて、向かいの家のフェンスにのった子猫めがけて大きな石を投げつけている」です。

　では次に行きましょう。Hey, little boy!「おい、坊っちゃん」はいいとして、... would you like to have a bag of candy and a nice ride?はどう訳しますか？ えっ、「キャンディの袋とすてきな乗馬がほしいかい？」ですって？

　そう訳したあなた、残念ですが、誘拐犯の素質はないので、身代金目的の営利誘拐で生活する夢はあきらめてください。<u>キャンディの袋</u>なんて誰が欲しがりますか？「乗馬がほしい」は意味不明だけど、仮に「乗馬したい」になおしても駄

目です。馬車で来たのだから、馬車に乗ってドライブすることにきまっています。「キャンディ食べるかい? ちょっとドライブしてみない?」でよいのです。bagという言葉で「たくさん」という感じを出していると考えるなら、「いっしょに来ない? キャンディいっぱいあるよ」でよいわけです。

その次のThe boy catches Bill neatly in the eye with a piece of brick.はどうでしょう? ええっ、「少年は1つのレンガで、ビルの目をきちんととらえた」ですって? 1つのレンガが当たったら目どころか、顔が潰れてしまいます。a piece of brickはレンガのかけらです。少年がレンガのかけらを投げて、それがビルの目にあたった、というのがこの場面で起きていることなので、「子どもの投げたレンガのかけらが、まともにビルの目に当たった」でもよいところですが、この子どもが次々とビルに悪さをして、ビルが大人気もなく怖がるというのがこの先の物語の面白いところなので、子どもがわざと狙ったということを強調するのがよいかもしれません。「子どもの投げたレンガのかけらが、みごと狙い通りにビルの目に当たった」というのがよいでしょう。

次のThat will cost the old man an extra five hundred dollarsは、レンガが当たってむかっときたビルが、身代金をもっと高くすると述べているところです。ここも「老人に余計な500ドルの出費になるぜ」では何のことかわからないので、「いてえなあ、身代金を500ドル上乗せだ」くらいにすれば、すっと読者の頭に入ります。

この発言に続いて、climbing over the wheelという表現が出てきますが、ビルの動作が想像できますか? climbは「よじ登る」などと辞書に書かれています。「ふうん、ビルは『地面から車輪によじ登った』のか」などと思わないでくださいね。どんな馬車なのかは書かれていませんが、わたしは荷車のようなものを想像します。平たい板の四隅に大きな車輪がついている、といったイメージです。この馬車の上にいたビルが、大きな車輪に足をかけて地面に飛び降りた、というのが正確な映像です。したがって、「ビルは車輪に足をかけておりた」のように訳すのが適切です。

rockにしろ、climbにしろ、辞書の定義の<日本語>にこだわって、それを出発点にして想像の世界をふくらませていては、ユニークな世界像を描き出す小説家は生み出されるかもしれませんが、まともな翻訳家は育ちません。辞書はぼやっ

とした、多かれ少なかれピンぼけのイメージを教えてくれる<だけの>もの、という気構えが大切です。くれぐれも、相手がしらふだとは思わぬよう！

Chapter 3　翻訳のポイント⑥ ── 文体の遊び

　身代金要求の手紙を出しに行った主人公が戻ってきたとき、相棒のビルがこんなことを言います。

> I suppose you'll think I'm a renegade, but I couldn't help it. I'm a grown person with masculine proclivities and habits of self-defense, but there is a time when all systems of egotism and predominance fail. The boy is gone. I sent him home. All is off. There was martyrs in old times, that suffered death rather than give up the particular graft they enjoyed. None of 'em ever was subjugated to such supernatural tortures as I have been. I tried to be faithful to our articles of depredation; but there came a limit.

　一見して、何やらむずかしい言葉が並んでいます。ためしに書き出してみましょう。

> renegade「裏切り者」、masculine proclivities「男性的な（男性特有の）性向」、habits of self-defense「自己防衛の精神的習慣」、egotism「自己中心主義」、predominance「優位」、graft「職業」、subjugate「隷属させる」、articles「条項」、depredation「強奪」

以上は単語レベルですが、there is a time when ... fail / the particular graft they enjoyed / ... was subjugated to such supernatural tortures as I have been など、構文的にも高級なものが並んでいます。

「複雑な言い方がなされていても、読者にわかりやすく訳すのがよい」と教え

られることがあります。試しにこの例を、ぐっと柔らかく訳してみましょう。

　　おまえ、俺のこと、裏切り者だと思うだろうな。だけど、しょうがないんだ。
　　俺だっていっちょ前の男で、いつもだったら自分で自分を守れるんだけど、
　　しゃかりきに頑張っても、どうしても負けちまうってことだってあるんだ。
　　子どもはもういないよ。俺が家に帰らせた。もうおしまいだ。昔、自分の信
　　仰を守るために火あぶりになった連中がいたけど、俺みたくひどい目に合わ
　　されたヤツなんていないぜ。なんとか頑張ろうと思ったけど、もう限界だっ
　　たよ。

　ビルの気持ちを汲んで、あえて噛み砕いたらこんな感じになります。これで物
語の流れはばっちりわかります。いかにも、ビルのような与太者がしゃべりそう
な言葉です。
　しかし、この**「ビルのような与太者がしゃべりそうな言葉」**というところが問
題です。原作の英語は、とてもビルのような与太者がしゃべりそうな言葉ではあ
りません。では、作者オー・ヘンリーはなぜこのような不自然なことを行ったの
でしょう？
　きまじめな文学研究者の中には、このような状況を前にして、「『ビルは実は教
養ある家庭に生まれたが、無情な運命により落ちぶれて、このような誘拐犯に成
り下がった』ということを示している」などと親切に解説してくれる人がいま
す。あるいは、「ビルのこのような言語様態によって物語が脱構築されておる」
などとご説をのたまってくれる先生もいます。
　どちらも文学研究の論文によく出てくるパターンですが、**ナンセンス**です。
オー・ヘンリーは、文体的に高級で、ちんぴらが絶対にしゃべるはずのない言葉
をあえて喋らせることで、**読者を笑わせようとしている**のです。それだけのこと
です。このように**文体の落差によって**笑わせるというのは、英語ではよくあるト
リック、あるいはレトリックです。
　ここで問題は、それをどう訳すかということです。抽象語を多く使用して、原
作の文体に近い感じを出すのがよいでしょうか？　私は、いちおうそのように訳
しました。

お前、俺のこと裏切り者だと思うかもしれないが、もうどうしようもなかったんだ。俺だっていい大人で、男特有の精神構造と、自己防衛本能があるんだが、自我と征服欲の心理装置が作動しないときがあるんだ。子どもはもういないよ。家に返したんだ。万事終了だよ。昔の殉教者はそれぞれに課せられた重荷を捨てるよりは、死ぬことをえらんだよな。だけど、俺みたいに超弩級の責苦にあわされた者はいないぜ。私物略取業の服務規定は忠実に守ろうとしたけど、もう限界だったんだ。

　この訳は、ぎりぎり意味がわかるはずです。その点では悪くはありませんが、問題は、文体の落差によって笑わせるというレトリックが、日本語の世界にはほとんど存在しないということです。したがって、このように訳したからといって、原文がもつ効果をあげているとはいえません。したがって、鋭敏な読者は、与太者がなぜこんなへんな喋り方をしているのだろう、場違いではないか、翻訳がおかしいのではないかと、怪訝に思うでしょう。

　悩ましいところです。こうなったらもうしかたないから、アドリブで「お前、一体どこの人やねん」とでもサムに言わせたくなります。

ヘロデ王

　新約聖書の『マタイによる福音書』には、「ユダヤ人の新しい王となる子供」（つまり、イエス・キリスト）が生まれたという知らせに慄いたヘロデ（ヘロド）大王が、ベツレヘムで幼児虐殺を行ったというエピソードが書かれています。ちなみに、このとき、イエスの父ヨセフの夢に天使が現れ「イエスとマリアと共にエジプトに逃げなさい」と命じたため、イエス一行は難を逃れたとされています。

　ヘロデ王は、元老院によってユダヤの王として認められ一定の功績は残したものの、その猜疑心から、身内を含む多くの人々を粛清・殺害したと言われています。「幼児虐殺」のエピソードもあり、「暴君」のイメージが強い人物です。

　なお、シェイクスピアの『ハムレット』の第3幕第2場には、こんなセリフが登場します。

I would have such a fellow whipped for o'erdoing Termagant; it out-herods Herod: pray you, avoid it.
（乱暴な神であるターマガットを、それ以上に乱暴に演じる奴は、私が鞭で追い払ってやる。それは、ヘロデを、ヘロデ以上の暴君として演じるのと同じだ。お願いだから、それはやめてくれ）

　out-は「凌駕する」という意味の接頭辞なので、out-herod（out-Herod）は「ヘロデ王を凌駕する」→「ヘロデ王を凌駕するほどの乱暴な振る舞いをする」という動詞です。そのため、目的語としてHerod「ヘロデ王」をとったout-herod Herodは、「ヘロデ王本人よりも、もっとヘロデ王的な乱暴を働く」（本家本元のヘロデ王を凌ぐ暴君ぶりを発揮する）という意味を表しています。このように、「暴君といえばヘロデ王」というイメージは、out-herodという動詞として現代にも引き継がれているわけですね。

　有名な暴君と言えば、「暴君ハバネロ」というお菓子にもその名を残す、ローマ帝国のネロ皇帝が思い浮かびますが、スラングや口語表現を多数収載したオンライン辞書であるUrban Dictionary（https://www.urbandictionary.com/）に

は、out-Nero Neroという表現が載っています（2020年11月現在）。これは一般的に使われることはほとんどないようですが、明らかにout-herod Herodをもじった表現ですね。「本家本元の暴君ネロ帝を凌ぐほどの冷徹な振る舞いをする」といった意味を表しています。

　このout-herod Herodのようなパターンは、ネガティブなニュアンス以外で使われることもあります。以下は、ある年のオレゴン・シェイクスピア・フェスティバルの開会の挨拶で言われた言葉です。

No one felt they're going to out-Shakespeare Shakespeare.

　これはシェイクスピアの「現代英語訳」を演じるというフェスティバルだったのですが、ある意味「神聖視」されているシェイクスピアを「訳して演じる」ことに対する批判も多かったそうです。その批判を受けての発言だったのですが、これは「誰も、シェイクスピア以上のものを作るつもりなんてありませんでした」という意味であり、このout-Shakespeare Shakespeareは「文学的・芸術的な素晴らしさという点で、本家本元のシェイクスピアを凌駕する」という意味の表現だと考えられます。

ピーテル・パウル・ルーベンス作『幼児虐殺』

英語学習の
お勧め参考書

英語の「4技能」の根幹を成している英文法の知識を身につけるために欠かせない文法書や、英語を「深く」学習するためにぜひ読んでおきたい書籍をピックアップしました。また、「翻訳」を通じて英語の知識を深められる書籍も取り上げてあります。

Suggested
Readings

📎 英文法書

本書は「包括的な文法書」ではありませんので、これだけでは英文法の全体を概観することはできません。そのため、ある程度のボリュームのある文法書を、できれば複数、手元においておきましょう。

江川泰一郎『英文法解説』(金子書房)

英文法に関するひと通りの知識が整理されており、英語学習者必携の1冊と言えます。なお、本書の真骨頂は第1章の「Ⅲ 日本語と異なる名詞の用法」だと思います。無生物主語や名詞構文に関して、とてもわかりやすくまとめられています。

安藤貞雄『現代英文法講義』(開拓社)

『英文法解説』より「とっつきにくい」印象はありますが、日本語で書かれた英文法書の中では「最強」と言える1冊でしょう。とりわけ、「NB」(注意せよ)と題して各所に散りばめられた「補注」は、読むたびに素晴らしい気づきが得られます。

綿貫陽、マーク・ピーターセン『表現のための実践ロイヤル英文法』(旺文社)

「表現のための…」という看板に偽りなく、「英語で表現するために必要な英文法」が提示されています。母語話者の感覚や、表現のニュアンスなどについて説明した「Helpful Hint」のコーナーは特に有用です。

📎 学習参考書や読み物など

英語の学習をすすめる際に、ぜひ読んでおきたいお勧めの本をピックアップしました。やや専門的なものも混ざっていますが、「英語の勉強が好き」な人であれば、どなたでもきっと楽しんでいただけると思います。

【英文法に関する読み物・参考書】

マーク・ピーターセン『日本人の英語』(岩波新書)

著者自身のリアルな体験を基に、日本人の英語の問題点を紹介し、学校英文法では見落とされがちな新しい観点を読者に授けてくれます。続編に当たる『続 日本人の英語』『実践 日本人の英語』も必読です。

薬袋善郎『「本当」の基本を理解する 英語リーディングパズル』(東京書籍)

「パズル形式」で英文法の正しい感覚を養成できる好著。難解な文章に取り組む際

には、このような「パズルを解く感覚」がどうしても必要になってきます。

時吉秀弥『英文法の鬼100則』(明日香出版社)

英語教師としての豊富な経験を活かしつつ、認知言語学的な視点も取り入れることによって、本当の意味で学習者に役立つ英文法の体系的な知識を読者に授けてくれる書籍です。

池上嘉彦『「英文法」を考える―「文法」と「コミュニケーション」の間』(ちくま学芸文庫)

文法とは無味乾燥なものではなく、人間の外部世界の認知の仕方を反映しています。「文法を身につけること」と「実際のコミュニケーション」の間のギャップを、認知言語学的な視点から見事に埋めています。

真野泰『英語のしくみと訳し方』(研究社)

「英語好き」の方なら必読の好著。本書は2部構成で、第1部の「文法講義」では「等位接続詞」「倒置」といった項目を、様々な文学作品からの引用を用いて、著者独自の視点から見事に解説しています。

【やや高度なもの・研究書】

久野暲、高見健一『謎解きの英文法』シリーズ(くろしお出版)

「仮設を立てて、それを検証していく」というスタイルなので、とても納得感のある説明になっています。1冊あたりのボリュームはそれほどでもないので、興味のありそうなタイトルから読んでみるといいでしょう。

八木克正『英語の疑問 新解決法 ―― 伝統文法と言語理論を統合して』(三省堂)

英語を学習していると誰にでも生じる様々な疑問に対して、どのような形で自己解決を図るべきかの指針を示してくれています。語法研究の深さと面白さを存分に楽しめます。

河上道生『英語参考書の誤りとその原因をつく』(大修館書店)

入試問題や学習参考書の記述を皮切りに、規範的文法と母語話者の感覚の「ずれ」を検証しています。learn to *do* / learn how to *do* の「違い」や動詞dreamの用法など、これまできちんと整理されていなかった情報がうまくまとめられています。

酒井智宏『トートロジーの意味を構築する――「意味」のない日常言語の意味論』
（くろしお出版）

本書でも少しだけ触れている「トートロジー」について、徹底的に追求した素晴らしい1冊です。トートロジーの特性を、明晰な論述によって1つ1つ詳らかにしていきます。「極める」とはこういうことを言うのだと思います。

平沢慎也『前置詞byの意味を知っているとは何を知っていることなのか――多義論から多使用論へ』（くろしお出版）

単語単体の「イメージ」ではなく、できるだけ多くの自然な英語に触れることによって、「その単語がどのように使われるか」を捉えるという「使用基盤モデル」に基づいた力作です。著者がいかに真摯にbyという前置詞に向き合ったかが、文面からひしひしと伝わってきます。

【その他】

ジャン・マケーレブ、安田一郎『アメリカ口語辞典』（朝日出版社）

出版年がやや古いので、「いまどき」の表現は載っていませんが、それでも十二分に「口語」の知識を深める手助けとなります。語源についても丁寧に解説されています。マケーレブ氏の著作では、『動詞を使いこなすための英和活用辞典』（朝日出版社）もお勧めします。

杉田敏『NHKラジオ実践ビジネス英語 現代アメリカを読み解く』（DHC）

「実践ビジネス英語」のテキストで取り上げた解説や例文を中心に構成したもの。「活きのいい」英語表現を通じて、現代のアメリカを深く知ることができます。辞書形式になっていますが、最初から通読するのもお勧めです。

■「翻訳」に関する書籍

英語を正しく、かつ自然な日本語に翻訳するには、英語を文法的に正しく理解できていることが大前提となります。そのため、英文法の勉強をする際には、翻訳論の本などを読むと大いに役立ちます。

朱牟田夏雄『翻訳の常識』（八潮出版社）、『英文をいかに読むか 〈新装復刊〉』（研究社）

明治以降の日本人で、西洋語（及び翻訳）ができた人を数えていくと、朱牟田夏雄は間違いなくベストテンに入ります。英語、日本語ともに抜群にできた人ならでは

の翻訳論です。

行方昭夫『英文の読み方』（岩波新書）

「多読」→「逐語」→「文脈」→「行間」→「翻訳」という5つのステップに分けて、英文読解を指南してくれます。例文として取り上げられている英文の素晴らしさも、本書の大きな魅力の1つです。

柴田元幸『翻訳教室』（朝日新聞出版）

本書は東大文学部での講義を載録したもので、学生との討論を通じて、訳をブラッシュアップし、最終的に教師による訳を示すという方式です。著者が、翻訳家としてだけでなく、教師としても大変優秀であることが伝わってくる好著です。

別宮貞徳『誤訳 迷訳 欠陥翻訳』（文芸春秋）

雑誌「翻訳の世界」に毎月連載されていたエッセイ集です。あまりに劣悪な翻訳書をめった切りにしています。岩波書店から出た『果てしなき探求——知的自伝』（ポパー）、『ホビットの冒険』（トールキン）などがやり玉に上がっています。

山本史郎、森田修『英語力を鍛えたいなら、あえて訳す！』（日本経済新聞出版社）

「正しく訳せなければ、その英語を理解していることにはならない」という一貫したコンセプトのもとに、興味深い事例をたくさん収載しました。

山本史郎『翻訳の授業——東京大学最終講義』（朝日新書）

翻訳指南書ではなく、translation studies の視点から翻訳について考察しています。様々な例とその解説は一般の読者にもわかりやすく、「こんなこと、誰も教えてくれなかった」、「目からウロコだ」といった評価をたくさんの人からいただきました。

山本史郎『名訳を生み出す　翻訳トレーニング』（秀和システム）

実用文から文学作品まで様々の例をとりあげながら、よい翻訳を行うためのヒントがちりばめられています。

オー・ヘンリー年譜

　オー・ヘンリー、（本名ウィリアム・シドニー・ポーター）の生涯を簡単にまとめました。

1862年9月11日　ノースカロライナ州にて誕生

1871年　テキサス州に移住し、銀行の出納係などの仕事をこなす

1884年　テキサス州オースティンに移住し、1887年にアトリー・エステスと結婚。

1896年　横領の容疑で起訴されるが逃亡し、妻の危篤の連絡を受けて翌年家に戻る

1897年　妻が他界する

1898年　懲役8年の有罪判決を受ける

1901年　模範囚として減刑され、釈放（服役前から掌編小説を書き始め、収監中にも新聞社や出版社に原稿を送っていました）

1902年　ニューヨークに移住し、『ニューヨーク・ワールド』紙などに多数の作品を発表

1904年　*Cabbages and Kings* 刊行

1906年　短編集 *The Four Million* 刊行

1907年　短編集 *The Trimmed Lamp*（「最後の一葉」収載）、短編集 *Heart of the West*（「赤い酋長の身代金」収載）刊行

1908年　短編集 *The Gentle Grafter* 刊行

1908年　短編集 *The Voice of the City*（「ラッパの響き」収載）刊行

1909年　短編集 *Roads of Destiny*、短編集 *Options* 刊行

1910年　短編集 *The Two Women Strictly Business*、短編集 *Whirligigs* 刊行

1910年6月5日　過度の飲酒による肝硬変と糖尿病の合併症で死去（47歳没）

▸ *Sixes and Sevens*（1911）、*Rolling Stones*（1912）、*Waifs and Strays*（1917）、*Postscripts*（1923）など、死後も多数のアンソロジーが出版されています。

▸ オー・ヘンリーは医者の子として生まれましたが、幼くして母と死別。そして父も酒に溺れるようになり、叔母に育てられます。高等教育を受ける機会は得られませんでしたが、読書は好きで、独学で外国語の勉強もしていました。

▸ 本名は William Sidney Porter ですが、1908年にミドルネームを Sidney から Sydney に変えています。ペンネームの「O. Henry」の由来には諸説ありますが、その1つが刑務所の看守の Orrin Henry という名前を拝借したという説です。O は「オハイオ州立刑務所」から取ったという説もあります。なお、他にも James L. Bliss や Howard Clark などのペンネームを使っていました。

あ と が き

　オー・ヘンリーの作品のいくつかは高校生のときに読んでその意表を突くストーリー展開の面白さに魅せられたことはありましたが、今回、山本先生の名訳と照らし合わせながら「文法」的に精読することによって、その面白さをより深く味わうことができたのは幸いでした。このコンテクストで使われたこの文法項目（例えば to 不定詞）を含むこの英語の表現は日本語のこういう表現に対応するのだ、ということを確認しながら読むことを通して、その文法項目がその表現の意味の成立にどう関わっているのかを考えることは、決して誇張ではなく、私に至福の時間を提供してくれました。

　私は、30 年以上にわたって、認知文法という理論の観点から、英語と日本語のさまざまな文法現象について考えるのと並行して、大学生と社会人に英語を教えてきました。その間ずっと、この 2 つは私にとって表裏一体でした。英語の文法現象について、対応する日本語の現象と比較しながら、考察することが英語を教える上で大いに役立った経験は数え切れないほどです。逆に、学習者が遭遇する英語の（しばしば意外な）習得困難な面に何とか対応しようとする過程で、興味深い研究テーマが浮かび上がってくることもよくありました。さらに、そうしたテーマについて認知文法の観点から考察した成果は確実に学習者に還元されてきました。したがって、私にとって英語の文法を研究することは、それ自体が楽しくて仕方がないことであるのはもちろんですが、英語を適切に教えるために欠くことのできない営みでもあり続けてきたことになります。認知文法の特徴は「文法の知識の単位はすべて、語彙項目と同じく、何らかの意味を担っており、文法と語彙は渾然一体となって意味の表現と伝達を可能にしている」と考えるところにあります。この考え方に基づいて書かれた今回の「ワンポイント文法講義」を読者の皆さんに少しでも楽しんでいただけることを心から願っています。

西村義樹

著者プロフィール

山本史郎 (やまもと しろう)

東京大学大学院総合文化研究科名誉教授、昭和女子大学特命教授、翻訳家。専門は英文学。『ホビット』『アーサー王と円卓の騎士』『完全版 赤毛のアン』『自分で考えてみる哲学』など、多数の訳書がある。また、著書に『翻訳の授業 東京大学最終講義』(朝日新書)、『名作英文学を読み直す』(講談社選書メチエ)、『東大の教室で「赤毛のアン」を読む』(東京大学出版会)、『教養英語読本Ⅰ・Ⅱ』(東京大学出版会) などがある。

西村義樹 (にしむら よしき)

東京大学大学院人文社会系研究科教授、東京言語研究所運営委員。専門は認知言語学。著訳書に『構文と事象構造』(共著、研究社出版)、『認知言語学 1：事象構造』(編著、東京大学出版会)、『ことばのダイナミズム』(共編、くろしお出版)、『言語学の教室　哲学者と学ぶ認知言語学』(野矢茂樹 共著、中公新書)、『メンタル・コーパス ―母語話者の頭の中には何があるのか』(共編訳、くろしお出版)、『認知言語学を紡ぐ』(共編、くろしお出版) などがある。

森田修 (もりた おさむ)

英語教材開発者・編集者。東京外国語大学外国語学部英米語学科卒業、東京大学大学院総合文化研究科言語情報科学修士課程修了。著書に『やり直し教養講座　英文法、ネイティブが教えるとこうなります』(NHK出版新書)、『中学英単語だけですごい英会話』(アスク出版)、『ビジネス英語ライティング・ルールズ』(日経文庫)、『英語力を鍛えたいなら、あえて訳す！』(山本史郎との共著、日本経済新聞出版社) などがある。

オー・ヘンリーで学ぶ英文法

2020年12月21日　初版第1刷発行
2021年 2月10日　初版第2刷発行

著者
山本史郎・西村義樹・森田修

発行人
天谷修身

デザイン・DTP
岡崎裕樹

扉絵
荒井千

ナレーション
Joanna Chinen

編集担当
森田修

発行
株式会社アスク出版
〒162-8558　東京都新宿区下宮比町2-6
電話：03-3267-6864（営業）FAX：03-3267-6867

印刷・製本
日経印刷株式会社

ISBN978-4-86639-371-1　Printed in Japan

乱丁・落丁本はお取り替えいたします。
弊社カスタマーサービス
（電話：03-3267-6500　受付時間：土日祝祭日を除く
平日10:00-12:00 / 13:00-17:00）までご相談ください。